Slyee

MIDDELNEDERLANDS
’n Eerste kennismaking

G. J. de Klerk

J. L. van Schaik

J. L. van Schaik (Edms) Bpk,
Librigebou, Kerkstraat, Pretoria

Eerste uitgawe 1982

ISBN 0 627 01164 0

Geset in 10 op 12 pt Times Roman en gedruk deur
Nasionale Boekdrukkery,
Goodwood, Kaap

Nu biddic v allen die dit lesen ende horren selt, dat gi dese wart ghanslec verstaet ende sonder begrijp onfaet ende leest ende hoert met reuerentien, (. . .). Ende ochtic in enegher stat mesgripe in te uele te seggene ochte te lettel, ochte in anders te seggene dan ic soude ochte dan der edelheit van der materien wel betamede, dat biddic dat ghi mi vergheft, want ic wale lije dat ic alsosten werc te volbrengene noch wijs noch goet gnoch en ben.

Het Luikse Diatessaron

Dankbetuiging

Hierdie boek sou nie tot stand gekom het sonder die onderskraging van my gesin nie. 'n Besondere woord van dank gaan aan my eggenote wat nie slegs die tikwerk onderneem het nie, maar ook die register opgestel het.

Die skrywer

Inhoud

1. Middelnederlands en sy dialekte 5
2. Skriftelike en mondelinge taalgebruik 14
3. Middelnederlandse klankleer: vokale 23
4. Die konsonantinventaris van Middelnederlands 28
5. Sillabebou in Middelnederlands 36
6. Histories voltrokke klankprosesse en hulle nawerking in Middelnederlands 60
7. Grammatiese verhoudings en naamval, genus, getal 69
8. Die verbuiging van die selfstandige naamwoord 77
9. Die verbuiging van byvoeglike naamwoorde 82
10. Die voornaamwoorde 85
11. Die telwoorde 97
12. Oorsig van die belangrikste verbuigingspatrone in Middelnederlands 103
13. Die werkwoord 111
14. Die klasse sterk en swak werkwoorde 121
15. Die naamwoordstuk 139
16. Die funksies van die lede van die NS 153
17. Die byvoeglikenaamwoordstuk 166
18. Die voornaamwoordstuk 172
19. Die werkwoordstuk 178
20. Aspek en werkwoordstye 192
21. Die Middelnederlandse sin 196
22. Die ontkenningsin 216
23. Sinsuitbreiding 222

Bylaes 1-3 228

Literatuurlys 239

Saakregister 243

Lys van afkortinge

Afr.	=	Afrikaans
akk.	=	akkusatief
bep.	=	bepaling
bes.	=	besitlik
b.nw(e).	=	byvoeglike naamwoord(e)
bv.	=	byvoorbeeld
bw(e).	=	bywoord(e)
dat.	=	datief
det.	=	determineerder
ekv.	=	enkelvoud
gen.	=	genitief
Got.	=	Goties
HW	=	hoofwerkwoord
Idg.	=	Indogermaans
imp.	=	imperatief
inf.	=	infinitief
i.p.v.	=	in plaas van
kol.	=	kolom
konj.	=	konjunktief
kons.	=	konsonant
let.	=	letterlik
lg.	=	laasgenoemde
L.W.	=	let wel
lw.	=	lidwoord
m.a.w.	=	met ander woorde
ml.	=	manlik
Mnl.	=	Middelnederlands
Mnlse.	=	Middelnederlandse
msl.	=	menslik
mv.	=	meervoud
MW	=	medewerkwoord
M.W.	=	Middelnederlandse Woordeboek
n.a.v.	=	na aanleiding van
Ndl.	=	Nederlands
nl.	=	naamlik
nom.	=	nominatief
NS	=	naamwoordstuk

nv.	= naamval
Ohd.	= Oud-Hoogduits
onbep.	= onbepaald
ons.	= onsydig
opm.	= opmerking
Owgm.	= Oud-Wesgermaans
par.	= paragraaf
pers.	= persoon
1P, 2P, 3P	= eerste, tweede, derde persoon
pred.	= predikatief
pres.	= presens
pret.	= preteritum
R1 . . 9	= Redupliserende werkwoorde
resp.	= respektiewelik
Sl . . . 3	= Svarabhaktireëls
st.	= sterk
SVO	= Subjek, Verbum, Objek
sw.	= swak
teenw.	= teenwoordige
telw.	= telwoord
t.o.v.	= ten opsigte van
vert.	= vertaling
Vf	= verbum finitum
vgl.	= vergelyk
vnw(e).	= voornaamwoord(e)
voegw.	= voegwoord
vok.	= vokatief
vr.	= vroulik
vs.	= voorsetsel
WS	= werkwoordstuk
ww(e).	= werkwoord(e)

Afkortinge van titels

B. = Beatrijs
CM. = Cursus Middelnederlands deur M. Hogenhout
DB. = Middelnederlands geestelijk proza deur De Bruin
E. = Esmoreit
F.B. = Floris ende Blancefloer
K.E. = Karel ende Elegast
L. = Lanseloet van Denemerken
LD. = Luikse Diatessaron
M. = Mariken van Nieumeghen
M.G. = Middelnederlandse grammatika deur Le Roux en Le Roux
M.W. = Middelnederlandsch Woordenboek deur Verwijs en Verdam
P. = Structuurschema's van de zin deur Pulles
St./Stoett = Middelnederlandsche spraakkunst: Syntaxis van Stoett
V = Van den Vos Reynaerde
VdB. = Inleiding tot de Middelnederlandse syntaxis deur Van den Berg
VdK. = Middelnederlandse teksten ter grammaticale interpretatie deur Van de Ketterij

Lys van simbole

/ /	= onderliggende segmente
[ ]	= fonetiese uitspraak
< >	= grafeem
ˆ	= bo 'n vokaal dui oorspronklike lengte aan.
¯	= bo 'n vokaal dui rekking aan
>	= gaan oor tot
<	= ontstaan uit
$	= sillabegrens
%	= woordgrens
P	= opmerking
*	= gerekonstrueerde vorm.
(·)	= toegevoegde element(e) word deur hakies omsluit.
(. . .)	= weggelate gedeeltes uit teks.
n̩	= sillabiese /n/
' '	= betekenisaanduidend
/	= onderskei alternatiewe vorme
×	= onderskei opsionele vorme

Voorwoord

Hierdie boek veronderstel geen voorkennis van die Middelnederlandse taal nie. As eerste kennismaking met 'n ouer Germaanse taal wat sowel moderne Nederlands as Afrikaans voorafgaan, word die klem gelê op dié groepie dialekte wat in die tydperk ±1170 tot 1568 histories begrens kan word en wat in dié gedeelte van Europa gepraat is wat vandag as Nederland en België bekend staan.

Daar word nie gepoog om die ontwikkelingslyn van dié tak van Germaans verder terug te voer tot in Oud-Germaans, Proto-Germaans en Indo-Germaans nie. Slegs in daardie gevalle waar toeligting uit 'n ouer taalfase as onontbeerlik vir die verstaan van 'n taalproses, bv. *umlaut* beskou word, is van taalmateriaal uit 'n ouer fase gebruik gemaak.

Die doel van hierdie boek is om 'n handleiding te verskaf tot die Middelnederlandse grammatika. As uitgangspunt dien Middelnederlands soos dit opgeteken is in geskrifte wat oor amper vier eeue geskryf is. Middelnederlands word gevolglik nie as eenheidstaal gesien nie maar as 'n dialektiese verskeidenheid met onderlinge verskille.

Middelnederlands word nie op skool aangebied nie en daarom word gepoog om die vernaamste probleme wat die beginner met die taal ondervind enigsins te ondervang deur agtereenvolgens die skrifbeeld, spraakklanke, kongruensie, reksie, woordgroepe en sinsbou te verken. Na volledigheid is nie gestreef nie. So word bv. geen aandag gegee aan passiefkonstruksies nie.

Geen kennis van taalkundige begrippe soos naamval, genus, verbuiging, vervoeging, ens. word veronderstel nie. Die nodige toeligting geskied aan die hand van volledige paradigmas uit Middelnederlands.

In breë trekke word 'n aanduiding gegee van die ryke verskeidenheid struktuurkenmerke wat in Middelnederlands voorkom. Waar nodig, word die aandag gevestig op taalpatrone wat anders lyk as dié van Afrikaans.

Baie aandag word bestee aan die basiese sintagmas van die taal, te wete die sillabebou in die klankleer en in die sintaksis is dit weer die groep en sy stukke. Die leser word vertroud gemaak met die grammatikale aspekte van die taal wat by die lees en annoteer van tekste noodsaaklik is. Enkele van die verskynsels word in besonderhede behandel soos die verbuiging en vervoeging van woorde, die funksies van naamvalle, die werking van genus en getal. Uitkenningsprobleme t.o.v. klitisering en segmentweglating word bespreek. In die sintaksis word die woordgroepleer, die sinsvorm en sinstipe in hooftrekke bestudeer asook die struktuur van die hoofsin en bysin.

Die beskrywing van die taalmateriaal is grootliks pre-generatief met verwerking van insigte wat deur 'n TG-werkwyse na vore gebring is. 'n Deurlopende beskrywing vanuit 'n generatiewe raamwerk is tans nog nie moontlik nie omdat die tipe voorstudies wat daarvoor nodig is, tot dusver te gering in getal is. Formalisering is tot die minimum beperk om 'n vreemde taal nie nog "vreemder" te laat lyk nie.

By die keuse van voorbeelde het toeganklikheid van die bronne vir die student 'n groot rol gespeel. Dit verklaar die oorwig wat literêre bronne geniet bo nie-literêre stof en die sterk verteenwoordiging van die poësie bo die prosa. Alle vindplekke word volgens bladsy of reëlnommer verstrek, sodat die leser self die voorbeelde kan nagaan.

Hierdie boek kan as 'n aanvulling beskou word by T.H. en J. J. le Roux se *Middelnederlandse Grammatika* vir diegene wat begerig is om meer te wete te kom oor die voorgeskiedenis van bv. die Middelnederlandse klankstelsel. Indien 'n kennismaking met Middelnederlands die hoofdoel is, kan met dié handleiding volstaan word. Om die gebruik van Le Roux en Le Roux se boek te vergemaklik, word telkens na relevante paragrawe verwys vir die ondernemende leser.

Om die boek die beste te benut, word 'n paar wenke aan die hand gedoen.

Lees eers die hoofstuk oor die agtergrond waarteen Middelnederlands as kultuurtaal beoordeel moet word en die dialektiese elemente waaruit dit bestaan.

Hierna is dit sterk aan te beveel dat die gedeelte oor die skriftelike voorstelling van die klanke (grafemiek) bestudeer word en die uitspraak van die Middelnederlandse spraakklanke van naderby bekyk word.

Die woordvorme soos dit aangetref word in enige Mnlse. teks kan nou nagegaan word in die hoofstukke wat die paradigmas van die naamwoorde, adjektiewe, voornaamwoorde, telwoorde en werkwoorde bespreek. Hoe gouer die leser vertroud raak met die vormvariasie van woorde in die sinne en die betekenis daarvan, hoe gouer sal hy eenvoudige Middelnederlandse tekste kan lees.

'n Kennismaking met die tipes sinne van Middelnederlands is ook in hierdie stadium gewens. So ook die bou van die verskillende woordgroepe.

Die gedeelte oor die struktuur van die spraaksegmente en die sillabebou moet tot later wag. So ook die uiteensetting van die verskillende klankprosesse se invloed op die segmentstruktuur van die woord.

Vir die persoon wat reeds oor 'n basiese kennis van die taal beskik, sal die gedeelte oor die kenmerkoorheersingskaal dalk interessant wees. Ander lesers kan 5.16 vereers maar links laat.

Die skrywer hou hom graag aanbevole vir opbouende kritiek.

Pretoria, Februarie 1982

1 Middelnederlands en sy dialekte

1.1 Inleiding

Tradisioneel word die ouere stadiums van die kultuurtale verdeel in drie groeperinge wat in chronologiese volgorde Oud-, Middel- en Nieu- genoem word. So kry ons dan ook in die geval van Nederlands die verdeling: Oud-nederlands[1], Middelnederlands en Nieu-Nederlands.

Die verdeling is redelik arbitrêr gesien uit 'n taalkundige oogpunt omdat taalstadia oorvleuelend kan wees en nie deur jaartalle begrens kan word nie. Indien jaartalle wel gebruik word, moet dit met die grootste omsigtigheid geskied.

1.2 Oud-Nederlands

Oud-Nederlands moet dan dié gedeelte omsluit van die oudste oorgelewerde geskrif tot en met die aanvang van die Middeleeue[2]. Al wat uit hierdie tydperk oorgelewer is, is enkele persoons- en plekname uit Latynse oorkondes, die paar psalmfragmente bekend as die Wachtendonckse psalms en 'n enkele pennekrabbel: hebban olla vogala nestas hagunnan hinase hi(c) (e)nda thu uu(at) unbida(n) (uu)e nu[3]. Moontlik kan die sogenaamde Egmondse Willeram[4] wat omstreeks 1100 geskryf is ook hierby gereken word. (Sanders 1972:174-177) bespreek kortliks dié teks.

Die Wachtendonckse psalmvertaling is reeds in die 9de of 10de eeu gemaak maar slegs fragmente daarvan in 'n 16de eeuse afskrif het behoue gebly. Die taal waarin dit geskryf is, staan bekend as Oud-Oosnederfrankies. Die pennekrabbel is al wat bewaar gebly het van Oud-Wesnederfrankies.

1. Die term Oudnederlands sluit ook die taal in wat destyds gepraat is in die noordelike Nederrynse gebied. Sanders (1972: 166)

2. Gysseling (1961:77-89) gee 'n oorsig van die taalbousels en literêre voortbrengsels wat as Oudnederlands beskou kan word.

3. Uit dié sinnetjie se klankbou kan afgelei word dat anders as bv. in die 14de eeu of 17de eeu, die vokale in swakbeklemde sillabes nog nie verdof het nie. So staan hebb*an* teenoor latere hebb*en*, oll*a* teenoor all*e*, vog*ala* teenoor vog*elen*.

4. Sanders, ibid. 173 bied ter oorweging aan dat die Leidse Willeram (soos dit algemeen bekend is) afkomstig is uit die scriptorium van die abdy te Egmond en dan liewers na sy gebied van ontstaan moet heet as die plek waar die handskrif tans bewaar word.

Die gebrek aan verdere geskrifte maak van die Oud-Nederlandse periode 'n skraal tydperk in die geskiedenis van Nederlands. (M.G., par. 4).

1.3 Middelnederlands

In taalkundige[5] opsig is dit nogal moeilik om te bepaal wat onder Middelnederlands verstaan moet word. Middelnederlands is geen eenheidstaal nie maar bestaan uit verskillende dialekte wat oor 'n tydperk van bykans 4 eeue gepraat is. Oor die jare het dan die een dan 'n ander dialek die botoon gevoer namate hulle sprekers as gevolg van die handel of om politieke redes die belangrikste plek in die samelewing ingeneem het. So gebeur dit dan dat in die een fase Vlaamse kenmerke in die taal oorheers terwyl Brabantse en Limburgse taalkenmerke op 'n ander stadium markanter is.

Aangesien taal nie staties is nie, kan verwag word dat in die tydperk 1170-1568, wat hier as tentatiewe jaartalle aangebied word[6], heelwat veranderinge sou kon intree. Uit taalkundige oogpunt sal 'n verdeling in kleinere fases[7] van ongeveer 'n eeu elk 'n baie bruikbaarder taalbeskrywing oplewer as 'n konglomeraat wat die volle tydperk probeer akkommodeer. As gevolg van 'n gebrek aan detailondersoeke oor korter tydperke sal fasebeskrywing nog lank nie tot „deelgrammatikas" van Middelnederlands kan lei nie.

Enige lewende taal ondergaan veranderinge met die loop van jare en as dié tydperk in eeue gemeet kan word dan is dit te verstane dat die Middelnederlands van die 12de eeu in belangrike opsigte sal verskil van dié van die 15de eeu.

Die Germaanse kolonisasie van die Nederlande en die kerstening van die inwoners word bespreek in par. 5 van M.G.

Die invloed wat die drie hoof-dialekgroepe *Fries, Saksies* en *Frankies* op mekaar het en die totstandkoming van mengdialekte word

5. Koelmans (1979:6-7) merk tereg op dat die ondersoeker kwalik *grammaties* kan werk met die Nederlands wat 'n hele paar dialekte insluit en wat oor 'n tydperk van minstens drie eeue strek.

6. Ongeveer 1170 is die Sinte Servaes legende geskryf in Limburgs. Koelmans, ibid, 48 stel 'n tydperk voor wat van om en by 1200 tot 1568 strek. Dit sluit dan die Middelnederlandse fase in wat begrens word deur die oudste oorgelewerde tekste aan die een kant en die uitbreek van die Tagtigjarige oorlog aan die anderkant.

7. Koelmans, ibid, 8 stel voor 50 tot 100 jaar vir 'n fase.

nagegaan in paragraaf 6. In dieselfde paragraaf word 'n uiteensetting gegee van Wesnederfrankies, die taal wat ten grondslag sou lê van die latere Nederlands. Die proses van ontlening tussen die buurtale soos Kelties, Latyn en Germaans word toegelig.

Die maatskaplike en politieke toestande van die 12de tot die 15de eeu in die Lae Lande is die onderwerp van M.G., par. 7. Veral van belang in dié tydperk is die invloed wat die wisselende status van die onderskeie streke se dialeksprekers gehad het op die ontwikkeling van Middelnederlands. 'n Kort skets van die rol van die belangrikste Middelnederlandse dialekte word nou gegee, *nie-chronologies beskou.*

1.4 Die Middelnederlandse dialekte

Die volgende dialekte het almal in mindere of meerdere mate 'n bydrae gelewer tot die taal wat as voorganger gedien het vir Nieu-Nederlands en Afrikaans. Die dialekte word behandel in die volgorde waarin hulle sprekers die toneel oorheers het en die grootste invloed van die taal op die omringende streke merkbaar was.

1.4.1 *Wes-Vlaams*

Die provinsie van Wes-Vlaandere het teen die 10de eeu ontwikkel tot 'n baie belangrike handels- en vervaardigingsgebied met uitgebreide belange in die hele Noordseegebied. In die elfde eeu was Brugge die hoofstad en setel van die regering. Deur die wolhandel en die vervaardiging van kledingstowwe het Brugge dié sentrum vir Europese handel geword met 'n bloeityd wat in die 13de eeu sy hoogtepunt bereik het.

'n Historiese gebeurtenis wat van deurslaggewende belang was vir die stad en Vlaandere in die geheel, was die 'Guldensporenslag' op 11 Julie 1302. In hierdie veldslag wat plaasgevind het by Kortrijk, het die Vlaamse voetvolk onder leiding van Gwijde van Namen en andere die Franse ruitery van Filips die Skone en die Vlaamse patrisiërs verpletterend verslaan. Die volksklasse het hierna oral die bestuur oorgeneem in die stede en aangedring op die gebruik van Vlaams as amptelike taal in plaas van Frans. Vlaams as taal het nou vinnig opgang gemaak en 'n literêre oplewing belewe.

Van die bekendste werke wat in die 12de en 13de eeu geskryf is, is die ridderroman, *De jeeste van Walewein*, die epiese *Karel ende Elegast* en die romanties-sentimentele idille *Floris ende Blancefloer*. Die bekendste skrywer was seker Jacob van Maerlant met sy *Spieghel historiael* en sy vertaalde werk *Der naturen Bloeme*. Die diere-epos

Van den Vos Reinaerde met sy bytend-satiriese hekeling van die Middeleeuse kerk en samelewing moet as die hoogtepunt van die vroeë Middelnederlandse letterkunde beskou word.

Die Vlaamse patrisiërs is deur die Guldensporenslag verneder maar nie vernietig nie. Die wedywering om gesag in die stede tussen hulle en die burgery het in felheid en bitterheid toegeneem en sou lei tot groot verdeeldheid en latere agteruitgang in die gemeenskap.

Die ekonomiese ramp wat Brugge getref het, is verhaas deur die natuur. Die Zwin rivier, die toegangsroete na die stad, het teen 1425 so toegeslik dat handelsvaartuie nie meer Brugge kon bereik nie.

Tevergeefse pogings het gevolg om die handelsverkeer weer te laat vloei en die stad in sy eertydse glorie te herstel. Antwerpen het nou as leier op handelsgebied by Brugge oorgeneem en die swaartepunt verskuif na Wes-Brabant.

1.4.2 *Wes-Brabants*

As gevolg van sy ligging naby die see en aan die monding van die Schelde is Antwerpen blootgestel aan die aanvalle van vyande van die see se kant en was daarom in tye van onrus nie 'n veilige hawe om in handel te dryf nie. In die 13de en die 14de eeu was daar minder woelinge en bedreigings en die handelaars het 'n tydperk van toenemende welvaart beleef. Uitbreiding op handelsgebied het dit noodsaaklik gemaak dat groter skepe toegang tot die hawens van die gebied moes kry. In hierdie opsig het Antwerpen (soos reeds gestel) 'n groot geografiese voordeel gehad.

Wes-Brabant vorm deel van die groter provinsie *Brabant* wat destyds 'n veel groter gebied beslaan het as vandag, nl. die vier "kwartiere" Brussel, Leuven, Antwerpen en 'sHertogenbosch. Leuven was die kultuursentrum en ook polities die toonaangewende stad in die suide wat Noord-Brabant se sake bestuur het.

In die 15de eeu het Brabant onder die beheer gekom van die magtige hertog van Boergondië. Van toe af en tot diep in die 16de eeu het die streek se welvaart voortgeduur.

In die dertiende eeu het Brabant al 'n literêre bydrae gelewer deur die mistieke geskrifte van twee vroue, Beatrijs van Nasaret en Hadewijch. Hulle skryf geestelike letterkunde oor onderwerpe soos religieuse ekstase en mistiese ervarings t.o.v. die aanskouing van God. Anders as hulle voorgangers in die 11de en die 12de eeu word tot die volk gespreek in die volk se eie taal en nie Latyn nie.

Die vyftiende eeu het in hierdie opsig nie agter gestaan nie en heelwat dramatiese werke met 'n geestelike inslag word aangetref, die sogenaamde *Mirakelspele, Misteriespele* en *Moraliteite.*

Van sekulêre aard was die abele spele waaronder *Esmoreit, Gloriant* en *Lanseloet* die bekendste is. Die temas van die abele spele was nie uniek nie maar ook aanwesig in die literatuur van die buurvolke. Die bewerking van die stof is egter so oorspronklik dat dit in eie reg as kunswerke beskou kan word. Knuvelder (1962:86) beskou die abele spele as die oudste wêreldlike spele wat in die Wes-Europese letterkunde bekend is.

1.4.3 *Hollands*

Voor die vyftiende eeu is Holland kultureel onbeduidend. Indien werke wat onder Vlaams-Brabantse invloed gestaan het, buite rekening gelaat word dan is daar maar 'n skrale oes voor die sestiende eeu. Drie name kan darem genoem word: Boudewijn van der Lore met sy allegorie *Maghet van Gend* (1381), Willem van Hildegaersberch met 'n reeks allegorieë en disputasies ter wille van die stigtelike lering en Dirc Potter. Laasgenoemde is 'n digter en sy groot werk is *Der minnen loep* waarin hy in die vorm van 'n leerdig 4 soorte liefde beskryf.

1.4.4 *Limburgs*

Die gebied in die omgewing van die Maasrivier vorm in die 13de tot die 16de eeu nie 'n staatkundige eenheid nie, maar bestaan uit 'n groep losstaande staatjies. Vanweë die strategiese ligging van die streek – dit het die handelsroetes van Suid na Noord en tot by die Noordsee beheer – was baie begerige oë daarop gerig.

Die magtige bisdom van Luik het kerklike gesag uitgeoefen oor al die staatjies, ook dié wat onder die wêreldlike gesag gestaan het van Limburg of Brabant. So het dit gekom dat die twee belangrike stede Maastricht en St Truiden ook in die gedrang gekom het. Laasgenoemde is in 1288 deur die hertog van Brabant regeer maar die werklike invloed het uitgegaan van die biskop van Luik. Maastricht het 'n gedeeltelik onafhanklike bestaan gevoer (bekend as 'n "heerlijkheid") maar met sekere regte gesedeer aan die biskop van Luik.

Gedurende die 14de en die 15de eeu het die biskop oor St Truiden se lotgevalle beskik. Die gesag in Maastricht is in 1430 aan die huis van Boergondië oorgedra maar die biskop van Luik het tog sekere regte behou.

Die oudste geskrif in Middelnederlands is die lewensbeskrywing van *Sinte Servaes* geskryf ca. 1170 deur Hendrik van Veldeke. Ander werke van dié tyd is die *Reis van Sente Brandane* en die *Aiol*-fragmente.

1.5 Skryftaal en dialek

Middelnederlands is 'n oorkoepelende benaming vir 'n dialekties rykgeskakeerde taal. Ook wat die skryftaal betref, bestaan daar geen eenvormigheid nie. Eers teen die 16de eeu is daar sprake van 'n langsame beweging in die rigting van 'n algemene spreek- en skryftaal.

Aangesien slegs skriftelike taalgebruik vir bestudering oorgelewer is, word baie dialektiese spreektaalvorme òf glad nie òf slegs sporadies daarin aangetref. So word die nawerking van umlaut byvoorbeeld baie gebrekkig weergegee, terwyl die vermoede bestaan dat dit 'n veel uitgebreider voorkoms gehad het as wat die tekste blyke van gee. Die skrywers of afskrywers het nie eendragtig volgens vasgelegde riglyne te werk gegaan nie. Daar kan verskillende tendense afgelei word uit hulle werksaamhede.

1. Bepaalde spreektaalvorme wat blykbaar as gestigmatiseerde taalgebruik beskou is, is nie op skrif gestel nie.
2. In 'n poging om 'n wyer leserskring te bereik, word doelbewuste aanpassinge gemaak in die eie dialek om dit nader aan die taal van 'n invloedryker sentrum te bring.
3. Uit trots op die eie kan die lokale dialek en sy 'eienaardighede' doelbewus gepropageer word.
4. Die ander uiterste is waar die eie dialek só angsvallig vermy word dat in 'n poging om 'n algemener taal te gebruik hiperkorreksies voorkom in die teks.

Die dialektiese eienskappe wat vandag aan 'n bepaalde streek gekoppel word, moet in die geval van Mnl. liefs as bundels van twee of meer gebruik word wanneer 'n dialek tipeer word. 'n Enkele kenmerk kan ook in 'n ander streek voorkom, hoewel miskien met 'n geringer frekwensie.

Geografiese benaminge en die taal wat daar gepraat is, moet ruim opgevat word. Voldoende gegewens ontbreek meermale om 'n duidelike begrensing op te stel. In die gedeelte wat volg, word slegs enkele kenmerke van die hoërop genoemde dialekte aangestip. Die kenmerke is grootliks geneem uit die klankleer omdat dit die aspek van taalgebruik is waaroor die meeste bekend is.

1.6 Enkele kenmerke van die Middeleeuse dialekte[8]

Limburgs en Brabants het 'n groter affiniteit ten opsigte van taal as wat daar tussen hulle en bv. Vlaams en Hollands bestaan. Laasgenoemde twee dialekte het veral in die kusstreke van die Lae Lande groot ooreenkomste in klankstruktuur.

1.6.1 *Limburgs*

1. Umlaut van lang vokale (M.G., par. 110) ler*e*re i.p.v. ler*a*re.
2. al en ol word behou voor 'n dentaal, bv. *ald*, *old* (M.G., par. 90.5).
3. [ι] i.p.v. [ε], bv. *sprict* i.p.v. *sprect* (M.G., par. 79).
4. [εi] i.p.v. [e], bv. *reine* i.p.v. *rene* (M.G., par. 87.1).
5. Preteritum van swak wwe. vertoon sinkopee, met 'n stemhebbende dentaal in die uitgang, bv. *denkde* (M.G., par. 225 beskryf die gewone toedrag van sake soos vir ander dialekte).

1.6.2 *Brabants*

1. Umlaut van ă voor -cht, bv. *grecht* < *gracht* (M.G., par. 107, opm.).
2. Umlaut van ā, bv. *wenen* < *wanen* (M.G., par. 110).
3. Umlaut van œ, bv. *gruene* < *groene* (M.G., par. 84).
4. [ɔ] i.p.v. [œ], bv. *vrocht* i.p.v. *vrucht* (M.G., par. 80.2).
5. Palatalisering van a voor r, bv. *erm* < *arm* (M.G., par. 97.2).
6. ouw i.p.v. uw, bv. *houwen* i.p.v. *huwen* (M.G., par. 85.3).

1.6.3 *Hollands*

1. [α] i.p.v. [ε] in die posisie voor r + dentaal, bv. *gars* i.p.v. *gers, hart* i.p.v. *hert.* (M.G., par. 97.2).
2. [œ] i.p.v. [ɔ], bv. *gunst* i.p.v. *gonst* (M.G., par. 80.2).
3. [ι] i.p.v. [ε], bv. *mit* i.p.v. *met* (M.G., par. 79.1 en 79.2).
4. [ø] i.p.v. [e], bv. *veul* i.p.v. *veel* (M.G., par. 97 opm 4).
5. [o] i.p.v. [u], bv. *blome* i.p.v. *bloeme* (M.G., par. 84 en 100).
6. -ft i.p.v. -cht aan die woordeinde, bv. *after* i.p.v. *achter* (M.G., par. 129.2).

1.6.4 *Vlaams (in die besonder die westelike gedeelte)*

1. Monoftongering van die Germaanse ai, bv. *clene* i.p.v. *cleine*, (M.G., par. 87.1).

8. Willemyns (1979:46-55) tree in veel meer besonderhede oor die kenmerke van die Middelnederlandse dialekte.

2. Ontronding van [œ], bv. *pit* i.p.v. *put* (M.G., par. 108).
3. prokopee van h, bv. *ondert* i.p.v. *hondert* (*Vos.* Inleiding 10B).
4. Protesis van h, bv. *huut* i.p.v. *uut* (Vos. Inleiding 10B).
5. [œ] i.p.v. [ɔ], bv. *vul* i.p.v. *vol* (M.G., par. 80.2).
6. Meervoud op -s by stamme wat uitgaan op -er(e), bv. *ridders* (M.G., par. 166).

Die taalgebruik van die inwoners wat die gebied langs die kus bewoon in Vlaandere en Holland, stem grootliks ooreen. Hierdie taalgebruik word Kusmiddelnederlands genoem om dit te onderskei van die Hollands en Vlaams van die binneland.

1.6.5 *Enkele eienskappe van Kusmiddelnederlands*[9]

1. Ontronding van [œ], bv. *bregghe* i.p.v. *brugghe* (M.G., par. 108 (a) en opm.).
2. Die voltooide deelwoord het i- as prefiks, bv. *idaen* < **gidaen* < *ghedaen* (M.G., par. 221, opm 2).
3. Palatalisering van o tot [ø] *veugel* i.p.v. *vogel* (M.G., par. 88.4).
4. Die eerste persoon mv. van die pers. vnw. is *uus* i.p.v. *ons* (M.G., par. 185 opm. 7).

1.7 Taalgebruik in literêre en nie-literêre geskrifte

Die poëtiese werke vereis 'n ander tipe Middelnederlands as dié wat in die prosastukke aangetref word. Literêre prosawerke verskil weer grootliks van nie-literêre stukke soos statute, koopaktes en boedellyste.

In die poëtiese werke moet rekening gehou word met onder andere die vereistes van die Germaanse heffingsvers, verskillende rymskemas en verslengte. As gevolg van bostaande beperkinge moet die digter meermale aanpassings maak in sy taalgebruik. Woordordeskommeling kom voor om 'n gepaste rymwoord aan die verseinde te laat staan; klitiese vorme word gebruik om ongewenste sillabes weg te werk; ekspletiewe woorde word gebruik om 'n versreël geskikter te maak vir die getal dalinge of heffinge wat beoog word; 'n aanloop word gebruik om die volgorde van die werkwoordstuk te wysig, interpolasies word toegevoeg, ens.

In die literêre prosageskrifte is die outeur nie so gebonde nie en kan langer, ingewikkelder sinne gebruik word. 'n Sin soos die volgende is

9. Ook bekend as Ingweoons. Onder Ingweoons word verstaan taalverskynsels wat in die kusstreke voorgekom het.

ondenkbaar in die poësie: "Die tavaerne is oec des duvels apoteke, want so men inder apoteken menigherhande speciën ende cruden vint, menigherhande receptum, syropen ende electuariën, die den menschen ghesont sijn aenden live, so doet die duvel in sijnre apoteken der tavernen oec al contrari nemen, want daer en weetmen van weelden niet, watmen eten of drincken wil; van ghecheden so etense malkander onghelkaersen toe ende turf, vilthoede, vlas, glase of cannen, ja dicke dat noch onmenscheliker is, si worpen levende spinnen of vlyeghen in horen wijn ende drinckense malcanderen toe of si worpen een hant vol smaers of asschen in horen dranc ende roerent omme ende drinckent malcanderen toe." (DB., bl. 133)

Die nie-literêre dokumente is in 'n ander tipe Middelnederlands opgestel met heelwat geykte regsterme en sinswendinge wat eie is aan die amptenary van die howe en stadsbestuur. Latinismes en Gallisismes word dikwels in hierdie tipe taalgebruik aangetref. Ek haal aan uit Willemyns (1979:94) par. 1.3.4. Keurboek van Zierikzee. (1485).

"In den jaren ons Heeren MCCCC ende vyventachtich upten XXIIIsten dach van Septembri woirt overdragen, gewillekoirt ende gesloten by den bailliu Willem Bolle, Gelle Pieterssen ende meester Cornelis Boom, burgermeesteren, Witte Pieterssen, (nog 'n reeks name . . .), ende by den raidt der stede van Zirixee ende mitter clocke ofgeseygt ende den volcke openbaerlijc vercondicht alsulcke poynten, voirboden overeendrachten, statuyten ende rechten als hyernae volgen sullen ende gescreven staen, ende altijt up verbeeteren van den bailliu, burgermeesteren, scepenen ende raidt deser stede voirn."

2 Skriftelike en mondelinge taalgebruik

2.1 Grafemiek

In hierdie hoofstuk word die grafiese voorstelling van Middelnederlands bespreek. Skryftaal, die vorm waarin al ons materiaal van Middelnederlands tot ons kom, is 'n geheel ander uitdrukkingsmiddel van taal as die gesproke taal. Vir ons doel is dit belangrik om te weet dat nie alle grafiese voorstellings wat geskied d.m.v. letters 'n klanklike waarde het nie. Die wêreld-op-papier het sy eie vereistes wat dikwels verskil van, of selfs in stryd is met die voorskrifte van die gesproke taalgebruik. Die brug tussen die grafiese eenhede, voortaan grafeme genoem, en deur < > omsluit, en die gesproke taal, word gevorm deur grafeeminterpretasiereëls. Die grafeem <u> word in Mnl. gebruik om na sowel die klanksegment [œ] as [y] te verwys. Om nou te weet wanneer [œ] en wanneer [y] bedoel word, is grafeeminterpretasiereëls nodig. Die grafeeminterpretasiereëls het betrekking op die toeken van klankwaardes aan grafeme in 'n spesifieke posisie.

1. <u> = [y] in 'n oop posisie, bv. s*u*verlike.
2. <u> = [œ] in 'n geslote posisie, bv. h*u*lpen.

Die klankwaardes moet nie as absoluut beskou word nie, maar slegs as 'n aanduiding van hoe die segmente waarskynlik geklink het!

2.2 Die gebruik van grafeme in spesifieke posisies van 'n woord

Daar word twee basiese posisies onderskei waarin 'n grafeem kan voorkom: oop en geslote.

2.2.1 *Wanneer 'n vokaalgrafeem (d.w.s. 'n grafeem wat 'n vokaal verteenwoordig)*

(i) die slotposisie in 'n woord inneem;

(ii) in enige ander posisie in die woord voorkom waar dit deur *slegs een* konsonantgrafeem gevolg word – staan daardie vokaalgrafeem in 'n OOP posisie. Voorbeelde: cl*eine*, vr*oe*, cr*uce*.

2.2.2 Indien die vokaalgrafeem aan die woordeinde gevolg word deur een of meer konsonantgrafeme of elders in die woord deur twee of meer konsonantgrafeme, staan dit in 'n GESLOTE posisie. Voorbeelde: sp*oe*t, v*u*ll*e*n, cov*e*nt.

Die grafeme moet op skrif net so betekenisonderskeidend wees as wat die foneme op die klanklike vlak woorde onderskei. Hoe eenduidiger die grafeme, des te doeltreffender sal dit optree. In die geskiedenis van die Middelnederlandse spelling gebeur dit helaas dikwels dat ons nie dié distinktiwiteit aantref nie. So word <o>, <u>, <oe>, <ue> en <eu> deur verskillende skrywers gebruik om na dieselfde segment [ø] te verwys.

In gevalle soos hierbo beskryf, behoort mens eintlik die spellingsisteem van die bepaalde dialek na te vors – wat nie 'n maklike opdrag is nie!

2.3 Ortografiese aanduiding van klanke in verskillende posisies

Die aandui van klanke d.m.v. grafiese tekens verskil soms n.a.v. die sillabebou van die bousels waarin hulle voorkom.

2.3.1 *Stemlooswording van konsonante in 'n geslote posisie*

Na die optrede van die sinkopeereël word konsonante wat stemhebbend was sonder stem. Hierdie verandering vind plaas by konsonante wat vroeër intervokalies opgetree het en nou aan 'n sillabeslot te staan kom. Die verandering in stem word in die spelling weerspieël.

du drives > drijfs
ghi swighet > swijcht
du strides > strijts

2.3.2

Wat die vokale betref, word die lengte daarvan in 'n geslote posisie anders weergegee as in 'n oop posisie, nl. deur verdubbeling of toevoeging van 'n element <e>, <i>of <j>.

oop posisie	*geslote posisie*
hovet	hooft
heves	heefs
huses	huus
vraghet	vraecht
tide	tijt
mire	mier (slegs voor *r*).

2.3.2.1 Kort vokale word op 'n ander manier akkommodeer. Die vokaal self word nie op 'n ander wyse weergegee nie maar wel die daaropvolgende konsonante.

oop posisie	*geslote posisie*
manne	man
penne	velt
litte	lit (deksel)
hutte	belust
conne (kennis)	op

Opmerking:

a. <ij>, <y> kan ook soms gebruik word om die kort vokaal /ɩ/ weer te gee, bv. *kijnt, kynt* i.p.v. *kint.*

b. Die lengte van diftonge word net sporadies in skrif aangedui.

2.4 Grafemiese aanduiding van ontologiese feite in die klankleer

Om aan te dui dat 'n klank *oorspronklik* kort was, word die grafie ˘ bokant 'n vokaalgrafeem geplaas, bv. ă, ŏ, ĕ, ŭ. 'n Oorspronklike lang vokaal word aangedui deur ˆ as hoedjie op die vokaalgrafeem, bv. â, ô, ê, û. Indien die vokaal deur klanklike faktore verleng is, word die grafie ¯ as aanduider daarvan gebruik, bv. ā, ō, ē, ū. In die laasgenoemde geval was die betrokke klank in 'n ouer stadium van die taal kort gewees.

Dit is belangrik om te onthou dat die grafies ˘, ˆ en ¯ gebruik word om die *geskiedenis* van die klanke toe te lig en hulle sal nie in die gewone tekste aangetref word nie. Die gewone gebruik van grafeme veronderstel net 'n kennis van die skryfgewoontes van die tyd toe die betrokke dokumente, gedigte, dramas, ens. op skrif gestel is.

2.4.1 *Die aanduiding van lengte*

In 'n geslote posisie word lengte aangedui deur e of i as tweede element van 'n grafeembundel. Die bundels is ae, ai, oe, ue en ei.

Wanneer 'n grafeem in 'n oop posisie staan, word lengte nie aangedui nie omdat die grafeme distinktiewe vorms het.

Aangesien daar tot dusver geen sistematiese studies onderneem is oor die verskillende spellingsisteme in Middelnederlands nie, word met die volgende algemene riglyne volstaan.

Een teken vir verskillende klankrealisasies dui op:

a. gewestelike variante
b. chronologiese verskille wat ingetree het oor die loop van amper 3 eeue
c. stilistiese variante
d. verskillende spelsisteme, d.w.s. die keuse van tekens verskil om *dieselfde klanke* aan te dui.

2.5 Die grafiese voorstelling van Middelnederlandse klanke

Die dialekvariasie wat bestaan het in Middelnederlands word nie getrou weergegee deur die spelling nie. Een van die belangrikste redes hiervoor is dat die skrywer ook graag buite sy dialekgrense gelees wil word. Sonder 'n mate van uniformering by die grafiese voorstelling van die dialekverskeidenheid sal so iets nie moontlik gewees het nie. Aangesien daar van 'n spellingbeleid, veral in die dertiende eeu, geen sprake was nie, het die skrywers maar grootliks op die klank af, 'n eie sisteem ontwerp. Dié "sisteem" het verskil van streek tot streek en miskien selfs van klooster tot klooster. Dit is eers in latere Middelnederlands dat daar 'n algemener voorstellingswyse van die spraakklanke ontstaan het. Lees ook M.G., par. 46.3 en 110.

Met verloop van tyd het verskillende streke hulle invloed laat geld op die ontwikkeling van die Middelnederlandse taal (en sy grafiese voorstelling). Aanvanklik vind ons in die twaalfde eeu die invloed van Limburgs. Van die dertiende eeu af het die Vlaminge die toon begin aangee en in die veertiende eeu het Brabant die toneel oorheers. Dit is eers van die sestiende eeu af dat die dialek van Holland op die voorgrond tree.

Die twee vernaamste gewestelike tale uit die oogpunt van die bestendiging van die skryftaal in die Suide was *Vlaams* en *Brabants*. In die bespreking van die Middelnederlandse spelling sal grootliks met dié twee streke se spelwyse rekening gehou word omdat die dertiende en vroeg veertiende eeu as die vestigingstydperk van die Middelnederlandse skryftaal beskou word. Belangrike afwykings uit ander dialekte word ook genoem.

Omdat Middelnederlands oor 'n tydperk van eeue strek, kan verwag word dat een en dieselfde grafiese teken (grafeem) betrekking kan hê op verskillende spraakklanke. Verder moet ons ook rekening hou met moontlike idiosinkrasieë van individuele skrywers en afskrywers. Laasgenoemde persone het meermale interpolasies toegevoeg en allerhande aanpassings gemaak om die tekste nader aan hulle streektaal te bring.

2.6 Die grafeme van Middelnederlands

Nie alle grafeme het 'n klankwaarde nie. Sommige grafeme het net 'n uitkenningswaarde op skrif wat verband hou met tradisie of vir stilistiese doeleindes. Heelwat klanklike eienskappe kan nie in die grafiese voorstelling weergegee word nie, byvoorbeeld of die a 'n middel of agtervokaal voorstel.

As gevolg van die feit dat daar meer spraakklanke as letters van die alfabet is, word verskillende klanke dikwels deur een en dieselfde grafeem voorgestel.[1] *Die posisie waarin die grafeem voorkom en die kombinasies wat dit aangaan, sorg daarvoor dat die leser weet na watter klanksegment verwys word.*

2.7 Vokaalgrafeme

Enkel grafeem	*Segment*	*Voorbeeld*	*Posisie*
a	[ɑ]	*lande, wat*	Geslote
	[a:]	*bate, daghe*	Oop
e	[ɛ]	*snel, werk, hebbic*	Geslote
	[e]	vele, spreken	Oop
	[ə]	kerke, sterve, dede, scone	Oop
i	[ɩ]	*vint, in, milde*	Geslote
	[iɻ]	*mi, twivel, pine*	Oop
o	[ɔ]	*dochte, om, roc, ofte*	Geslote
	[o]	*core, scone, dolen, soghede*	Oop
u	[y]	*suverlike, lazaruse, uwer*	Oop
	[œ]	*subtijl, dunct, hulpen*	Geslote

Uit bostaande gegewens merk 'n mens dat die 5 vokaalgrafeme na 11 distinktiewe spraakklanke verwys.

1. Fonetiese tekens word slegs gebruik waar dit noodsaaklik geag word om verwarring te voorkom. Verder word van gewone letters gebruik gemaak om na spraakklanke te verwys, bv. e, ō, û, ens. Grafeemhakies word net gebruik waar dit nie uit die konteks maklik afgelei kan word dat dit oor die spelling van woorde gaan nie.

2.8 Grafeembundels by vokale

Aangesien daar veel meer spraakklanke as grafeme bestaan, moet grafiese middele kombineer word om in die behoeftes te voorsien. Wanneer die grafiese kombinasie bestaan uit 2 nie-identieke dele noem ons dit 'n *grafeembundel.*

ae verteenwoordig [a:] in *staen, mesdaet, outaer.*
ai verteenwoordig [a:] in *jair, rait, hair.*
ei verteenwoordig [e:] in *weighen, leivende, speilden.*
ei verteenwoordig [ɛi] in *cleine, seide, crancheit.*
oe verteenwoordig [o] in *groet, troest, toech, loen, soe.*
oe verteenwoordig [u] in *soete, boeke, hoe, moeder, vroet.*
ie verteenwoordig [i] in *die, verliet, knielde, ries.*
ij verteenwoordig [i] in *sijn, lijt, volcomelijc.*
ey verteenwoordig [ɛi] in *heymelijc, reynen, heylech.*
ue verteenwoordig [u] in *gruete, suete.*
ue verteenwoordig [y] in *sueren, buec, hues.*
oe verteenwoordig [ø] in *joecht.*
ue verteenwoordig [ø] in *duecht.*
eu verteenwoordig [ø] in *deucht.*

Sommige grafeembundels is minder gevoelig vir posisie; m.a.w. 'n bundel soos ue = [y] in *hues* (geslote) sowel as *sueren* (oop). Hierteenoor staan bv. <ae> en <ij> wat slegs in 'n geslote posisie voorkom.

2.9 Konsonantgrafeme

Enkel grafeem	*Klanksegment*	*Voorbeeld*
b	b	*bate, waerbi*
c	k	*cost, cnape, dactegel, perc, becant, becliven.*
c	s	*cesseren, princepael, facelment*
d	d	*doghen, beide*
f	f	*foreest, lijf, tfi, ontfaen*
g	x of ɣ	*gast, mager, gram, ontgaen*
h	h	*herte, behaech*
j	j	*jeghen, bejaert*
k	k	*ketel, kinne, verwerken, vrankerike*
l	l	*lachter, Elegast, idel, helpe*
m	m	*met, ambacht, dam, cume*

Enkel grafeem	*Klanksegment*	*Voorbeeld*
n	n	*naest, ondier, ontgaen, rente*
n	ŋ	*ranc, ingel, dwinghen, dunken, anxtelic*
p	p	*poent, proeven, scamp, loop, slepen*
r	r	*rike, sorghe, scare, seer*
s	ṡ	*sale, schelle, troesten, prijs, ors*
s	ts	*sapeel* of *tsapeel, sartere* of *tsartere*
s	z	*swalgen, boesem*
t	t	*toren, troesten, vaert*
t	ts of s	*gratie, desperatie*
v	ʋ	*velt, vroe, droeve, riveel,*
v	ω	*dvaes, svaer.*
w	v of ω	*wint, wreken, swel, twijch, waen, trouwe*
x	ks	*daghelicx, volx, dinxken, anxtelic, exempel*
x	s	*claghelijcxs*
z	z	*zinne, cloczeel, verzamelen.*

2.10 Grafeembundels by konsonante

Grafeembundel	*Segment*	*Voorbeeld*
ch	[ʃ]	*chartre, chockeren, chirurgie*
ch	[x]	*christen, achten, borch, ghevoech*
cg(h)	[gɣ]	*lecghen, secghen, rucge*
ck	[k.]	*dicke, decken, duncken*
gg(h)	[gɣ]	*legghen, segghen*
gh	[ɣ]	*ghinder, moghen*
ng(h)	[ŋg]	*dinghe, sanghe*
qu	[kv]	*bequame, quaet*
sc	[sx]	*scouwen, scat, bliscap, ontscout*
sch	[sx]	*scheppen, scheiden, boschalie, helscher*

Grafeembundel	*Segment*	*Voorbeeld*
sch	[s] of [sx]	*vleesch, visch, hovesch*
th	[t]	*thusschen*

2.10.1 *Toeligting*

Behalwe waar anders vermeld, behou 'n grafeem dieselfde vorm in die anlaut, auslaut, in konsonantgroepe en tussenvokalies.

▪ Gevalle kom voor waar 'n spesifieke grafeem 'n grafeemvariant vereis.

Vóór e en i staan predominant sch i.p.v. sc, bv. *scheen, schillen* maar *scrifture, scaerp, scofieren.*

Vóór e en i staan gewoonlik k i.p.v. c, bv. *keer, kersten, kiven* maar *casteleyn, coen, const, crijt.*

▪ Gevalle kom voor waar 'n grafeem slegs in 'n bepaalde posisie kan optree.

Die grafeem <c> word uitsluitend gebruik in die auslaut van sillabes of woorde, bv. *stric, penninc, dicwils, decken.*

Die grafeembundel <ng(h)> word aangetref in die auslaut of vóór t, bv. *bringh!, dwinght* maar elders staan 'n *lanc, duncken.*

Die grafeembundel <ch> kan in die anlaut met vokaalgrafeme kombineer maar nie met konsonantgrafeme nie. Uitsondering <r> in *christen* en sy afleidings.

2.11 Spellingvariante

Afhangende van die afskrywer se dialek of spellingkonvensie van die bepaalde abdy, word 'n groot verskeidenheid grafiese alternatiewe aangetref. Die belangrikste hiervan is soos volg:

2.11.1 *Vokaalgrafeme*

aei, aai	*saeien, saaien*
aeu, au	*claeuwen, klauwen*
au, ou	*nauwe, nouwe*
ee, e	*heere, here*
eeuw, eew, ew	*eeuweliker, eeweliker, eweliker*
ei, ey	*aerbeit, aerbeyt*
eu, ue	*deuchden, duechden*
i, ie	*mirakel, mieracle*
i, y	*immer, ymmer*
ie, ij	*dienst, dijnst*
ie, i, ij, ye, ije	*manieren, maniren; subtijl,*

	subtiel; nyemant, niemant; schalkernije, schalkernie
ij, ii, e, i, y	*sijn, siin, gruwelijc, gruwelec; bi, bij; sy, sij*
o, oe, oi, oo	*bogaert, boegaert; Fransois, Fransoos*
oe, ou, u, ue	*boeken, bouken; bruder, broeder; genueghen, genoeghen*
ooi, oy, oi	*nooit, noyt, noit*
ou, au	*vrouwe, vrauwe*
u, ue, uu, v	*brut, bruet, bruut; nv, nu*
y, i	*nyders, niders*

2.11.2 *Konsonantgrafeme*

c, ch, s, ts	*cijns, chijns, sijs, tsijs*
f, ph	*seraf, seraph*
j, i	*jaer, iaer*
k, c	*kruize, cruce*
s, sc(h)	*menselijk, menscelec*
sch, sc	*schoen, scoen*
t, d	*vort, vord*
v, u	*leven, leuen*
w, uu	*wt, uut*
z, s, c	*cruze, cruce; sere, zere*

Let Wel: v en w doen soms diens as vokaalgrafeme en wel in die plek van u. Die grafeem i vervang soms j aan die begin van 'n woord. Op sy beurt kan j weer die funksie vervul van lengteaanduider in die plek van i in 'n geslote sillabe.

3 Middelnederlandse klankleer: vokale

Die Middelnederlandse Vokaalstelsel (Wes-Vlaams)

Kort vokale

Lipstand	Voor	Middel	Agter
geslote	[i], [y]		
half geslote	ĭ	[oe]	ó
half oop	ĕ		ò
oop		ɑ̆	

Lang vokale

	Voor	Middel	Agter
geslote	ī	uu	
half geslote	ē	[ø:]	ō
half oop	ē(R)P		ō(R)
		ā	

Diftonge

	Voor	Middel	Agter
geslote	îu		
half geslote	ei		ou
half oop	ê, êu		ô
oop	âi, âu		ôi

3.1 Inleiding

In die aanbieding van die klankleer, sal gekonsentreer word op die spraakklanke van die dertiende-eeuse Vlaams.[1]

Oor die werklike klankwaardes van die geskrewe simbole (grafemiese voorstellings) sal nie maklik eenstemmigheid bereik word nie. (Van Haeringen 1962: 152-182) se artikel oor die uitspraak van Middelnederlands wys op die baie misvattinge en inkonsekwenthede wat voorkom op dié gebied.

Die aanduidings wat volg oor die uitspraak van vroeë Middelne-

1. K.E. = *Karel ende Elegast* en V. = *Van den Vos Reynaerde* is voorbeelde van letterkundige werke in Wes-Vlaams.

derlands, moet as niks meer as tentatiewe aanduidings beskou word nie. Fonetiese tekens word net gebruik waar dit noodsaaklik is om verwarring met grafeme te voorkom. Bylae 3 bevat toeligting oor TG-terminologie.

3.2 Middelnederlandse vokale en diftonge[2]

3.2.1 *Die kort vokale*

/ɑ/ Daar kan nie met sekerheid vasgestel word of a 'n voor- of agtervokaal was nie. In Brabants was die uitspraak meer palataal, d.w.s. [æ] (Van Loey 1957: 8).

/ɛ/ Die uitspraak van hierdie klank kan nie met sekerheid bepaal word nie – dit kon effens geslotener of oper uitgespreek gewees het as die Afrikaanse [ɛ]. (Van Loey 1957: 13). Geoordeel aan die Middelnederlandse spelling, M.G., par. 79, van woorde soos *gewes* naas *gewis, mesdaet* × *misdaet* kan dit wees dat [ɛ] en [ɩ] in sommige gevalle as allofone van mekaar optree. Dit kan ook wees dat die spellingverskille geen klankverskille nie, maar dialekties verskillende speltradisies verteenwoordig.

/ɩ/ Omtrent die uitspraak kan nie met sekerheid berig word nie. Die vermoede bestaan dat hierdie klank 'n halfgeslote voorvokaal was. (Van Loey 1957: 23) en (Van Bree 1977: 292). Oor die moontlike allofoniese verhouding tussen /ɩ/ en /ɛ/ is hoërop berig. Samevallende spreiding in enkele posisies in 'n woord kon reeds in ouer taalstadia voorgekom het. (Van Bree 1977: 272).

/ɔ/ en /ϱ/ Van Loey (1957: 25) getuig ook in hierdie geval van die onsekerheid wat oor die uitspraak van hierdie klanke heers. Die klank [ɔ] kan as skerpkort beskou word wat halfoop uitgespreek word soos wat nog in Afrikaans die geval is. Die [ϱ] was moontlik 'n sagkorte vokaal wat halfgeslote uitgespreek is (Van Bree 1977: 281). Ortografies word [ɔ] soms as ò voorgestel en [ϱ] as ó. In hierdie opsig verskil Van Bree se notasie van dié van M.G., par. 80. Daar kom ook woorde voor waar u en o mekaar in die spelling afwissel. Van Loey 1957: 26 noem onder andere brudeg*u*m, n*u*chtens, v*u*l, w*u*lf i.p.v. brudeg*o*m, n*o*chtens, v*o*l en w*o*lf. Die ó [ϱ] het uit die ouer ŭ ontstaan.

/œ/ Hierdie klank kan beskou word as half geslote middelvokaal.

2. Die konkrete fonetiese weergawes word verstrek en nie net die abstrakte onderliggende segmente nie, omdat gevoel word dat waar net geskrewe bronne bestaan, 'n konkreter beskouing gewens is. Die onderliggende segmente en hulle foniese realisasies staan na aan mekaar.

(M.G., par. 80.2). (Van Loey 1957: 29) wil hom nie kompromitteer wat die uitspraak betref nie.

3.2.2 *Sekondêre spraakklanke*

[ə] Hierdie klank vorm nie deel van die algemene inventaris van die Middelnederlandse vokale nie, maar is 'n afgeleide vorm wat voorkom in posisies met swak of geen klem.

Die slotsillabe in die volgende woorde bevat almal die sjwa [ə] – sprek*e*n, vel*e*, menegh*e*, led*e*, er*e*, onn*e*n. Dié klank het sy ontstaan te danke aan die vestiging van die hoofklem op die begin van die woord in Mnl.

[y] In posisies met swak klem, bv. ghel*u* (M.G., par. 77) word hierdie klank aangetref. Verder word [y] en [y:] as kombinatoriese variante van mekaar aangetref. Die lang vokaal vóór [r] en die kort [y] in die ander posisies (Van Bree 1977: 292).

3.2.3 *Die lang vokale*

/a:/, /æ/ In Wes-Vlaams is dit nodig om hierdie twee vokale van mekaar te onderskei. Die â, die oorspronklike lang vokaal, het die gepalataliseerde uitspraak [æ] (Van Loey 1957: 32-33). Hierdie uitspraak is veral in die kusstreke gehoor.
Die verlengde vokaal ā het die uitspraak [a:]
Die herkoms van die lang a word bespreek in M.G., par. 81.

/e:/, /i:ə/ Uit gegewens verkry van die moderne Nederlandse dialekte word gespekuleer dat ē van *veel* amper soos [e:] en ê in *een* na [i:ə] kon geklink het. (Van Loey 1957: 37). (Van Bree 1977: 282, 291) meen egter dat ē in Mnl. soos /i:/ kon geklink het en ê soos [i:ə], lg. is dan 'n ligte diftong. Een van die redes waarom ê en ē se klankwaardes as verskillend beskou word, is die feit dat hierdie twee klanke nie in ryrmposisies teenoor mekaar voorkom nie. In M.G., par. 87 word die ontstaansgeskiedenis van ê en ē beskryf. Die samevallende spreiding van ê en ei in woorde soos t*e*ken × t*ei*ken, cl*e*ne × cl*ei*ne word ook bespreek.

/i:/, /iə/ (Van Loey 1957: 53) vermoed dat î in *biten* in Wes-Vlaams aanvanklik as [i] en later in die 14de eeu as [iə] gebruik is, d.w.s. 'n lang vokaal wat later 'n diftong sou word. Miskien het die î verkorting ondergaan in alle omgewings behalwe voor die triller [r]. Die klank ī in *brief* was dan 'n lang monoftongiese [i:] (Van Loey 1957: 58) (Van Bree 1977: 168) beskou ook ī as 'n lang monoftong en beskou î as die klank [iə] in Wes-Vlaams. 'n Belangrike rede vir die uitmekaarhou van î en ī is die feit dat in die literêre geskrifte hierdie twee klanke nie gebruik word om met mekaar te rym nie. Ook wat die spelling betref, word ie en i, ij as onderskeidende grafemiese voorstelling gebruik vir resp. ī en î. In M.G. word î bespreek in paragraaf 82 en ī in paragraaf 83. Na gelang van die dialek kan allerhande tussentrappe voorkom. 'n Woord soos *partie* is in die dertiende eeu as [partiə] uitgespreek. 'n Eeu later het hierdie klank saamgeval met [i:].

/ǫ·/, /uə/ Die ō kom voor in bv. *boven* en ô in *oor*. Die ō word deur (Van Bree 1977: 148) as [ǫ] voorgestel en die ô as [ɔ:], [ɔə] of [uə]. (Van Loey 1957: 64-65) sê dat die klankwaardes van ô en ō nie met sekerheid vasgestel kan word nie en sou wel van streek tot streek en van tydperk tot tydperk verskillend gewees het. Wat die spreiding van die klanke betref, kan M.G., par. 84 geraadpleeg word. Die . na 'n vokaal dui daarop dat die klank *halflank* is, terwyl : na 'n klank 'n *lang* klank transkribeer.

/y:/ (Van Loey 1957: 73) beweer dat uu behalwe in die oostelike dialekte van Nederland [y:] voorgestel het. In Wes-Vlaams het in die omgewing voor die triller [ø] voorgekom en nie [y:] nie. Daar kan dus beweer word dat [y] en [ø] in aanvullende spreiding tot mekaar gestaan het. M.G., par. 85 en 86 gee 'n uitvoerige bespreking van die herkoms van [y:] asook die wisselwerking tussen [y:] en [ø], [ou], [u:] en [i:] in die verskillende dialekte. (Van Haereingen 1962: 154) wys op die wisselende standaarde by die uitspraak van Middelnederlandse tekste.

/u:/ M.G., par. 84 wys daarop dat wisselvorme soos [u:], [oə], [uə], [o:], [ɔu] en [y:] voorkom. Die herkoms en spreiding van die wisselvorme word verder beskryf in par. 85. (Van Loey 1957: 69-70) beskou oe as 'n baie geslote, lang monoftong wat voor labiale en velêre klanke [u:] geklink het en in ander omgewings as 'n variant van ō.

3.2.4 *Die diftonge*

Van Bree (1977:291) beweer dat ligte diftonge soos [Ii̯], [oeɪ̯] en [ǫu] voorgekom het in Hollands, Brabants en Oos-Vlaams. In Wes-Vlaams was die toestand anders.

Egte diftonge, nl. ei, ui, en ou ontwikkel eers in die vroegnederlandse periode uit ī, uu en ū. In Wes-Vlaams het net uu voorgekom. Kyk ook 6.5.1.

In M.G. word slegs twee kort diftonge onderskei wat voorgekom het in die Middelnederlandse periode –[ɛi] en [ɔu] terwyl ses lang diftonge aangegee word, nl. âi, ôi, âu, êu, oei en îu. (M.G., par 29 en 30).

Aangesien die lengte van diftonge nie konsekwent in die spelling teruggevind word nie, is dit nie altyd met sekerheid te bepaal wat 'n bepaalde diftong se lengte is nie, bv. *ghecray, ay* en *craeit*. Is die ay van *ghecray* kort soos by die uitroep *ay* of lank soos in *craeit?* (Om historiese redes word *ay* as die grafiese weergawe van 'n lang diftong beskou.)

3.3 Inventaris van diftonge

Die relevante paragrawe in M.G. waar 'n bespreking van die herkoms van die diftonge nageslaan kan word, staan tussen hakies.
Voorbeelde aangeteken uit K.E. en Vos.

[ɛi] *keiser, heilich, seide, heidene, aerbeit, keytijf, reynaert* (M.G., par. 87, 89)

[ɔu] *houden, soude, vrouwe, vrauwe, trouwe, stout, hout, rauwe, autare.* Die spelling au × ou kom dikwels voor. (M.G., par. 84, 85, 88 en 90.)

âi *craeit, windewaiet, vraei.* (M.G., par. 91)

ôi *noit, vernoy, scoyen, moye, vloyen.* (M.G., par. 91)

ûi Geen voorbeelde opgeteken nie. Le Roux-hulle gee voorbeelde soos *bloeijen, broeijen, loeijen* en *roeijen.* (M.G., par. 91).

P. (R) beteken direk vóór 'n r sodat e(R) en o(R) inhou dat die segmente /e/ en /o/ wat voor 'n r optree, verleng word; bv. begh*e*ren en v*oo*rder.

4 Die konsonantinventaris van Middelnederlands

Die egte konsonante
/p, t, k, b, d, g, f, s, x, v, ʋ, z, ɣ./

Die onegte konsonante
/m, n, ŋ, l, r./

Hierdie segmente staan ook bekend as die *sonorante.*

Die glyklanke
/h, j, ɷ/

Hierdie segmente word soms *halfvokale* genoem.

4.1 Die egte konsonante

Die egte konsonante vorm 'n afsonderlike klas spraakklanke. Hierdie spraakklanke word uitgespreek met 'n vernoude artikulasiekanaal wat spontane trilling van die stembande onmoontlik maak. Sulke klanke word as non-sonorant beskou. Die konsonante wat as non-sonorant beskou word in Middelnederlands is reeds genoem onder 4.

Behalwe in die geval van /ʋ/ en /ɣ/ sal vir die doel van die bespreking aanvaar word dat die spraakklanke min of meer soos dié in Afrikaans klink.

/**p**/ Hierdie spraakklank tree op in woorde soos *poent, plach, bliscap, worpt, paert, sprac, pels.* Dit is die stemlose bilabiale eksplosief wat ook in Afrikaans optree.

/**t**/ In Middelnederlands bestaan daar 'n suiwer dentale /t̪/ sowel as 'n alveolêre /t/. Afrikaans het slegs 'n alveolêre /t/.

In die spelling word die twee t's nie onderskei nie en daar sal nie verder op ingegaan word nie. Voorbeelde wat /t/ bevat: *bate, maghet, goet, te, staen, covent, ghiften, ghetrouwe, worpt, tlicht.*

In sommige werkwoorde word /e/ verkort tot /ε/ voor die fleksieuitgang /t/ by presens en imperatiefvorme, bv. *verget* < *vergeten, et* < *etet.*

/**k**/ Die stemlose velêre eksplosief /k/ kom voor:

Aan die begin van woorde gevolg deur 'n vokaal, bv. *comt, covent, covel, caritaten, caproen, cousen, camer.*

Voor onegte konsonante veral /l, n, r/, bv. *cleine, crancheit, cleder, crighe, cnecht.* (Oor die grafemiese voorstelling van /k/, kyk 2.9.)

Middelnederlandse Konsonantstelsel

	Stemlose eksplosiewe	Stemhebbende eksplosiewe	Stemlose frikatiewe	Stemhebbende frikatiewe	Likwiede triller	Likwiede lateraal	Nasale
Bilabiale	p	b		ω, v			m
Labiodentale			f	ʋ			
Dentale	t	d	s	z	r	l	n
Palatale				j			
Velêre	k	g	x	ɣ			ŋ
Glottaal			h				

Vir die gerief word die egte en onegte konsonante sowel as die glyers onder die sambreelterm konsonante opgeneem in die skema hierbo. Net vokale en diftonge wat as nie-konsonanties beskou word en plus vokalies word buite rekening gelaat.

Die k en g wat in blokvorm verskyn, dui op die allofoniese karakter van die twee segmente. Hulle is soms posisionele variante in die sillaberand. Daar bestaan twyfel of /h/ in alle gevalle 'n foneem is. Dit is veral in Wes-Vlaams 'n probleem.

Tussen vokale is daar voorbeelde soos: *becorne, vercoren, dicke, breken.*

In 'n konsonantgroep wat 'n dentaal bevat, staan die dentaal in die slotposisie met /k/ daarvoor, bv. *denct, siecte.* Indien die konsonantgroep een van die onegte vokale bevat (veral /l, n, r/) dan gaan hulle /k/ direk vooraf, bv. *balke, denct, danc, vercoept.*

As die konsonantgroep twee onegte konsonante bevat, staan /k/ in die middel, bv. *verclaren.*

As slotkomponent: *weec, streec, wanc, trac, sanc, roc.* Met die halfvokaal /ω/ as tweede element: *quijt, quam, quet, quic.* 'n Paar gevalle kom voor waar [e] verkort is tot [ε] voor 'n stemlose dentaal, bv. *sprect, stect.*

/**b**/ Aan die begin van 'n woord tree hierdie segment op in *bate, boeke, began, bliven, bruut, brief.* Tussenvokalies na 'n kort vokaal word /b/ aangetref in woorde soos *hebben, webben.* (Let op die grafemiese verdubbeling bb). Waar /b/ na 'n lang vokaal voorkom, het ons gewoonlik met leenwoorde te doen, bv. *sober, cabele.* 'n Vierde posisie waar /b/ optree, is na /m/, bv. *ambochte, ombe.* Die /b/ kan soms deur assimilasie aan /m/ verdwyn, bv. *clemben* > *clemmen.*

/**d**/ Twee tipes /d/ het voorgekom, 'n dentale /d̪/ en 'n alveolêre /d/. Die /d/ is altyd in die omgewing voor /r/ gebruik. Grafemies word daar geen verskil aangedui nie. In Afrikaans ken ons slegs die alveolêre /d/.

Tussenvokalies word /d/ dikwels gesinkopeer, bv. *koude* > *koue.* (Kyk onder sinkopee 5.10.2.)

Daar kom ook gevalle voor waar /d/ gepalataliseer word tot /j/, bv. *rode* > *rooie.* (Kyk onder palatalisasie 6.8) In die posisie tussen die onegte konsonante /l, r, n/ aan 'n sillabe-einde en 'n daaropvolgende sillabe /r/ word sporadies 'n /d/ ingevoeg, bv. min*d*er, kaal*d*er. (Kyk epentese 5.4.1).

Enkele voorbeelde van woorde waarin /d/ voorkom: *die, soghede, weder, liede, dwanc, droech, milde, bode.* Behalwe in die geval van die woord *god* word /d/ grafemies nie aan die woordeinde geskryf nie. Strykdeur word t as verteenwoordiger van albei dentale eksplosiewe (sluitklanke) gebruik. (Kyk grafemiese voorstelling van Middelnederlandse klanke 2.5).

/**g**/ Die stemhebbende eksplosief /g/ kom voor op twee plekke in Middelnederlands: 1) tussenvokalies as lid van 'n geminaat, bv. *secghen, legghen.* Die uitspraak was dan ongeveer /gg/ of /g/ of /gɣ/. Later word die konsonant verkort tot /ɣ/. Kyk degeminasie (konsenantverkorting) 6.9.2. 2) as tweede lid in 'n velêre nasaalkombinasie, bv. coninghes, singhen. Die uitspraak lui dan /ŋg/.

/**f**/ In leenwoorde van Franse oorsprong word /f/ gebruik aan die begin van woorde, bv. *formine, foreest, fonteyne, feeste.* As slotklank kry ons /f/ in woorde soos *darf, bleef, lief.*

Voor stemlose konsonante tree /f/ ook op, bv. *blijft, heeft, hoeft.*

Voor afleidings wat begin met /l/ en /n/ word /f/ ook aangetref, bv. *sterflijc, erfnisse.*

/**s**/ Aan die begin van 'n woord, gevolg deur 'n vokaal, word /s/ slegs by vreemde woorde ontleen aan Frans of Latyn, aangetref. Voorbeelde: *sacrament, sinxen, ceder.* Tussenvokalies tree /s/ ook op in bv. *cruce, devocie, cesseert.* (Oor die grafemiese voorstelling van /s/ deur <c> en <s> kyk 2.9).

In eie woorde tree /s/ op voor die egte konsonante /p/, /t/, /x/ en die onegte konsonante /l/, /m/ en /n/. Voorbeelde: *spel, stoede, scoen, sloech, smaect, sniden.* Na die verkorte voorsetsel *t*(e) en lidwoord (da)*t* wat proklities optree, word /s/ ook gebruik, bv. *tsinen, tspapen.* As slotkonsonant kry ons /s/ in *dies, alles, bloets, loes, ons, huus.*

Voor 'n stemlose konsonant tree /s/ ook op: *waest, troest, wespe.*

/**x**/ Die stemlose velêre frikatief /x/ kom slegs aan die woord- of sillabe-einde voor. Voorbeelde: *droech, plach, menech, lichame, ghenuechten, versochten, dochter.* (Oor die grafemiese voorstelling ch kyk 2.9).

/**sx**/ As aanvangskonsonantgroep tree /sx/ op in *schult, schepenen, scip, schone, schaerlaken.*

Intervokalies kry ons voorbeelde soos *tusschen*[1], *hovesche, erdsche, menschelike.*

Aan die woordeinde tree die konsonantgroep[2] in woorde op soos *visch, valsch.*

/**ʋ**/ Dié klank is 'n stemhebbende labio-dentale frikatief en kom nie in Afrikaans voor nie. Aan die begin van woorde en in die middel van woorde tussen vokale en onegte konsonante (veral r) word dié klank aangetref. In die spelling word dit deur die grafeem <v> aangedui. Voorbeelde: *vele, avonture, bleven, hevet, vite, raven, even, vals, leven, begeven, hovescheden, over, derven.*

1. In sommige dialekte was [sk], *blykens die spelling,* 'n waarskynliker uitspraak as die gewone [sx]; vgl. tu*sk*en teenoor tu*ssch*en.

2. In die auslaut kom die konsonantverbinding [ft] voor, bv. *luft* wat in ander dialekte deur [xt] verteenwoordig word, bv. *lucht.*

Tussenvokalies word /ʋ/ somtyds gesinkopeer, bv. hoevet > hoot. (Kyk onder SINKOPEE.)

/**v**/ As eerste element in 'n woord kry ons dié frikatief /v/ in woorde soos *wreken, want, wile, weder, wanc, wide, wecte.*

/**z**/ As aanvangskonsonant voor 'n vokaal word /z/ aangetref in woorde soos *ziden, zal, zielen, zeder, zondersse.* Die stemhebbende frikatief word dikwels deur <s> verteenwoordig, bv. *cousen, lesen, wesen, kiesen.* Voor <w> word die stemhebbende fikatief ook aangetref, bv. *swart, zwaer.* In die onmiddellike omgewing van 'n stemhebbende konsonant (eg of oneg) kom /z/ ook voor, bv. *alse, wijsde.*

/**ɣ**/ Die stemhebbende velêre frikatief /ɣ/ kom as eerste lid van 'n woord voor in *ghebede, ghedinct, ghinc, ghi, ghere, gader, groet, geronde, guldine, grau.*
Tussenvokalies word /ɣ/ aangetref in woorde soos *saghen, belghet, onghewroken, oghen, maget, religione.*
In die onmiddellike omgewing van konsonante word /ɣ/ ook aangetref, bv. *segt, vergier, eglentiere, groet, gloyen.*
(Oor die grafemiese voorstelling van /ɣ/ deur <g> en <gh>, kyk 2.9 en 2.10).

4.2 Die onegte konsonante

Die onegte konsonante het as gemeenskaplike eienskap dat by uitspraak spontane trilling van die stembande plaasvind. Die spraakklanke wat as onegte konsonante beskou word, is /m, n, ŋ, l, r/

/**m**/ Die labiale nasaal /m/ tree op in verskillende posisies van die woord:

1) as eerste lid. Voorbeelde: *mariën, moete, mordenare, monde, met, maect, mochtẹn, mi, men.*

2) tussenvokalies. Voorbeelde: *blame, ghemiste, hemel, comen, heymelike, rome, vernemen, doemen.*

3) voorafgegaan deur 'n konsonant. *ontfermecheit, vermonden, versmoert, sermoen, smerte, wedermoet.*

4) gevolg deur 'n konsonant. *quamt, naemt, ontfaermt, gecarmt, rumde, bloemkine, ambochte.*

5) as laaste element van 'n woord. *quam, nam, gram, hem.*

6) as kwasi-geminaat. *vlamme, stemme, nemmermere, emmermee, omme,* ens. Hier is een van die gevalle waar die spellingbeeld 'n toestand weerspieël wat in 'n vroeër stadium nog geldig was. In Mnl. is die ortografiese verdubbeling 'n spellingkonvensie wat 'n enkel segment verteenwoordig, d.w.s. mm = /m/.

/n/ Die stemhebbende alveolêre nasaal /n/ tree op in woorde soos: *nacht, niet, trone, teenen, ende, desen, vrient, scinders, penitencie, begonste, ontsloet, guldine, twien.*

Tussenvokalies, waar albei vokale kort is, word die geminaat /n:/ aangetref: *keyserinne, wonnen, penninghe, spinnen, sonne, nonne, sinne, binnen.*

In die dialekte van Limburg en Brabant (en in mindere mate dié van Vlaandere) word soms 'n /e/ aangetref waar /ɛ/ verwag sou word, bv. *seente* i.p.v. *sente.* By *wijnd* word /i/ in plaas van /ɩ/ gebruik.

'n Paragogiese /n/ word soms toegevoeg voor 'n anterieure klanksegment wat in 'n onbeklemtoonde sillabe staan, bv. vermale*n*dien, vise*n*teren, bene*n*dien.

/ŋ/ Die velêre nasaal word veral in die volgende posisies aangetref.

1) Aan die woordeinde, gevolg deur 'n /k/ as eerste of enigste lid van konsonante in die auslaut. *ghinc, iongheIinc, hinc, lanc, ionc, ghedinct, brinct.*

2) Tussenvokalies, direk gevolg deur /g/ of /ɣ/ *ghinghen, singhen, penninghe, verdinghen, dinghe, sonderlinghe, hanghen.* Die uitspraak moes dan of /ŋg/ of /ŋɣ/ gewees het.

3) Tussenvokalies gevolg deur 'n /k/. *crancheit, drincken.* Oor die spellingkonvensies, raadpleeg 2.10.1.

/l/ Die laterale alveolêre spraakklank /l/tree op in woorde soos *lieghen, wilt, wel, selven, sekerlike, ghevel, belghet.*

Tussenvokalies, waar albei vokale kort is, word die geminaat /l:/ gebruik: bv. *wullen, willic, ellinde, vullen.*

In Brabants en Limburgs word /ɩ/ en /ɛ/ in die posisie voor /l/ + konsonant gerek tot /i/ en /e/, bv. *wielg* en *veelt.* Brabants en Hollands vertoon ook sporadies ronding van /ɛ/ tot /œ/ voor /l/ + konsonant, bv. *hulpen, gulden, sculp.*

/r/ Die /r/ wat voorkom, is die alveolêre triller. Die volgende woorde bevat almal /r/. *groet, moeder, hoerde, vroet, lachter, orconden, rouwe.*

'n Baie verbreide verskynsel is dat voor 'n gedekte /r/ die vokaal /e/ aangetref word i.p.v. die te verwagte /ɛ/. Voorbeelde: *beergen, eerve, cleerc, steerft.*

Sporadies vind ronding plaas in die onmiddellike omgewing van /r/ sodat /ɩ/ gerond word tot /œ/ in bv. *rudder, beruspen.* Die verskynsel word in Hollands en Vlaams teëgekom.

Rekking /ɩ/ tot /i/ word in enkele vreemde woorde aangetref, bv. *mieracle, tierant, fiermament.*

Dit wil voorkom asof o voor 'n gedekte /r/ kort uitgespreek word, d.w.s. as /ɔ/, bv. *orconden, ornament, vercorne, becorne, wort, antworde, horde, orlof.* Hierteenoor is o lank voor ongedekte /r/, bv. *toren, dore, hore, core.* 'n Lang /r:/ kom voor waar /n/ in die onmiddellike omgewing van /r/ daaraan assimileer word, bv. *berren* < *bernen, borre* < *borne.*

Metatesis kom voor waar /r/ in 'n gedekte posisie staan in die begin van 'n woord direk gevolg deur 'n kort vokaal en 'n dentaal /d/, /t/, /s/, /n/ maar wat nie *nd* of *nt* is nie. Voorbeelde: *screde* < *scerde, vrede* < *verde, brennen* < *bernen.* Die vokaal in 'n oop sillabe word gerek. (Kyk 5.4.3 en 5.8.2).

4.3 Die glyklanke

/**h**/ Die posisie van hierdie spraakklank in Mnl. is onvas en verskil dialekties. In die Wes-Vlaamse dialekte is die /h/ in die anlautsposisie onvas. Teenoor h-lose vorme soos *anscoen, antwerc, arde* staan voorbeelde met hiperkorrekte /h/ soos *hoghe* i.p.v. *oghe, huut* i.p.v. *uut, haex* i.p.v. *aex.*

Intervokalies het /h/ wat ontstaan uit Oergermaanse /x/ reeds in Oud-Nederlands verdwyn (M.G., par. 55 en 101). Die /h/ aan die begin van woorde het in Owgm. uit /x/ ontwikkel (M.G., par. 130).

By die persoonlike vnw. van die derde persoon is die verkorte vorme volop (M.G., par. 187) en die enklitiese bousels vertoon almal h-weglating in die anlaut.

Vir sover /h/ voorkom in die anlaut van ander woordklasse word dit as 'n glottaal beskou met eienskappe van 'n glyer. 'n "Onnodige" /h/ kom ook soms voor in verbinding met 'n voorafgaande /t/ en intervokalies, bv. *thune, bethonen, vrihe.* As eerste klanksegment in 'n woord gevolg deur 'n vokaal, word /h/ aangetref in woorde soos *hinc, hen, haer, huus, hemel, hant.*

/**j**/ Dié palatale glyer tree op in verbinding met vokale om diftonge te vorm, bv. *ooij, oeij, aeij* (M.G., par. 91). In leenwoorde tree dit op in die woordbegin, bv. *joeste* (M.G., par. 126).

/**ω**/ Dié bilabiale glyer tree op in verbinding met vokale om diftonge te vorm, bv. *eeuw, ouw* (M.G., par. 92). In die anlaut het [ω] oorgegaan tot [v], bv. *waeijen, waer.* Intervokalies kom dit ook voor in woorde soos *rouwen,* en *ghetrouwe* (M.G., par. 119.2).

Hierdie spraakklank kom ook voor na koronale segmente *sweert, dwanc, twivel.*

In die verbinding met 'n voorafgaande /k/ tree dit op in *quam, quijt, quet, bequaemt*. Oor die grafemiese voorstelling <qu>, kyk 2.10).

5 Sillabebou in Middelnederlands

As uitgangspunt vir die sillabestruktuur in Middelnederlands word die bou van die eensillabige woord geneem.[1]

5.1 Die eensillabige woord

5.1.1 *Inleiding*

Die tipiese sillabe bestaan uit twee elemente – 'n sillabekern en 'n sillaberand of -rande. Die sillabekern bestaan gewoonlik uit 'n vokaal (V) terwyl die sillaberand(e) meestal uit konsonante (K) bestaan. Die sillabe kan ook uit net 'n sillabekern bestaan, bv. die bywoord *ee* 'vroeër'. Bylae 3 bevat toeligting oor terme in die klankleer.

5.1.2 *Die spreiding van die konsonante in die eensillabige woord in Middelnederlands*

Vir die doel van die ondersoek word die glyers /h/, /j/ en /w/ as konsonante gereken.

K = konsonant, V = vokaal of diftong. Die nommers dui op die posisie van die bepaalde konsonant in die sillabe.

Die maksimum getal konsonante in 'n Middelnederlandse eensillabige woord is *sewe* (drie aan die begin = *anlaut* en vier aan die einde = *auslaut*). Aan elke posisie word 'n nommer toegeken.

K	K	K	V	K	K	K	K
1	2	3		4	5	6	7

Die toekenning van posisie geld volgens die plek wat 'n konsonant inneem t.o.v. die vokaalkern (V). *s* in *stro* is die verste konsonant links van 'n drieledige konsonantgroep in die anlautposisie en kry die nommer 1; t = 2 en r = 3. In 'n woord soos *slach* is *s* die verste links van 'n tweeledige konsonantgroep en kry die nommer 2; l = 3 en *ch* is 4 (die konsonantposisie regs in die auslaut, ná die vokaal).

In dalende orde is die spreiding van die konsonante soos volg:

K1	s	(t)															
K2	s	(t)	x	p	k	f	d					b					
K3	s	t	x	p	k	f	d	m	n	l	r		v	w	h	j	
K4	s	t	x	p	k	f		m	n	l	r	(b)					ŋ
K5	s	t	x	p	k	f	(d)	(m)	(n)								

1. Die eensillabige woord vertoon in mikrokosmos die struktuureienskappe van 'n taal se sillabiese struktuur.

K6 s t (x)
K7 s t (x)

Segmente tussen hakies is twyfelgevalle wat in die opmerkings toegelig word.

Opmerkings:

t in die posisie K1 en soms ook K2 is moontlik in bepaalde kombinasies sillabies uitgespreek [ət], bv. *tschoet, tsant, tfolc, tgelt, tpaert, tkint, tlant, tmout.*

p in die posisie K2 voor s word as [pə] uitgespreek, bv. *psalm.*

b in K4 en *d* in K5 in 'n woord soos *schrobd* is dalk as [pt] uitgespreek.

m en *n* in die posisie K5 na 'n sonorant /l/ en /r/ word ook sillabies uitgespreek [əm], [ən], bv. *walm, warm, doorn.*

ch in die posisie K6 en K7 het heel waarskynlik geen klankwaarde in die meeste woorde nie soos bv. in *lincsch;* maar kon dalk in enkele gevalle as [x] uitgespreek gewees het.[2]

5.1.3 *Die struktuur van die eensillabige woord*[3]

Anlaut	Kern	Auslaut
	V	
	V	K
	V	KK
	V	KKK
	V	KKKK
K	V	
KK	V	
KKK	V	
K	V	K

2. (Van Haeringen 1962:181) sê i.v.m. *ch* in die posisie K4 'Men komt stellig dichter bij de waarheid, als men *tusschen* en *wasschen* eenvoudig met [sx] leest, en ook die slotconsonant van *visch* anders maakt dan die van *mis*'.

3. Die opset van die boek leen hom nie daartoe om in te gaan op bv. *voorwaardes vir* konsonant en konsonantkombinasies in die anlaut en auslaut van die sillabe nie. Slegs die onderliggende getal konsonante in die sillaberande word aangetoon by oop en geslote sillabebou en nie die geaardheid van die konsonant nie.

Anlaut	Kern	Auslaut
K	V	KK
K	V	KKK
K	V	KKKK
KK	V	K
KK	V	KK
KK	V	KKK
KK	V	KKKK
KKK	V	K
KKK	V	KK
KKK	V	KKK

Opmerking:
Die slotposisie kan 'n sterker kombinasie konsonante bevat as die aanvangsposisie – 4 teenoor die 3 konsonante van die anlaut.

5.1.4 *Voorbeelde van eensillabige woorde in Middelnederlands*
Die volgorde van die voorbeelde is soos in die vorige skema beginnende met V.

o, al, als, eerst, ertsch, mi, vro, stro, dus, hals, dorst, herfst, graet, steert, vluchts, slincsch, strec, strant, scripts.

5.2 Struktuur van die meersillabige woord[4]
Die neiging vir konsonante om aan die beginposisie van 'n sillabe te staan word nog duideliker na vore gebring by die meersillabige woord.

Die volgende meersillabige woorde is willekeurig gekies uit *Van den Vos* Reynaerde. 1 ' 2. . . dui op sillabes.

mes - da - den , KVK KV KVK 1 2 3	me - nich - fou - de , KV KVK KV KV 1 2 3 4	ver - ma - len - dy - en , KVK KV KVK KV VK 1 2 3 4 5
ont - wis - schen , KVK KVK KKVK 1 2 3	ghe - lo - ve - de , KV KV KV KV 1 2 3 4	ghe - dre - ghen , KV KKV KVK 1 2 3
on - ghe - wro - ken , VK KV KKV KVK 1 2 3 4	ver - ho - len - li - ke , KVK KV KVK KV KV 1 2 3 4 5	spra - ken , KKKV KVK 1 2
diet - sche KVK KKV 1 2		

4. Die onderliggende meganismes vir die plasing van sillabegrense in meersillabige woorde word nie behandel nie. Kyk ook opmerking 2.

Behalwe in die geval van prefikse wat 'n morfologiese eenheid vorm van klank + betekenis, is die ander sillabes swaar gelaai met konsonante in die sillabe-aanvang, maar yler beset aan die sillabeslot. Die aanvangsposisie is derhalwe 'n *sterk* posisie vir konsonante en die slot 'n *swak* posisie.

Die tipiese meersillabige woord in Middelnederlands het 'n oop sillabe KV as eerste sillabe gevolg deur een met die bou KV(K). Die tweede sillabe kan dus oop KV of geslote KVK wees. Die bou van die tweede sillabe dien ook as model vir die derde en daaropvolgende sillabes.

5.3 Strategieë wat die oop sillabebou bewerkstellig

'n Strategie wat die neiging vir oop sillabebou bevorder, is svarabhakti, bv.

arm > arem
VKK VKVK

5.3.1 *Svarabhakti*

- Tussen 'n konsonantiese groep wat bestaan uit 'n verbinding van sonorante met die eienskappe (+ koronaal, + anterieur) of sodanige sonorant en 'n egte konsonant ontwikkel 'n /ə/, bv. arbeit > *arebeit*, helcht > *helecht*, toorn > *toren*, berch > *berrech*, aerm > *arem*.
- In die anlaut tussen 'n velêre frikatief en nie-nasale sonorant wat staan voor 'n sillabe met hoofklem ontwikkel 'n /ə/, bv. glas > *gelas*, grief > *gerief*.
- Waar 'n sillabegrens 'n sonorantgroep bestaande uit 'n laterale sonorant + w verdeel, ontwikkel dikwels 'n /y/ of /ə/ vóór die w, bv. swalwe > *swaluwe* > *swalewe*.

5.3.2 *Twee konsonante word tot een geämalgameer*

met - dien	>	me - ttien	=	[mɛtin]
KVK KVK		KV KVK		
1 2		1 2		

5.3.3 *Twee konsonante word verminder tot een*

ic het	>	ic - et
VK KVK		VK VK
1 2		1 2

Opmerking: Die konsonant [k] in die eerste sillabe van die voorbeeld [ɪk$hət] beweeg na regs, [ɪ$khət], d.w.s. in die rigting van die sillabe wat hoofklem dra. Die h val weg direk langs [k], kyk 5.16.3.

5.4 Strategieë om geslote sillabebou te bevorder

5.4.1 *Epentese*

In sommige omgewings en onder bepaalde voorwaarde ontwikkel 'n klanksegment tussen ander segmente. Dié proses word *epentese* genoem. Soms veroorsaak epentese 'n geslote sillabebou.

1. 'n Stemhebbende koronale segment /d/ ontwikkel tussen 'n koronale sonorant /l, n, r/ en 'n sillabiese r wat swak klem dra.

hoenr̩ > hoendr̩ > *hoender*

edelr̩ > edelr̩ > *edelder*

meerr̩ > meerdr̩ > *meerder*

2. 'n Stemlose koronale segment /t/ ontwikkel in 'n sillabe met swak klem tussen nie-laterale koronale sonorante /n, r/ en die woordeinde.

heden > *hedent;* besonder > *besondert*

3. 'n Stemhebbende koronale segment /d/ ontwikkel tussen 'n vokaliese element en 'n /ə/ wat staan in 'n sillabe met swak klem.

castiën > *castiden*
valeije > *valeide*

4. 'n Koronale nasaal /n/ ontstaan dikwels in 'n sillabe met swak klem tussen die /ə/ en 'n koronale sluitklank /t, d/.

viseteren > *visenteren*
benediën > *benendiën*

'n Algemene eienskap van epentese is dat die segment wat toegevoeg word juis in 'n sillabe met swak klem plaasvind. Wat die sillabiese struktuur betref, word die sillabegrens so getrek dat die nuwe element by die sillabe met swak klem ingesluit word. $ = sillabegrens.
hoender, hedent, castiden, ruwe, benen$diën

5.4.2 *Metatesis*

Wanneer stadige spreekstyl plek maak vir gesprekstyl is daar sommige segmentkombinasies wat deur hersillabifikasie in ontoelaatbare opeenvolgings te staan kom. Hierdie opeenvolgings word nou deur segmentomruiling omgeskakel tot aanvaarbare kombinasies.

1. Die sonorant /r/ wat gevolg word deur 'n kort vokaal en 'n segmentkombinasie wat bestaan uit koronale ruil plekke met die vokaal. Dié proses, bv. by bre$sten → ber$sten word só geskets:

123 45 → 132 45

$$\underset{1}{K}\underset{2}{\begin{bmatrix} +\text{son} \\ +\text{kons} \\ +\text{duur} \end{bmatrix}}\underset{3}{V}\ \$\ \underset{4}{[+\text{kor}]}\ \underset{5}{[+\text{kor}]} \longrightarrow 132\$45$$

Verwante gevalle is *krist* > *kerst*
bran$de > *bern$de* / bɛrəndə / of /bɛrndə/
1

Die sillabebou is belangrik want in die geval van 'n enkel koronaal was die matatesis opsioneel, bv. by:
treden × *terden, vrede* × *verde, grane* × *gaerne, present* × *persent.*

$$\underset{1}{K}\underset{2}{\begin{bmatrix} +\text{son} \\ +\text{kons} \\ +\text{duur} \end{bmatrix}}\underset{3}{V}\ \$\ \underset{4}{[+\text{kor}]}\ \underset{5}{V} \longrightarrow 132\$45 \text{ of bly } 123\$45$$

2. Die laterale sonorant /1/ en die koronale duurklank /s/ het ook deel aan metatesis, bv. *decsel* → *deckels* en dit word só beskryf:

$$\underset{1}{K}\ \underset{2}{V}\ \underset{3}{K}\ \$\ \underset{4}{\begin{bmatrix} +\text{kor} \\ +\text{duur} \end{bmatrix}}\ \underset{5}{V}\ \underset{6}{\begin{bmatrix} +\text{son} \\ +\text{lat} \end{bmatrix}} \longrightarrow 12\$3564$$

Die optrede van die metatesiselement hang ten nouste saam met die sillabiese struktuur van die woord

KV$KVK → KVK$KV *nadel* > *naelde*
KKV$KKVK → KVK$KKVK *bresten* > *bersten*

Die neiging is om 'n sillabe daar te stel met eweredige rande KVK$ met die sillabegrens direk ná die sonorant.

By eensillabige woorde word die verskynsel van eweredige rande behou. *furcht* > *vrucht.* Die koronale segment in die kombinasie met 3 opeenvolgende konsonante verskuif tot voor die kort vokaal KVKKK > KKVKK.

5.5 Die vaswording van klem en die klanklike gevolge daarvan

5.5.1 *Van wisselende klem tot vaste klem*

In Oergermaans het die hoofklem volgens vaste reëls dan op die een deel en dan op 'n ander deel van dieselfde woord geval. (M.G., par. 36). Na die Germaanse klankverskuiwing is die hoofklem altyd op dieselfde sillabe geplaas. Hierdie sillabe word die wortelsillabe genoem (5.5.2) en (M.G., par. 37). Die aard van die wortelsillabe hang ten nouste saam met wat onder die wortel van 'n woord begryp word.

5.5.2 *Beskrywing van die terminologie*

Stam: in paradigmatiese verband gesien, is dit die gemeenskaplike onveranderlike gedeelte van 'n gelede woord wat oorbly nadat uitgange verwyder is.

In Mnl. word wortel en stam as omruilbare terme gebruik. In ouer Germaans was dit nog moontlik om struktureel tussen die twee terme te onderskei. (M.G., par. 153).

Wortel: in paradigmatiese verband gesien is dit die gemeenskaplike onveranderlike gedeelte van 'n gelede woord wat oorbly nadat die stamsuffikse en uitgange verwyder is. (M.G., par. 153)

Wortelsillabe: die vokaliese kern van 'n wortel wat bestaan uit 'n monoftong of diftong plus geen of meer nie-vokaliese elemente.

*Pi*ne (monoftong, geen nie-vokaliese element),
r*e*cht (monoftong, twee nie-vokaliese elemente),
tr*au*wen (diftong, geen nie-vokaliese element).

Die wortelsillabe is die eerste sillabe van die wortel by ongelede woorde, bv. *zon*de. Indien die gelede woord 'n prefiks bevat bv. *on*hovesch dan is die eerste sillabe ná die prefiks die wortelsillabe. Die wortelsillabe word volgens sy interne bou verdeel in kort en lang sillabes.

Kort wortelsillabe: die vokaliese kern bestaan uit

(i) 'n kort vokaal plus 'n enkele konsonant; bv. *pel*se
(ii) 'n lang vokaal of diftong sonder 'n volgende konsonant; bv. *vo*ghele, *trau*wen.

Lang wortelsillabe: die vokaliese kern bestaan uit:

(i) 'n kort vokaal plus twee konsonante of 'n geminaat; bv. *wilt*braet, *leggh*en (in ouer Nederlands) M.G., par. 119.3

(ii) 'n lang vokaal of diftong plus een konsonant; bv. *leer*jonge, *leit*hout.

5.6 Faktore wat 'n rol speel by beklemtoning

Reëls vir beklemtoning hang af van verskeie strukturele, semantiese en historiese aspekte wat afsonderlik of in wisselwerking met mekaar bepaal hoe die klempatroon van 'n spesifieke woord daar gaan uitsien, bv. die woordsoortkategorie van die woord, sy fonologiese en morfologiese bou en ook sy herkoms.

Die woordsoortkategorie is soms deurslaggewend om te bepaal of 'n bepaalde woord hoofklem op die eerste of op 'n volgende sillabe kry. Vgl. M.G. 38.1 vir substantiewe en adjektiewe wat in klempatroon verskil van die werkwoord.

Die morfologiese bou van die woord het betrekking op die morfologiese deelbaarheid daarvan. Ongelede of enkelvoudige woorde is woorde wat nie affikse (prefikse en suffikse), fleksieuitgange of woordkorrelate bevat nie. So 'n woord is bv. *vleesch*. Enkelvoudige woorde kry die klem op die wortelsillabe (M.G., par. 37).

Indien 'n woord affikse, woordkorrelate of fleksieuitgange bevat, word dit geleed of saamgesteld genoem, bv. *ver*coren, dorper*lijc,* priem*tide,* bisscop*e* is voorbeelde van saamgestelde woorde. M.G., par. 38 en 39 bespreek die klemtoon van sulke woorde. Kyk in hierdie boek 5.7.3 tot 5.7.8.

Die fonologiese aspek van die woord het te make met die tipe klanksegmente waaruit dit bestaan, asook die struktuur van die sillabes waaruit die woord saamgestel is. Meersillabige woorde trek meestal hoofklem na die sillabe wat bestaan uit 'n lang vokaal of diftong of wat 'n kort vokaal plus twee of meer konsonante bevat. In Mnl. is dit gewoonlik die eerste sillabe by inheemse woorde, maar dit is nie altyd so nie. Kyk 5.7.

Die woorde van vreemde herkoms het meermale 'n ander klempatroon as dié wat geërf is. Slegs na totale inburgering word die gasheertaal se klempatroon gevolg. M.G., par. 40 verstrek voorbeelde van vreemdwoorde.

5.7 Klemreëls in Middelnederlands

Die reëls wat volg is 'n ongeformaliseerde uiteensetting van gegewens wat staan in M.G., par. 37 tot 40.

5.7.1 Enkelvoudige woorde kry die hoofklem op die eerste of enigste sillabe. (M.G., par. 37)
báte, scánde, crúce, tróest, pléecht, dòrst, ódevare.

5.7.2 Enkelvoudige woorde van nie-dietse herkoms (Frans of Latyn) kry die hoofklem op die sillabe wat 'n lang vokaal bevat (M.G., par. 40).
caritáte, foréest, aventúre, salúut, sacristíen, religióne.
Let daarop dat die hoofklem nooit op die eerste sillabe val nie. Vgl. hiermee die voorbeelde van 5.7.1.

5.7.3 Saamgestelde woorde wat behoort tot die naamwoord- en adjektiefklas kry die hoofklem op die eerste sillabe (M.G., par. 38.1). *blóemkine, príemtide, vríendelike, dórperlijc, èrdsche, vìngherline.*

5.7.4 Saamgestelde woorde wat behoort tot die werkwoordklas met die bou prefiks + stam, kry die hoofklem op die eerste sillabe van die stam. (M.G., par. 38.2)
beghìnne, ghemácht, vercóren, erlìchten.

5.7.5 Denominale werkwoorde behou die nominale klempatroon, bv. *àntwoorden* (5.7.3).

5.7.6 Deeltjiewerkwoorde kry die hoofklem op die deeltjie. (M.G., par. 38.2) *ánedoen, útevegen, toébinden, médegaen.*
(In ouer Mnl. het die klem op die eerste sillabe van die stam geval; vgl. M.G., par. 38.2).

5.7.7 Saamgestelde woorde met meersillabige suffikse wat vroulike seksus aandui, kry die hoofklem op die eerste sillabe van die suffiks (M.G., par. 39).
costèrsse, berìnne.

5.7.8 Saamgestelde woorde met suffikse wat 'n ongeronde vokaal of diftong as sillabekern bevat, vereis dikwels byklem (M.G., par. 39).
mogelijc, hondekijn, voghelijn, scoenhéit, heerscàp, droefnìsse.
Uitsondering: *-doem* in bv. *wasdoem* (bevat geronde vokaal).

5.8 Die uitwerking van vaste klem op die klankstruktuur van die woord

5.8.1 *'n Kort vooruitskouing*

Die vestiging van hoofklem aan die woordbegin in ouer Germaans het groot gevolge ingehou vir die struktuur van die woord en baie van die uitvloeisels daarvan is nog in Middelnederlands merkbaar. Sommige vokale is verleng, ander is gereduseer en nog 'n groep geëlideer. hersillabifikasie het plaasgevind. Klisis, umlaut en geminasie is alles prosesse wat voltrek is *nadat* die hoofklem vasgeword het en wat om toeligting vra. In die volgende paragrawe word die uitwerking van vaste klem op die klankstruktuur van die woord nagegaan.

5.8.2 *Vokaalverlenging*

Wanneer 'n oorspronklike kort vokaal se kwantiteit (en soms ook kwaliteit) gewysig word sodat dit langer uitgespreek word, staan dit bekend as vokaalverlenging. Vokaalverlenging vind plaas onder bepaalde omstandighede. So kan eensillabige woorde soos *wi, du,* ens. *kort* of *lang* vokale vertoon afhangende van die klempatroon in sinsverband. Word die woord beklemtoon dan is die vokaal lank. Onbeklemtoonde vokale is geneig om verkort te word.

5.8.2.1 Twee voorwaardes geld vir vokaalverlenging
- die kort vokaal moet in 'n oop sillabe staan.
- die vokaal moet hoofklem dra.

Die volgende klanksegmente word hierdeur geraak:
[ɑ] word [a:], bv. *dach, dágen.*
[ɛ] word [e], bv. *wech, wégen.*
[ɩ] word [e], bv. *schip, schépe.*
[ɔ]word [o], bv. *lof, lóves.*

Kort vokale in sillabes met byklem word net soos vokale in sillabes met hoofklem verleng wanneer dit in 'n oop sillabe staan. Voorbeelde – *orlof* > *orlōve* (datief), *heerscap* > *heerscāpe* (mv.). Kyk verder M.G., par. 45.3.

Vokale wat deur verlenging ontstaan het, kan later deur die inwerking van ander prosesse soos apokopee (kyk 5.10.2.3) in 'n geslote sillabe te staan kom. In dieselfde paradigma kan dit gebeur dat vorme met kort en verlengde vokaal langs mekaar optree. Enkele voorbeelde sal dit kan toelig.

Die vorm [heʋət] in bv. *hi hevet* bevat [ə] as swakbeklemde vokaal in die tweede sillabe. Toe die [ə] deur sinkopee wegval (kyk 5.10.2.2) voorwaarde (1) het e van die eerste sillabe in 'n geslote posisie te staan gekom, te wete *heeft.* (Vir [ʋ] > [f], kyk 5.15.1.3 en 5.17.2).

Indien 'n woord soos *stect* (B. 115) met *steect* (K.E. 257) vergelyk word, val dit op dat in die eerste geval die vokaal kort is en in die tweede geval lank. Die woorde het dieselfde betekenis en verskil net t.o.v. die vokaal.

Oorspronklik was die vokaal kort, maar het in 'n oop posisie gestaan [stɛkət[. Die [ɛ] in 'n oop sillabe met hoofklem is geneig om te verleng, daarom [ɛ] > [e]. [stɛkət] word dus [stekət]. Indien die [ə] in die swakbeklemde sillabe nou wegval deur sinkopee ontstaan [stekt] soos by K.E. 257. As die sinkopee egter plaasgevind het voordat vokaalverlenging kon optree, ontstaan die vorm [stɛkt] wat ons terugvind by B.115.

Kwalitatiewe sowel as kwantitatiewe veranderinge kan voorkom in die omgewing triller + dentaal, bv. g*ae*rdeline × g*a*rdeline (snorbaardjies), w*oo*rt × w*o*rt (woord), sw*ee*rt × sw*e*rt (swaard). (M.G., par. 97).

5.8.2.2. Vokaalverlengingsreël
Kort vokale wat sterk klem dra in 'n oop sillabe, word verleng.

5.9 Vokaalreduksie

Nadat die hoofklem permanent op die eerste sillabe van 'n woord geval het, is die ander sillabes sonder die moontlikheid van sterk klem gelaat en word die vokale in sillabes met swak klem aangetas. Vokale soos [ɑ], [e], [o] en [u] wat in 'n swak beklemde sillabe staan, is gereduseer tot [ə]. (M.G., par. 48). Die lang vokale soos [y:] kan ook verkort word (M.G., par. 51). Aangesien die proses van verswakking nie gelyktydig in alle woorde in die verskillende dialekte optree nie, kom wisselvorme soos *waarhede* × *waarheiden* voor. Vorme met vol en gereduseerde vokale kan dus naas mekaar bestaan, bv. *vrolike* × *vrolicke* × *vrolike* (M.G., par. 49 en 50).

5.9.1 *Die vokaalreduksiereël*
Kort vokale in 'n sillabe met swak klem reduseer tot [ə]. Voorbeeld. [bɑrá:t] > [bərá:t].

5.10 Segmentweglating

Wanneer 'n vokaal met swak klem uit 'n woord weggelaat word, staan die proses bekend as *elisie*. Weglating kan op drie plekke in die woord plaasvind. Vind die weglating aan die begin van die woord plaas, staan die proses bekend as *prokopee* (M.G., par. 53); weglating tussensillabies in die woord word genoem *sinkopee* (M.G., par. 55-59), terwyl weglating aan die woordeinde *apokopee* (M.G., par. 60-62) heet. Enkele voorbeelde van voorgaande prosesse:

*hi*storie > *storie* (prokopee van hi-)
wint*e*re > *wintre* (sinkopee van die eerste -e-)
har*e* > *haer* (apokopee van -e)

Segmentweglating is nie 'n dwingende reël nie, maar vind tog algemeen plaas wanneer die omstandighede daarvoor gunstig is.

5.10.1 *Algemene karakteristiek vir vokaalweglating*

1. Die vokaal staan in 'n sillabe met swak klem.
2. Die klanksegment is 'n gereduseerde vokaal. Voorbeelde: tellede [tɛ̀lədə]; wiste ic [vɪstə] [ɪk].

5.10.2 *Voorwaardes vir die optrede van prokopee, sinkopee en apokopee*

5.10.2.1. Voorwaardes vir die optrede van prokopee
- die eerste sillabe van die woord dra swak klem
- die vokaalkern bevat 'n vokaal [ə] of [ɪ].

5.10.2.2 Voorwaarde vir die optrede van sinkopee

1. In 'n sillabe met swak klem word /ə/ sinkopeer wanneer dit voorafgegaan en gevolg word deur 'n konsonant met die eienskappe [+koronaal, +anterieur].
makedet > maecdet > maectet
tellene > telne
starkeste > staercste

2. In 'n sillabe met swak klem word /ə/ sinkopeer na alle vokale en diftonge behalwe dié met die eienskappe [+hoog, −rond.]
conste ic > *constic,* te uwer > *tuwer*

3. In 'n sillabe met swak klem word /ə/ sinkopeer voor 'n daaropvolgende sillabe wat begin met 'n sonorant wat [-anterieur, -nasaal] is.
ghehoorsaam > goorsaam

4. In 'n sillabe met swak klem word /ə/ sinkopeer tussen twee ongedekte konsonante waar die volgende sillabe begin op 'n vokaliese element.
vereischen > vreischen

5. In 'n kombinasie van twee of meer opeenvolgende sillabes met swak klem, word dié /ə/ gesinkopeer wat direk ná die stamgrens optree.
veranderede > veranderde, vraghede > vraechde.

5.10.2.3 Voorwaardes vir die optrede van apokopee
– 'n slotsillabe met swak klem met /ə/ as kern word voorafgegaan deur 'n vokaliese element.
– 'n slotsillabe van 'n uitgang met swak klem en /ə/ as kern word voorafgaan deur een van die sonorante [l, n, r].
Uitsonderings:
Die vokaliese elemente [i:] en [ɛi] vorm 'n uitsondering op reël 1. Uitgange wat uit morfologies-semantiese oogpunt onontbeerlik is, soos meervoudsaanduiding, bly behoue.

5.10.3 *Uitwerking van segmentweglating op die woordstruktuur*
5.10.3.1 Sillabeverlies
Aangesien 'n sillabe meestal as kern 'n vokaliese element vertoon, is /ə/-weglating gelyk aan sillabeweglating, bv.
hónede > hoonde, te sínen > tsinen

Uit bostaande voorbeelde blyk dit dat /ə/-weglating plaasvind in die sillabe wat swak klem dra. Dié sillabe kan die gedeelte met hoofklem voorafgaan (voorbeeld 2) of direk daarop volg (voorbeeld 1). In albei gevalle veroorsaak /ə/-weglating hersillabifikasie. Sillabeverlies lei tot die herstrukturering van die woord. (5.15.2).

5.10.3.2 Sillaberandversterking
Wanneer daar as gevolg van /ə/-weglating konsonantgroeperinge tot stand kom wat in 'n stadige spreektempo ontoelaatbaar sal wees, vind versterking van die sillaberand plaas, bv. brochtet > brochtt > brocht.
Die sillaberand in die 2de stap bevat 3 konsonante aan die slot. Die slotelement van twee identieke segmente word elideer.

5.10.3.2.1 Homorganiese versterking
Wanneer 'n homorganiese konsonantgroep bestaande uit 'n stemhebbende + stemlose segment bestaan, oorheers die segment met stem, want die sillabe-auslaut verkies stemlose segmente. Voorbeeld die*dt* > die*t*, ghebie*dt* > ghebie*t*.

5.10.3.2.2 Nie-homorganiese versterking
Nie-homorganiese konsonantverbindings word gevorm wat nie segmentweglating vereis nie, bv. [bt, ft, xt, kt, lt, nt, pt, rt, st] en [ds, ks, ts]

hebbet > *hebt*   hadde et > *hadt*

segghet > *seght*	maect et > *maect*
sal-et > *saelt*	in ət > *int*
liep-et > *liept*	dar-et > *dart*
conste-ət > *const*	hadde des > *hads*
ic es > ics	dat es > *dats*

Die eerste lid van die segmentkombinasie wissel maar die tweede segment is altyd dentaal *t* of *s*.

5.11 Aanhegting (Klisis)

In bepaalde omstandighede boet woorde hulle selfstandigheid in en word as 'n geheel aan 'n voorafgaande of daaropvolgende woord geheg. Die aanhegtingsproses vind plaas as gevolg van die verlies van hoofklem wat die bousels ondergaan het, spraaktempo en -styl, en die sintaktiese omgewing.

Die proses van aanhegting word *klisis* genoem (M.G., par. 70 e.v.). Die aanhegting van die onselfstandiggeworde bousels kan voor aan 'n woord plaasvind *proklisis* (M.G., par. 72) of agteraan plaasvind *enklisis* (M.G., par. 73-74).

Voorbeelde van klisis:
*t*allen < *te allen.* Die *t* heg proklities.
merked*i* < *merkede hi.* Die *i* heg enklities.

5.11.1 *Klisis in besonderhede*

Klisis kom uiters selde voor by stadige, nadruklike praat (largo-styl) maar in 'n gespreksituasie waar die woorde vinniger tot baie vinnig uitgespreek word, bestaan daar volop geleentheid hiervoor. Die tempo in 'n gewone gespreksituasie word as allegretto-prestostyl beskou.

Aangesien Middelnederlands in sy tekste so baie klisisvorme vertoon, sal aanvaar word dat die klerke en monnike die taalgebruik in die dramas en romans in die allegretto-prestostyl weergegee het!

Wanneer die gaswoord die gasheerwoord voorafgaan, noem ons die resulterende aanhegting *proklisis,* bv. dat hoeft > thoeft. L.W. die gaswoord is die woord wat deur klemverlies onselfstandig word en aangeheg word by die selfstandige taalbousel, die gasheerwoord. Bylae 1 verskaf 'n lys van belangrike klitiese vorme.

Let daarop dat die sillaberand van die gasheerwoord versterk word, h >th. Die getal sillabes van die gasheerwoord word nie aangetas nie, bv. hoeft = 1 sillabe, thoeft = 1 sillabe.

Indien die gaswoord na die gasheerwoord staan, noem ons die resulterende aanhegting enklisis, bv. leve ic > levic.

Die voorbeeld wat gebruik is, veronderstel 'n tussentrap naamlik leveic waar die /e/ en /ι/ weerskante van 'n sillabegrens naasmekaar te staan kom. Die vokaal met swakker sonoriteit word verswelg, d.w.s. /ə/ wyk voor /ι/. Die resultaat is levic met behoud van die oorspronklike getal sillabes.

Nog 'n voorbeeld van enklisis is dat + es > dats. Die tussentrap /datεs/ bring mee dat hersillabifikasie optree – /da-tεs/ i.p.v. /dat//εs/. Die vokaal in die tweede sillabe reduseer tot /ə/ a.g.v. swak klem sodat /datəs/ ontstaan. Hierna word /ə/ elideer. Die resultaat is dats.

Ook hier is die gasheerwoord se getal sillabes onveranderd.

'n Derde voorbeeld wat bespreek word, is up dat > upt. Sodra die largostyl verander tot die allegretto-prestostyl, kom *updat* deur klisis tot stand. Hier word nou 2 konsonante teenoor mekaar gestel weerskante van 'n sillabegrens – *up$dat*. Een van die konsonante verdwyn en ons kry *upat*. Hersillabifikasie tree op, *up$dat* word *u$pat*. Die /a/ > /ə/ as gevolg van sy posisie in 'n sillabe met swak klem. Die /ə/ word elideer en die vorm *upt* kom tot stand. In die laaste stap word die oorspronklike getal sillabes van die gasheerwoord herstel: /œpət/ > /œpt/. Dit is opmerklik dat sillaberandversterking voorkom — 1 konsonant *p* word versterk tot 2 konsonante *pt*.

Let daarop dat klisis 'n fonologiese proses is wat geen betekenisimplikasies inhou nie. Die geklitiseerde produk vervul nog steeds dieselfde semantiese funksie as die afsonderlike bousels waaruit dit saamgestel is.

Waar klisis voorkom, is die sillabebou nie in die gedrang nie, want konsonanttoevoeging aan die begin van 'n woord maak nie 'n sillabe geslote of oop nie. Aan die einde van 'n woord is geslote sillabes gewoon. (Elisie tree ook op sonder om die basiese patroon KVKV(K) van die sillabestruktuur aan te tas. Kyk 5.2)

5.11.2 *Die gasheerwoord in Middelnederlands*

In bylae 1 word 'n uitvoerige relaas gegee van woordvorme wat kan klitiseer, d.w.s. gaswoorde. Enkele gasheerwoorde word nou genoem.

Die volgende klasse woorde tree as gasheerwoorde op:

Die selfstandige naamwoord
avonture, kind, goet, teiken, leven, avont.

Voornaamwoorde
wat, dat, hi, ander.

Voegwoorde
ende, noch.

Voorsetsels
van, bute, boven, op, met.

Werkwoorde
werpen, dede, seide, ga, liep.

Byvoeglike naamwoorde
oude, edele, heilich.

Bywoorde
morghens, avonts, noch.

5.12 Woordgrensverswakking

Nadat klitisering plaasgevind het, vind woordgrensverswakking plaas as gevolg van die swak klem van die aangehegte woord. Die woordgrens word nou ’n sillabegrens en twee klanksegmente kom langs mekaar te staan weerskante van die sillabegrens. Een van die segmente kan strukturele veranderinge ondergaan of selfs geëlideer word.

Woordgrense word deur % aangetoon en sillabegrense deur $. Die woord wat die hoofklem dra, word die *gasheerwoord* genoem en die aangehegte taalbousel die *gaswoord.*

%liep%%het%	afsonderlike woorde
%líp%hὲt%	klemreduksie op ε a.g.v. vinnige spreektempo.
%líp%hət%	vokaalreduksie a.g.v. swak klem.
%líp%hət%	klisis
%líp$hət%	*woordgrensverswakking*
%lip$ət%	h-weglating
%lip$t%	ə-weglating
%lipt%	hersillabifikasie

5.13 Van elisie en klisis

Van die woorde wat hulle selfstandigheid verloor het, kan daar segmente verwyder word deur elisie (M.G., par. 52). Die reste wat oorbly nadat elisie plaasgevind het, kan verskillende vorms aanneem.

- Net die slotgedeelte bly oor bestaande uit die sillabekern plus konsonantiese rand.

- Die sillabekern bly oor.
- Net die sillaberand bly oor.

5.13.1 *Die bou van die geklitiseerde element*

a. Die sillabekern en slot van die gaswoord bly behoue.
bute den > *buten* (*en* < den)

b. Net die sillabekern van die gaswoord bly oor
sijt ghi > *sijt-i* > *sidi* (*i* < ghi)

c. Net die sillaberand van die gaswoord bly behoue.
makeden het > *makedent* (t < het)

'n Algemene kenmerk van die gaswoord is dat dit eensillabig is. Sodra so 'n woord swak klem dra, verswak die woordgrens maklik en vind klisis plaas. By meersillabige woorde is die weerstand sterker.

5.14 Segmentwysiging in Middelnederlands

Nadat klitisering plaasgevind het, kan dit gebeur dat twee konsonante wat onversoenbaar is in hulle samestelling naas mekaar te staan kom aan weerskante van 'n sillabegrens. Een van hierdie segmente word dan struktureel aangepas of verwyder.

Waar twee segmente aangrensend voorkom en een van die segmente word artikulatories aangepas om in bepaalde opsigte met die dominante konsonant ooreen te stem, staan die proses bekend as segmentwysiging (assimilasie).

Die veranderinge kan op meer as een aspek van die segmente betrekking hê, bv. plek van artikulasie, wyse van voortbrenging, stemhebbendheid, ens. In sekere gevalle gaan wysiging van die segment die weglating daarvan vooraf.

Wanneer twee segmente met verskil in stemhebbendheid deur klisis byeengebring word, vind gelykskakeling plaas t.o.v. stemhebbendheid. Die gelykskakeling vind plaas volgens 'n sonoriteitskaal (5.16) en die dominante lid oorheers die ander lid in so 'n mate dat die ondergeskikte lid moet aanpas of verdwyn. Stemlose segmente is sonoorder as stemhebbende klanke en staan sterker in die sonoriteitskaal. Vokale is sonoorder as stemlose konsonante. Sonorante is dominant t.o.v. stemlose konsonante maar ondergeskik aan vokale.

5.15 Prosesse wat lei tot segmentaanpassing en -verwydering

Afhangende van die segmentstruktuur van 'n woord kan etlike van die volgende prosesse voorkom by die uitspreek daarvan, maar nie almal nie.

- Toepassing van klemreël.
- Vokaalreduksie van kort vokaal in sillabe met swak klem.
- Vokaalverlenging van kort vokaal in sillabe met sterk klem.
- Klisis
- Woordgrensverswakking.
- Segmentwysiging en aanpassing.
- Segmentweglating.
- Sillabeweglating.
- Hersillabifikasie.

Let wel: vokaalverkorting word nie hierbo ingesluit nie omdat dit onafhanklik is van die toepassing van die klemreël. Dit word veroorsaak deur bepaalde konsonantgroeperinge.

Voorbeelde

1. *dat leven* [dət] [leʋən] > [dt$leʋən] > [tleʋən] > [*d*leʋən]
2. *was ic* [vɑs] [ɩk] > [vɑs$ək] > [va:$zək]

Toeligting

Net die hooftrekke word geskets. Sommige van die prosesse vind min of meer gelyktydig plaas. (Kyk 5.18)

1. Klemreël – vokaalreduksie (ɑ > ə) – klisis – woordgrensverswakking – segmentweglating (ə) – segmentwysiging (d > t) – segmentaanpassing (–stem > +stem) – hersillabifikasie.

2. Klemreël – vokaalreduksie (i > ə) – klisis – vokaalverlenging (ɑ > a:) – segmentaanpassing (–stem > +stem) – hersillabifikasie.

5.15.1 *Segmentwysiging buite klisis*

Woordintern kom daar soms gevalle voor waar twee segmente wat langs mekaar voorkom segmentaanpassing van die ondergeskikte lid vereis. M.G., par. 148 tot 151 verstrek talle voorbeelde van individuele klanke wat assimileer. Die benadering wat hier gevolg word, verskil aanmerklik van dié in M.G. aangesien algemene patrone blootgelê word i.p.v. om afsonderlike verandering na te gaan.

5.15.1.1 Die dentale klanke [d, t, n] word ten opsigte van die eienskappe [koronaal, anterieur, stem, nasaliteit en duur] gelykgeskakel met die segment wat daarop volg. Dit hou bv. in dat indien die daaropvolgende klank 'n minus-waarde vertoon wat sommige of al die genoemde eienskappe betref, die [d, t, n] insgelyks 'n minus-waarde sal verkry. Die vereistes van die tweede segment kan veroorsaak dat die voorafgaande dentaal 1. 'n aangepaste segment word soos o*n*beclaghet > o*m*beclaghet of 2. dié segment kan totaal geabsorbeer word deur die daaropvolgende spraakklank, bv. ba*n*linc > ba*ll*inc.

5.15.1.2 Nasaalversterking kan optree waar die twee segmente minimaal verskil, bv. net wat stem betref. Dié proses hou in dat die tweede segment stemloos word, bv. ont*d*oen > ont*t*oen.

5.15.1.3 Segmentversterking van elemente wat in meer as een opsig verskil, vind plaas in 'n geval soos *ontvaen* > *ontfaen* waar net gelykstelling in stem plaasvind maar nie wat plek van artikulasie en duur betref nie.

5.15.1.4 Die nasaal wat die eerste lid van 'n konsonantgroep vorm, word op dieselfde plek in die mond gevorm as die daaropvolgende segment. Dit word homorganiese artikulasie genoem. Voorbeelde hiervan is *omblide* < *onblide; ommacht* < *onmacht*.

5.15.2 *Hersillabifikasie*

Die allerlaaste reël wat optree om die opnuut saamgestelde woord aanvaarbaar te maak vir die gesproke taal, is hersillabifikasie.

Soos reeds vroeër gestel (5.2) het Middelnederlands 'n voorkeurbou vir sy meersillabige woord wat deur die skema KVK(K)V(K)(K) voorgestel kan word. Die eerste sillabe het veral 'n voorliefde vir die oop bou KV, terwyl daaropvolgende sillabes oop of geslote kan wees met die slotsillabe dikwels geslote.

Hersillabifikasie hou in dat segmente verskuif word om 'n aanvaarbare sillabestruktuur moontlik te maak, bv. ‰*te*‰‰*si$nen*‰ bestaan oorspronklik uit 3 sillabes. Na klitisering en vokaalweglating bly net 2 sillabes oor ‰*tsi$nen*‰ wat inhou dat *s* wat oorspronklik in die aanvangsposisie van die tweede sillabe gestaan het nou in die tweede posisie van die eerste sillabe opgeneem word sodat die sillabe die bou KKV verkry.

5.16 Sonoriteit- en sterkteskaal

Vokale is die sonoorste klanke. Die halfvokale (glyers) staan tweede op die lys gevolg deur die onegte konsonante. Die egte konsonante staan laaste op die sonoriteitskaal.

Die lede van die segmentklasse verskil onderling in hulle dominansie van mekaar en ook ten opsigte van hulle optrede teenoor individuele lede van ander klasse. Wat nou volg is slegs 'n aanduiding van die verwikkelde verhoudings wat voorkom in Middelnederlands.

'n Faktor van groot belang by die vasstel van die dominante lid in 'n segmentkonfrontasie is die plek in 'n sillabe of woord waar dit voorkom en die klem wat die sillabe dra. 'n Vokaal in 'n sillabe met swak klem kan reduseer en later verdwyn tussen twee konsonante, bv. *groetede* > *groetde* > *groette*.

'n Konsonant met stem word nie noodwendige stemloos in die anlaut nie, maar 'n konsonant sonder stem is reël in die auslaut (M.G., par 120). Vergelyk *db*roet < *dat broet* met sal*t* < *sal het*.

Opposisies tussen *alle* lede van 'n segmentklas en *al* die lede van die klasse onderling is nodig om 'n uitgebreide stelsel van sonoriteitsverhoudinge te bepaal. Aangesien daar nie van alle moontlike segmentkombinasies voorbeelde opgeteken is nie, sal met 'n algemene karakteristiek van segmentoorheersing volstaan word.

5.16.1 'n Sonoriteitskaal van hoog na laag lyk volgens Zwicky (1972) soos volg. Vokale, glyers, /r, l, n, m, ŋ/, frikatiewe, sluitklanke.

5.16.2 'n Kenmerkoorheersingskaal wat deur Ewen (1977)[5] voorgestel word, hou in dat bepaalde veranderinge aan die woordbegin en tussenvokalies op grond van die segmente se weerstand teen verandering en weglating georden kan word. In terme van sterk tot swak segmente lyk sy skaal so: sluitklanke – frikatiewe – sonorante – glyers – vokale.

Die sonoriteit- en oorheersingskaal gesamentlik bied die verklaring waarom bepaalde segmente die wyk moet neem wanneer twee konsonante weerskante van 'n sillabegrens te staan kom nadat klitisering plaasgevind het.[6]

5.16.2.1 Segmentweglating kom baie gereeld voor in die sillabeslot maar minder in die sillabe-aanvang. Die sillabebegin word hiervolgens as 'n sterk posisie beskou en die uitgang as 'n swak posisie. Dit kan dus gebeur dat 'n bepaalde segment X in kombinasie met 'n segment Y in die een geval behoue bly, maar in die ander posisie wegval.

Voorbeeld *laet ghi* > *laetti* (g val weg in verbinding met t)
mooghti > *mooghdi* (g bly behoue in verbinding met t).

5. Soos aangehaal in (Landman 1979:97).

6. Die gedeelte 5.11 tot 5.18 is gestimuleer deur (Landman, 1979) se studie oor die sillabebou in Afrikaans.

5.16.3 *Enkele toepassing van die kenmerkoorheersingskaal*

1. Segmente met die eienskap $\begin{bmatrix}+\text{kons}\\-\text{vok}\end{bmatrix}$ oorheers $\begin{bmatrix}-\text{kons}\\-\text{vok}\end{bmatrix}$

b oorheers h	hebt	<	heb het
d oorheers h	der	<	dher
f oorheers h	droefeit	<	droefheit
x oorheers h	sachen	<	sach hen
k oorheers h	vinken	<	vinc hen
l oorheers h	saelt	<	sal het
m oorheers h	bequaemt	<	bequaem het
n oorheers h	dant	<	dan het
p oorheers h	warpene	<	warp hem
r oorheers h	daert	<	dar het
s oorheers h	waest	<	was het
t oorheers h	sietene	<	siet hem

Hieruit blyk dit dat die segment h die maklikste weglaatbaar is.

2. $\begin{bmatrix}+\text{kons}\\-\text{kor}\end{bmatrix}$ oorheers $\begin{bmatrix}+\text{kons}\\+\text{kor}\end{bmatrix}$

b oorheers t	omboet	<	ontboet
f oorheers d	gaffer	<	gaf der
k oorheers d	hadics	<	hadde ic des
m oorheers d	ammirael	<	admirael
k beïnvloed d	naecte	<	naecde

Die verhouding word omgekeer by t wat g domineer.
mooghti < moghet ghi. Hier is iets anders op die spel. (Kyk 5.16.2.1)

3. $\begin{bmatrix}+\text{kons}\\-\text{kor}\\-\text{ant}\end{bmatrix}$ oorheers $\begin{bmatrix}+\text{kons}\\-\text{kor}\\+\text{ant}\end{bmatrix}$

g oorheers m bog*a*ert < boom*ga*ert

4. $\begin{bmatrix}+\text{kons}\\-\text{kor}\\+\text{ant}\\+\text{son}\end{bmatrix}$ oorheers $\begin{bmatrix}+\text{kons}\\-\text{kor}\\+\text{ant}\\-\text{son}\end{bmatrix}$, $\begin{bmatrix}+\text{kons}\\+\text{kor}\\+\text{ant}\\+\text{son}\end{bmatrix}$ en $\begin{bmatrix}+\text{kons}\\+\text{kor}\\+\text{ant}\\-\text{son}\end{bmatrix}$

m oorheers b	cle*mm*en	<	cle*mb*en
m oorheers d	a*mm*irael	<	a*dm*irael
m beïnvloed t	co*md*i	<	co*mt*i
m beïnvloed n	o*mm*acht	<	o*nm*acht
m oorheers t	ga*m*en	<	gae*t m*en
w oorheers n	ga*w*i	<	gae*n w*i
l oorheers t	ti*l*ike	<	tij*tl*ike

l oordeers d	he*ll*en	< he*ld*en
n oorheers t	he*n*	< he*t-en*
n oorheers d	bleve*n*er	< bleve*n d*er
n beïnvloed d	o*nt*toen	< o*ntd*oen

Teenvoorbeelde word aangetref by k wat n oorheers.

$$\begin{bmatrix}-\text{ant}\\-\text{son}\end{bmatrix} \text{ oorheers dus } \begin{bmatrix}+\text{ant}\\+\text{son}\end{bmatrix} \text{ ; } \begin{bmatrix}+\text{ant}\\-\text{son}\end{bmatrix} \text{ oorheers } \begin{bmatrix}+\text{ant}\\+\text{son}\end{bmatrix}$$

i*nn*e < i*cn*e   ha*ds*i < ha*dden*si

5. $$\begin{bmatrix}+\text{kons}\\+\text{kor}\\+\text{ant}\\-\text{son}\\-\text{stem}\end{bmatrix} \text{ oorheers } \begin{bmatrix}+\text{kons}\\+\text{kor}\\+\text{ant}\\-\text{son}\\+\text{stem}\end{bmatrix}$$

   s beïnvloed d wou*ts* < wou*ds*

   t beïnvloed d wa*tt*an < wa*td*an

6. $$\begin{bmatrix}+\text{kons}\\+\text{kor}\\+\text{ant}\\-\text{son}\\-\text{stem}\\+\text{duur}\end{bmatrix} \text{ oorheers } \begin{bmatrix}+\text{kons}\\+\text{kor}\\+\text{ant}\\-\text{son}\\-\text{stem}\\-\text{duur}\end{bmatrix}$$

   s oorheers t neme*s* < neme*ts*

7. $$\begin{bmatrix}+\text{kor}\\+\text{ant}\\-\text{nas}\\+\text{lat}\end{bmatrix} \text{ oorheers } \begin{bmatrix}+\text{kor}\\+\text{ant}\\+\text{nas}\\-\text{lat}\end{bmatrix}$$

   l oorheers n ba*ll*inc < ba*nl*inc

8. $$\begin{bmatrix}+\text{kor}\\+\text{ant}\\-\text{nas}\end{bmatrix} \text{ oorheers } \begin{bmatrix}+\text{kor}\\+\text{ant}\\+\text{nas}\end{bmatrix}$$

   r oorheers n ghee*re* < ghee*nr*e

9. $$\begin{bmatrix}+\text{kons}\\-\text{kor}\\+\text{ant}\\-\text{stem}\end{bmatrix} \text{ oorheers } \begin{bmatrix}+\text{kons}\\+\text{kor}\\+\text{ant}\\+\text{stem}\end{bmatrix}$$

   p oorheers d cro*p*er < croo*pd*er

   p beïnvloed d o*pt*ie < o*pd*ie

5.17 Enkele gedagtes oor die sonoriteitskaal

5.17.1 *Die vokale*

Indien twee vokale, waarvan die een /ə/ is, naas mekaar te staan kom, word die gereduseerde vokaal elimineer. *Hilde ic > hildic.* Die [ə] van *hilde* verdwyn voor [ɩ].

As twee vol vokale naas mekaar te staan kom (m.a.w. nie /ə/ nie) word die vokaal in die sillabe met swak klem elimineer; bv. ghì ĕr > *ghier*; nĕès > *nes.*

Die vol vokaal is sonoorder as 'n konsonant en daarom kan 'n konsonant tussenvokalies maklik wegval.
si dare > si-ere > siere.

5.17.2 *Die nie-vokale*

Die sonorante /r, l, n, m, ŋ/ is sonoorder as die frikatiewe [f, s, z, x, ɣ, ʋ] terwyl die sluitklanke /p, t, k, b, d/ die minste sonoor van al die segmente is. Die segmente /h, j, ω/ word natuurlik as glyers beskou wat nader aan die vokale staan as aan die konsonante en is sonoorder as die sonorante maar minder sonoor as die vokale en diftonge.

Uit die geledere van die frikatiewe en sluitklanke word die stemlose segmente /f, s, x, p en t/ as sonoorder beskou as hulle stemhebbende teenhangers /ʋ, z, ɤ, g, b en d/.

Wanneer twee konsonante a.g.v. klitisering of elisie naas mekaar te staan kom en hulle verskil t.o.v. stemhebbendheid, dan word die segmente gelyk gemaak. Die proses verloop ten gunste van die stemlose vorm; bv. wildet > wilt, hovet > hooft, vraghet > vraecht; als du > alsdu > alstu.

(Indien 'n stemlose konsonant in die sillabe-aanvang staan en gevolg word deur 'n vol vokaal, word die konsonant stemhebbend; bv. batic > ba-tic > *badic.*)

5.18 Enkele voorbeelde van segmentwysiging en segmentaanpassing

(Hier word slegs konsentreer op die oorheersingskaal van segmente teenoor mekaar, klitisering word elders bespreek.) Kyk 5.11.

%dɑt% le$ʋən%	*dat leven*
%dət% le$ʋən%	vokaalreduksie weens swak klem ɑ > ə.
%dt$ le$ʋən%	vokaalweglating ə > nul.
%tleʋən%	stemlose segment is dominant d > t.
%dle$ʋən%	segmentaanpassing. l is stemhebbend t > d.

%dɑt% dɔrp%	*dat dorp*
%dət% dɔrp%	vokaalreduksie weens swak klem. ɑ > ə
%dt$ dɔrp%	vokaalweglating. ə > nul
%t$ dɔrp%	stemlose segment is dominant d > t.
%tɔrp%	stemlose segment is dominant d > t.

%vɑs% ɩk%	*was ic*
%vɑs% ək%	vokaalreduksie weens swak klem ɩ > ə
%va: s$ək%	vokaalrekking in sillabe met klem ɑ > a:
%va: z$ək%	stemhebbendwording voor vokaal s> z
%va:$ zək%	hersillabifikasie.

6 Histories voltrokke klankprosesse en hulle nawerking in Middelnederlands

6.1 Geminasie

In Owgm. word elke kort konsonant (behalwe r) gegemineer; d.w.s. verleng as dit voorafgegaan word deur 'n kort vokaal met hoofklem en gevolg word deur j of i. Voorbeeld Oud-saksies *heffian* > Mnl. *heffen*. (M.G., par. 119 behandel ander voorbeelde.)

Die j of i tree ook op as umlautsfaktor in Owgm. sodat die /ɑ/ in die eerste sillabe van *hafjan* gewysig word in die rigting van die artikulasiebasis van j of i. Sodoende ontstaan /ɛ/ in die plek van /ɑ/. Die umlautsfaktor j of i word tot die sjwa /ə/ verdof of verdwyn heeltemal. In Mnl. vertoon *heffen* byvoorbeeld glad nie meer die geminasie en umlautsfaktor nie. Die ff is 'n spellingrestant wat /f/[1] verteenwoordig. Die /ə/ van die slotsillabe is die gereduseerde vorm van die oorspronklike /ɑ/ uitgang (kyk Os. *heffian*) wat in die onbeklemtoonde sillabe ontwikkel het.

Geminasie vóór j blyk 'n ouer proses te wees as i-umlaut want voor /xx/ word /ɑ/ nie geumlauteer nie. So kry ons *hlahjan* (Got.), *lachgen* > *lachen* (Mnl.) waar die j nie die /ɑ/ in die eerste sillabe beïnvloed het nie. In die omgewing voor /xt/ word behalwe in die geval van Limburgs en Brabants ook nie /ɑ/ geumlauteer nie, vergelyk *gheslachte* (W. Vl.) met *gheslechte* (Limburgs).

6.2 Umlaut

Umlaut het betrekking op 'n reeks wysiginge wat vokale in sillabes met hoofklem in die Germaanse tale ondergaan het onder invloed en in die rigting van die vokaliese element in 'n volgende swakbeklemde sillabe.

Die vokaal in die eerste sillabe word akoesties en artikulatories gewysig om nader te staan aan die spraakklank in die tweede sillabe, bv. badi (Got.) se eweknie in Mnl. is *bedde* [bɛdə] waar [ɛ] 'n spraakklank is wat nader staan aan [i], die umlautsfaktor.

1. (Van Haeringen 1962:163-4) is van mening dat die grafiese dubbele aanduiding van /k/ in bv. *sacken* 'n lang konsonant weerspieël wat tydens die Middelnederlandse tydperk 'n fonetiese realiteit was. Ander voorbeelde is *padde* teenoor *pade*, *wecken* teenoor *weken*, *wegghe* teenoor *weghe*. In bostaande woordpare is die onderskeid geleë in sowel die vokaliese as die konsonantiese opset.

Die vokaliese element wat umlaut veroorsaak het, kon verskillend wees (a, o, i), maar meestal was dit die i.

Die proses van umlautering het nie eensklaps opgetree en toe verdwyn nie. Dit is sinvoller om umlaut as versprei oor verskillende periodes te interpreteer.

Die eerste periode het te make met die verandering van die openingsgraad van die mondholte by die uitspraak van die klanke. In hierdie tydvak word die hoë vokale wat met 'n geslotener mondopening uitgespreek word, deur die invloed van /ɑ/ wat in 'n swakbeklemtoonde sillabe staan, nou oper uitgespreek. Anders gestel, /I/ word nou as /ɛ/ en /u/ as /ɔ/ uitgespreek, waarby die mondopening halfoop is. Ons praat ook in hierdie geval as die optrede van a-umlaut. Let wel: die vokaal /ɑ/ self bly onaangeraak in ander posisies as dié van die umlaut. (M.G., par. 105.)

'n Tweede periode is die i-umlaut van kort vokale. In hierdie geval kon die plek van artikulasie sowel as die aard van die mondopening 'n rol gespeel het. Hier tree op /ɛ/ wat ontstaan uit die inwerking van /i/ op die /ɑ/; /u/ word /ø/ of /œ/. Lg. deur invloed van /i/ en eg. deur spontane palatalisasie of te wel sekondêre umlaut. Dit is opvallend dat die plek van vorming van /ɛ/ en /œ/ palataler is as /ɑ/ en /u/. Die mondopening is ook in die rigting van 'n minder ekstreme artikulasiegraad, of te wel halfoop en halfgeslote onderskeidelik. (M.G., par. 106-108.)

Die volgende periode hou rekening met die moontlike umlautering van *lang* vokale. As kandidaat kan ē dien wat as gevolg van a-umlaut uit ĕĭ ontstaan het.

(Van Bree 1977:281) meen dat vir die oostelike dialekte, Brabants en waarskynlik vir 'n smal Ingweoonse strook langs die kus rekening gehou moet word met i-umlaut van lang vokale en diftonge. M.G., par. 107 (b) stel dit onomwonde dat lang klinkers geen umlaut ondergaan het nie, maar gee in dieselfde paragraaf toe dat umlaut en rekking ongeveer gelyktydig gewerk het.

6.2.1 *Nawerking by die substantief*

Die umlautsvorm staan eerste.

el × ou in ghewelt × ghewout (M.G., par. 162)
eu × o in deughet × doghet
u × o in lucht × locht
e × o in merghen × morghen
e × a in gerde × garde (M.G., par. 165, opm. 3)

6.2.2 *Nawerking by die adjektief*
beter en *best* kan verband hou met umlaut. Vergelyk Ohd. *bezzir(o)* met Mnl. *beter* en die bywoord *bat.*

6.2.3 *Nawerking by die werkwoord*
du *dreghes/dreechs* teenoor *draghen* (M.G., par. 223, opm. 8, 9a)
du *ghift* teenoor *gheven*
bidden, ligghen, sitten is die gevolg van umlautwerking (M.G., par. 233, opm. 6). Die voltooide deelwoord vertoon e × a *ghedreghen* × *ghedraghen.* Die -e van die uitgang kan dalk teruggaan op -i. (M.G., par. 234, opm. 1, 3 en 4).

6.3 Ablaut
Ablaut is die patroonmatige wisseling van vokale en diftonge in die basisvorm van 'n paradigma of in die basisvorm van betekenisverwante woorde wat teruggevoer kan word na Indogermaans.

M.G., par. 112-116 bespreek ablaut uitvoerig. In paradigmatiese verband tree ablaut in Mnl. veral na vore by die werkwoord.

spinnen	–	*span*	–	*sponnen*	–	*ghesponnen*	(klas III)
[ɩ]		[ɑ]		[ɔ]		[ɔ]	
werpen	–	*warp*	–	*worpen*	–	*gheworpen*	(klas III)
[ɛ]		[ɑ]		[ɔ]		[ɔ]	

Die vokale in die basisvorm (stam/wortel) van 'n paradigma wissel reëlmatig af, bv. presens ɩ, preteritum ekv. *a*, preteritum mv. ɔ en voltooide deelwoord ɔ. Die sewe klasse sterk ww. – elk met sy eie distinktiewe wisseling van vokaliese elemente – word bespreek in M.G., par. 115 en in 14.1 van hierdie boek.

Die vokaliese element wat wissel in betekenisverwante woorde kan illustreer word aan Afr. vorme soos vl*ie*g (ww.) vl*u*g (s.nw.) – vervl*oë* (b.nw.); sl*ui*t (ww.) – sl*o*t (s.nw.) – gesl*o*te (b.nw.).

6.3.1 Twee soorte ablaut word onderskei (M.G., par. 113). Die eerste tipe word *kwalitatiewe* ablaut genoem. Dié benaming dui daarop dat kort vokale mekaar mag afwissel of lang vokale, maar NIE kort met lang vokale nie. 'n Goeie voorbeeld waar kort vokale mekaar afwissel, is by klas III van die sterk ww. terwyl klas I en II wisseling tussen lang vokale illustreer. In albei gevalle bly die duur van die stamvokale dieselfde, maar ander aspekte van hulle foniese karakter word verander, bv. [-rond] > [+rond], ens.

6.3.2 *Kwantitatiewe* ablaut hou in dat die lengte van die vokale in 'n paradigma wissel soos by die preteritum van klas IV en V van die sterk werkwoord.

Die vokale wat veranderinge ondergaan, doen dit in twee rigtings:

1. Voltrap rekkıngstrap (M.G., par. 113 punt 1 en 2)
Grieks *patera* (akk.) *patêr* (nom.)

2. voltrap reduksietrap nultrap (M.G., par. 113)
Grieks *patera* (akk.) nie opgeteken nie *patros* (gen.)

Kwalitatiewe en kwantitatiewe ablaut kan in dieselfde paradigma voorkom, bv. klas IV en V van die sterk werkwoord.

6.4 Monoftongering

In die geskiedenis van die Owgm. klanksegmente staan daar drie gevalle opgeteken waar vroeëre diftonge omskep is in monoftonge.

1. Ggm. ĭŭ > [I̯ y] > [y:], bv. *tiuru* wat *duur* word. Hieroor word in M.G., par. 85.2 verslag gedoen. Die historiese verloop is aangeteken in M.G., par. 85.2.

2. Ggm. ăĭ > εi > ê. Laasgenoemde klank soos in *rene*. M.G., par 87 gee 'n uiteensetting van presies hoe die proses verloop het.

3. Ggm. ăŭ > [ɔu] > ô. Laasgenoemde klank soos in *ore*. M.G., par. 88 gee 'n beskrywing van hoe die proses waarskynlik verloop het.

Twee gevalle van monoftongering wat nader staan aan die Middelnederlandse tydsgewrig en wat dalk in Onl. of selfs die heel vroegste Mnl. voltrek is, is:

4. iə wat [i:] geword het soos in Mnl. *siele*. Die hele aanloop vanaf die Oergermaanse lang vokaal ē word in M.G., par. 83.5 toegelig.

5. uə wat [u:] geword het soos in Mnl. *boec*. Die geskiedenis van die Oerg. ô word in besonderhede bespreek in M.G., par. 84.

6.5 Diftongering

Wanneer diftongering van kort of lang vokale ter sprake kom, moet onderskei word tussen die vorming van onegte en egte diftonge.

Onegte diftonge is diftonge wat optree soos 'n kombinasie van 2 enkel klanksegmente, bv. â + i in *craeijen*.

Die volgende diftonge in Middelnederlands word as oneg beskou: âi, ôi, ûi, âu, êu, îu.

Die eerste drie in hierdie lys se herkoms word bespreek in M.G., par. 91 en die laaste drie in M.G., par. 92.

6.5.1 *Die egte diftonge*

Onder egte diftonge word verstaan daardie diftonge waarvan die komponente so 'n hegte eenheid vorm dat hulle soos 'n enkel spraakklank optree. Die drie diftonge wat in hierdie kategorie val, is: [ɛi], [ɔu] en [œi].

Al drie bogenoemde diftonge het eers in laat-Middelnederlands of vroeë Nieu-nederlands ontstaan en word gevolglik nie uitvoerig bespreek in M.G. nie. Oor [ɛi] word die een en ander gesê in par. 82; [ɔu] word aangeraak in paragraaf 84 terwyl [œi] aandag kry in paragraaf 85.

Daar bestaan 'n vermoede dat ē en ō in Ggm. ligte diftonge was wat in Onl. soos [I̯ɛ] en [ǫu] kon geklink het (Van Bree 1977: 171).

6.5.2. *Wisselvorme tussen diftonge en monoftonge*

Middelnederlandse dialekte het nogal heelwat wisselwerking toegelaat tussen sommige diftonge en monoftonge.

M.G., par. 93 bespreek wisseling tussen âu en â, bv. *graeu* × *gra*; iu en ê, bv. *sneeu* × *snee*; îu en i, bv. *nieu* × *ni.*

In paragraaf 94 word variasies bespreek wat ontstaan tussen ie en îu, bv. *niewe* × *nieuwe*; ô, ǫu en ôi, bv. *stro* × *strouwen* × *strooijen.*

6.6 Ronding

Ronding of labialisasie is die proses waar klanke wat normaalweg voortgebring word met gesplete lippe nou met gestulpte lippe uitgespreek word. Die lipposisie soos vereis vir 'n geronde vokaal, bv. /ɔ/ word oorgedra op die aangrensende konsonant. Hierdie lipstulping is 'n sekondêre artikulasievereiste.

Labialisasie vind gewoonlik plaas onder die invloed van 'n nabygeleë segment met die eienskap [+ sonorant].

Segmente wat in die rol van labialiseerders optree, is die volgende:

- w in *woste* × *weste* × *wiste; wuft* × *wift.* M.G., par. 95.
- l in *plucht* × *plicht; hulpen* × *helpen.* M.G., par. 96.
- r in *morghen* × *marghen; dorsten* × *darsten* × *dursten* × *dersten.* M.G., par. 97.3 en 4.
- m en n in *home* × *heme; hon* × *hin; munte* × *mente.* M.G., par. 98 verskaf meer voorbeelde.

Vir 'n bespreking van die labialisasieproses word verwys na die reedsgenoemde paragrawe in *Middelnederlandse Grammatika.*

Ronding vind ook plaas van [i:] tot [y:], bv. *wijf* tot *wuuf.* M.G., par. 85.2 verskaf verdere inligting. Die invloed van o-umlaut ten opsigte van ronding word in par. 111 geskets.

Aangesien voorbeelde van die geronde vorme reeds in Middelnederlandse geskrifte verskyn, bv. *lust* i.p.v. *list* in V. 1909, *duncken* i.p.v. *dincken* in V. 2093, *soe* i.p.v. *si* in V. 30, ens. word die tydvak waarin labialisasie opgetree het in 'n vroeëre tydperk gestel. Oudnederlands lyk na die periode waarin ronding kon plaasgevind het.

6.7 Ontronding

Ontronding van die [œ] wat ontstaan het as gevolg van i-umlaut, kom geredelik voor. In die V. kry ons bv. ghed*i*chte i.p.v. ghed*u*chte, kriekep*i*t i.p.v. kriekep*u*t. Lees verder M.G., par. 108(a). Hierdie tipe ontronding is dus tipies Wes-Vlaams.

Die [ø] wat ook as gevolg van i-umlaut ontstaan het, kan eweneens ontrond word, bv. *e*vel i.p.v. *eu*vel, cr*e*pel i.p.v. cr*eu*pel. Verdere besonderhede word gegee in M.G., par. 108(b).

Vóór oorspronklike gegemineerde klanke kan [œ] ook ontrond word, bv. br*u*gge word br*e*gge. Hierdie omgewing word as geskik geag vir ontronding onder invloed van Ingweoons.

Dit is belangrik om in gedagte te hou dat [ø] wat as gevolg van spontane palatalisasie ontstaan het (dus nie deur i-umlaut nie) nie later ontrond is nie. Dieselfde gebeur met [œ] wat as gevolg van spontane palatalisasie ontstaan het. M.G., par. 80.2 en 88.4 bespreek dieselfde verskynsel op 'n ander wyse.

6.8 Spontane palatalisasie

Die neiging om agtervokale meer vorentoe in die mond uit te spreek, staan bekend as palatalisasie. Palatalisasie hou in dat die tongposisie van 'n voorvokaal oorgedra word op 'n aangrensende konsonant. Die konsonant behou sy oorspronklike artikulatoriese eienskappe maar met die toevoeging van die sekondêre eienskappe van palatalisasie. Die optrede van i-umlaut het byvoorbeeld die gevolg gehad dat 'n oorspronklike [ɑ] as [ɛ] uitgespreek is. M.G., par. 106. Wanneer palatale klanksegmente ontwikkel in woorde sonder 'n aanwysbare beïnvloedende klanklike faktor, noem mens die proses spontane palatalisasie.

6.8.1 Middelnederlands vertoon die volgende gevalle van spontane palatalisasie:

1. ŭ word [œ] of [ø.][2]
Hierdie tipe palatalisasie is van beperkte geografiese omvang, veral by die kusdialekte. Dit is veral in Hollands waar dit voorkom, bv. v*u*l × v*o*l, m*eu*ghen × m*o*ghen.

2. ū word [y:]
Hierdie tipe palatalisasie is algemeen in Vlaams, bv. h*us* word h*uus*, m*us* word m*uus*. Vos Reynaert bevat talle voorbeelde hiervan.

Ontronding moet 'n ouer proses verteenwoordig as palatalisasie anders sou [œ] in die een of ander stadium [ə] geword het – en dit het nie gebeur nie.

6.9 Verkorting

6.9.1 *Vokaalverkorting*

Verkorting van vokale vind plaas in drie omgewings:

1. in die posisie vóór xt, bv. l*i*cht × l*iec*ht. Raadpleeg M.G., par. 46.2 en 99.2.

2. in die posisie vóór m, bv. bl*o*mme × bl*oe*me. Lees verder in M.G., par. 100.

3. in die posisie vóór ander konsonantverbindinge en geminate, bv. spr*e*ct × spr*ee*ct, *e*t × *e*tet, ens. Kyk M.G., par. 46.2 en 99.1.

Die drie omgewings wat hierbo geskets is, is nie dwingend in die sin dat alle vokale wat in daardie posisie verskyn outomaties verkort nie. Die gevolg is dat voorbeelde met kort en lang vokale afwisselend gebruik kan word in 'n teks. Hierdie omgewings kan ook veroorsaak dat kort vokale wat in ander omstandighede verleng kon word, onveranderd bly.

6.9.2 *Konsonantverkorting*

In ouer Wesgermaans het as gevolg van die vestiging van die hoofklem op die wortelsillabe elke kort konsonant behalwe r *verleng* as dit voorafgegaan is deur 'n kort vokaal. Dié proses staan bekend as geminasie. M.G., par. 119.3. Teen die tyd van Middelnederlands het 'n teenoorgestelde proses sy beslag gekry, nl. degeminasie, of te wel konsonantverkorting.[3] As gevolg van degeminasie het geminate soos

2. Segmente wat deur 'n enkel punt transkribeer word, is half-lank teenoor dié met dubbelpunt wat lank is, bv. [ø.] teenoor [y:].

3. Van Haeringen, loc. cit. wys daarop dat die voortsetting van 'n ou geminaat, bv. dd in *padde* lank uitgespreek word. 'n Sterk geartikuleerde konsonant kan in nadruksposisie *lank* uitgespreek word, bv. ck in *sacken*. Kyk ook aantekening by 1 hierbo.

[bb] [ff], [xx], [mm], [ss] in Middelnederlands [b], [f], [x], [m], [s] geword. Die spelling het nie met die klankverandering tred gehou nie sodat bv. ff as verteenwoordiger dien van [f] in *heffen* [hɛfən].

6.10 Klankmatige wysigings in Middelnederlands

In Indo-Germaans het daar 'n klas werkwoord voorgekom wat op *-mi* uitgegaan het. In die jongere Germaanse dialekte is die slotvokaal apokopeer, terwyl die nasaal koronaal geword het, d.w.s. /m/ > /n/. So kry ons ic be*m* (Vos Reynaert) wat later ic be*n* word (soos in Nnl.). By werkwoorde soos *doen, gaen* en *staen* het die infinitief en die vorm vir die eerste persoon enkelvoud indikatief en konjunktief nou gelyk word, d.w.s. *doen, ic doen,* ens. (M.G., par 223, opm. 1).

By die tweede persoon enkelvoud indikatief en konjunktief is stamme wat uitgaan op -s sonder uitgang, bv. *du prijs, kies, grijs, coos,* ens. Waar die stam uitgaan op die stemlose nie-koronale frikatiewe (duurklanke) /f/ en /x/ word uitgange op *-s* meermale weggelaat, bv. des *wijf, berch,* du *sterf, draech.* Let wel, dié fonologiese reël tree op ongeag die woordklas waartoe die voorbeelde behoort.

By die imperatief in die enkelvoud vind ons 'n vorm met lang stamvokaal + uitgang; kort stamvokaal + uitgang asook kort stamvokaal met en sonder uitgang. *neme, neem, nem; sitte, sit.* Hier moes in sommige dialekte die apokopee plaasgevind het voordat die reël begin werk het dat kort vokale in 'n oop sillabe verleng word

**nĕme* > *nĕm*

**nĕme* > neme > *neem*

sitte > *sit*

6.11 Grammatiese wisseling

As gevolg van die verspringende klem in Oergermaans kon stemlose en stemhebbende frikatiewe mekaar afwissel in 'n paradigma.

Grammatiese wisseling word die duidelikste gesien in die vervoeging van die sterk werkwoord want hier het die hoofklem oorspronklik in die presens en die enkelvoud van die preteritum op die *stam* geval, terwyl hoofklem gerus het op die uitgang in die meervoud van die preteritum en die voltooide deelwoord.

In Middelnederlands is van die oorspronklike toestand net die wisseling /x/ teenoor /ɣ/ oor (en dan ook nie eers in al die posisies nie).

1. Aan die sillabe-einde het /ɣ/ stemloos geword, d.w.s. /x/.
2. Tussen vokale is /x/ soms gesinkopeer. (M.G., par. 130.)

Voorbeelde van werkwoorde met 'n /x/ en /ɣ/ wisseling

diën	*deech*	*deghen*	*ghedeghen*
tiën	*teech*	*teghen*	*gheteghen*
plien	*plach*	*plaghen*	*gheploghen*
tien	*tooch*	*toghen*	*ghetoghen*
dwaen	*dwoech*	*dwoeghen*	*ghedweghen*
slaen	*sloech*	*sloeghen*	*ghesleghen*

Die wisseling is die beste merkbaar tussen die enkelvoud preteritum en die meervoud van die preteritum (kolomme 2 en 3).

Wysigings het ingetree by die volgende twee werkwoorde op die sillabe-einde waar 'n /k/ die Oergermaanse /g/ se plek inneem. Let wel: hier is 'n wisseling tussen sluitklanke en nie frikatiewe nie.

haen	*hinc*	*hinghen*	*ghehanghen*
vaen	*vinc*	*vinghen*	*ghevanghen*

'n Verandering ten opsigte van die presensvorme as dit met die reeds behandelde werkwoord vergelyk word, word aangetref by:

lachen	*loech*	*loeghen*	*ghelachen*

Die /x/ is hier restant van die vroeëre geminaat *gg.*

Die voltooide deelwoorde sonder intervokaliese /ɣ/ word aangetref by die werkwoord *sien.*

sien	*sach*	*saghen*	*ghesien*

In hierdie geval word die voltooide deelwoord volgens die patroon van die presens gevorm en daarom sonder *g.*

'n Tweede wisseling wat gedeeltelik behoue gebly het in Middelnederlands is die /s/, /z/ wisseling van Oergermaans en wel in die vorm /s/, /z/ teenoor /r/. M.G., par. 146.

kiesen	*coos*	*coren*	*ghecoren*
verliesen	*verloos*	*verloren*	*verloren*
vriesen	*vroos*	*vroren*	*ghevroren*

Paradigmatiese gelykmaking het reeds in die volgende voorbeeld die voltooide deelwoord volgens die patroon van die presens gevorm

wesen	*was*	*waren*	*ghewesen*

Volledige paradigmatiese gelykmaking tree op by *ghenesen.*

ghenesen	*ghenas*	*ghenasen*	*ghenesen*

7 Grammatiese verhoudings en naamval, genus, getal

7.1 Inleiding

Die grammatiese verhoudings tussen die sinsdele van 'n sin omskryf die funksies wat daardie sinsdele in sinsverband vervul. Onder sinsdele word verstaan die NS (Naamwoordstuk), WS (Werkwoordstuk), BEP (Bepaling), ens., terwyl die funksies dié is van byvoorbeeld onderwerp, besitter, direkte voorwerp en indirekte voorwerp.

Slegs in soverre die lede van die sinsdele STRUKTUREEL GEWYSIG word om die grammatiese verhoudings uit te druk, word van NAAMVAL gepraat. Naamval is dus nie die funksie self nie, maar die vorm van die nomen waarin die sinsfunksie voorkom. Die strukturele wysiging wat kan voorkom, is in die gestalte van 'n distinktiewe uitgang wat aan die woordstam gevoeg word, bv. *-s* in *mijns sins*. (Kyk verder 10.1.2.1.)

In Middelnederlands kan ons volgens die kriterium van konsekwente strukturele uitkenning eintlik net van twee naamvalle praat. Hierdie twee naamvalle word vormklas G en vormklas D genoem en dit stem ooreen met die tradisionele benaming *genitief* en *datief*.

Funksies van sinsdele wat *sporadies* deur uitgange aangetoon word, word nie as bona fide-naamvalle beskou nie. So 'n funksie is dié wat tradisioneel verband hou met die direkte voorwerp (of te wel akkusatief). Die nomen het, indien dit in die nominatief staan, geen uitgang in Middelnederlands nie. Die toegesprokene (vokatief) word in Middelnederlands sonder uitgang aangetref en stem in hierdie opsig ooreen met die nominatief. Die instrumentalis kan weer nie van vormklas D onderskei word wat morfologiese bou betref nie. Die lokatief (plekaanduidende funksie) word gewoonlik deur 'n voorsetselkonstruksie verteenwoordig.

Die verbuigbare woorde, d.w.s. woorde wat *vormlike* verandering kan ondergaan om naamval aan te dui, is die naamwoorde en die lede van die voorbepaling. Onder naamwoorde word name en voornaamwoorde ingesluit. Die voorbepaling kan bestaan uit die lidwoord (bepaald en onbepaald), adjektief en telwoorde (bepaald en ongepaald). (Kyk verder hfst. 9, 10, 11 en 16.)

7.2 Die funksies van die sinsdele

Die sinsdele wat geraak word by die beskrywing van die funksies wat verband hou met kasus (naamval) is die NS. Kasus word formeel aangetref as buigingsuitgange van woorde binne die naamwoordstuk. Funksies geld van naamwoordstukke as geheel en nie van die naamwoorde as afsonderlike bousels nie. 'n Bepaalde funksie kan òf deur 'n uitgang òf deur 'n voorsetsel plus naamwoordstuk òf glad nie vormlik uitgedruk word nie. Kongruensie (sien aldaar) veroorsaak dat bepaalde uitgange ook by ander woorde in die NS toegevoeg word.

7.2.1 *Nominatief*

Die gedeelte van 'n sin wat aandui waaroor dit gaan, word die topiek of tema van die sin genoem. Die topiek vereis nie 'n bepaalde naamval nie, maar die tradisionele onderwerp (subjek) van die sin staan in die NOMINATIEF. Die subjek kan beskou word as 'n gespesialiseerde vorm van die topiek, maar die twee terme is nie identiek nie. (Kyk in hierdie verband na die gedeelte oor die ervaringskonstruksie 19.1.10.) Die naamwoordelike aanvulling by 'n koppelwerkwoord staan ook in die nominatief.

7.2.2 *Vokatief*

Die persoon/instansie wat aangespreek word, staan in die vokatief. Middelnederlands het geen afsonderlike vorm vir die vokatief nie.

7.2.3 *Akkusatief*

Die naamwoordstuk wat as direkte aanvulling dien van die betekenis van die oorganklike werkwoord staan in die akkusatief en word die direkte of lydende voorwerp van die sin genoem. Na bepaalde voorsetsels is dit ook gebruiklik vir die NS om die akkusatief te vereis. Party werkwoorde van beweging vereis 'n NS in die akkusatief.

7.2.4 *Genitief*

Die genitief het 'n verskeidenheid funksies waarvan die vernaamste is om besit aan te dui en om as bepaling by die NS te dien. In die funksie van bepaling by die NS kan verskillende fasette aangetoon word, bv. subjektiewe funksie om die onderwerp te omskryf; objektiewe funksie om die voorwerp te omskryf; oorsprong aan te gee; maat te beskryf, waaronder die deelsgenitief. Verwant aan die objektiewe funksie word daar ook 'n bywoordelike gebruik van die genitief aangetref. In dié verband tref ons heelparty werkwoorde aan wat die genitief vereis.

7.2.5 *Datief*

Die NS wat slegs indirek verband hou met die betekenis van die oorganklike werkwoord, word in die datief aangetref. Die NS in die datief staan ook bekend as die indirekte of belanghebbende voorwerp. Bepaalde voorsetsels vereis ook 'n NS in die datief. Daar kan ook 'n indrukwekkende lys werkwoorde opgestel word wat die NS in die datief vereis.

7.3 Illustrasie van die funksies in enkele Middelnederlandse sinne

Vrient, ic sal u beteren raet gheven E. 176
Vriend (vok), ek (nom) sal u (dat) beter raad (akk) gee

Die coninc haddet hem ghegheven K.E. 1387
Die koning (nom) het dit (akk) aan hom (dat) gegee.

O wi! ende waer hebbic dies verdient? E. 346
o wee! en waarom het ek (nom) dit (gen) verdien?

Die coninc gaffem Eggherics wijf K.E. 1409
Die koning (nom) het hom (dat) Eggeric (gen) se vrou (akk) gegee.

7.4 Die grammatikale kategorieë genus, getal en naamval

7.4.1 *Genus*

Sintaktiese verhoudings tussen die lede van woordklasse word soms deur morfologiese middele uitgedruk

Nomens word in Middelnederlands in drie klasse verdeel as gevolg van die vormlike vereistes wat deur die nomens gestel word. Genus is 'n woordgebonde verskynsel en nie 'n buitetalige verskynsel soos byvoorbeeld getal wat formeel in die taal uitgedruk moet word nie. Die waarde van genus is daarin geleë dat dit 'n beperking plaas op die gebruik van bepaalde nomens.

Die nomen self bevat GEEN betroubare vormlike onderskeidings waarvolgens die drie genusklasse bepaal kan word nie. Dit is slegs in die keuse van die vorm van die voorbepaler dat die genera ml., vr. en ons. tipeer word. Die voorbepaler wat vir hierdie doel gebruik word, is die *determineerder* en wel die bepaalde lidwoord. *Die* tree op voor woorde wat behoort tot die manlike en vroulike genus bv. die *priester*, die *gaffel* (ml); die *suster*, die *feeste* (vr); en *dat* voor onsydige woorde, bv. dat *wijf*, dat *verstant*, dat *meysken* (ons).

Uit bostaande voorbeelde kan ons aflei dat biologiese geslag en woordgeslag liefs onderskei moet word, want indien die twee begrippe dieselfde is dan is dit moeilik om te begryp hoe menslike wesens wat tot die vroulike geslag (seksus) behoort, bv. *wijf*, *meysken* deur 'n lidwoord voorafgegaan word wat vir onsydige woorde gebruik word. In ons verdere verwysing na manlike, vroulike en onsydige woorde sal woordgeslag (genus) bedoel word en nie seksus (biologiese geslag) nie.

Genus is 'n klassifiseringsmeganisme wat verbande lê tussen die lede van woordgroepe, nl. die naamwoordstukke. Genus het geen konseptuele inhoud soos byvoorbeeld naamval, getal en aspek nie en moet in hierdie opsig as uniek beskou word onder die grammatikale kategorieë. In die meervoud word genus elimineer wat as nog 'n bewys kan dien van sy onreële aard. Die determineerders is gemeenslagtig in die meervoud.

Voordat die paradigmas van die verbuigbare woorde bespreek word, sal eers aandag gegee word aan getal en dan kasus (naamval).

7.4.2 *Getal*

Die begrippe *enkelvoudig* en *meervoudig* het betrekking op grammatikale begrippe en nie telbaarheid in eenhede nie. Telwoorde is die woordkategorie wat spesifiek te make het met die telbaarheid van eenhede.

Onder getal verstaan ons die onderskeid tussen een en meer as een.

Getal word in die enkelvoud *nie* vormlik manifesteer nie en in die meervoud deur *-e(n)*, bv. brod*e* (vokaalverbuiging – kyk par. 8.2.1) en die vrouwe*n* (konsonantverbuiging – kyk par. 8.2.2).

7.4.3 *Naamval (Kasus)*

Hier gaan net die vormlike aspek van naamvalle bespreek word, nl. van vormklas G en vormklas D soos dit aangetref word in twee tipes verbuiging, nl. die *vokaalverbuiging* en die *konsonantverbuiging*. Die funksies en formele aspek van naamvalle word elders bespreek. Kyk hoofstukke 8 tot 11 en 16.

7.4.3.1 Verbuiging

7.4.3.1.1 Die vokaalverbuiging

Die uitgange wat gebruik word om sintaktiese funksies morfologies aan te dui, het 'n vokaliese element as eerste of enigste lid, bv. *-es* en *-e* vir naamwoorde in die enkelvoud en *-en* in die meervoud. Die stam van woorde wat hierdie verbuiging kan ondergaan, gaan gewoonlik uit op 'n konsonant.

ontfinc des *brod***es**	gen. ekv.
bi den *tun***e**	dat. ekv.
bi den *tun***en**	dat. mv.

Die kursiefgedrukte deel is die stam en die vetgedrukte deel die uitgang.

Die vokaalverbuiging in Middelnederlands word by die substantief gekenmerk deur die volgende eienskappe.

- Die uitgang *-es* word slegs by vormklas G aangetref en wel by manlike en onsydige woorde in die enkelvoud. Die vorm met gesinkopeerde vokaal word ook dikwels gebruik, bv. des *broots*, des *buucs*. Kyk 8.2.1.
- Die uitgang *-e* word by al die genustipes aangetref as kenteken vir vormklas D in die enkelvoud, maar is OPSIONEEL.
- Die uitgang *-en* word net by vormklas D in die meervoud gebruik.

Enkele tendense wat die prentjie vloeibaar maak, is:

- Die genitiefuitgang word absorbeer deur die identieke slotkonsonant, bv. hals < hals*s*. (M.G., par. 158, opm. 1.)
- Die genitiefuitgang *-s* kan wegval na 'n stam wat uitgaan op 'n frikatief of frikatiefverbinding, bv. des wijf, berch. (M.G., par. 158, opm. 2.)
- Buigingsbesparing. Indien 'n reeks voorbepalers in 'n NS voorkom, word die uitgang nie by elke lid aangetref nie. (M.G., par. 158, opm. 3.)
- Die datiefuitgang *-e* val dikwels weg – veral as dit na 'n sillabe met swak of byklem staan, bv. *wapene* > *wapen*. (M.G., par. 158, opm. 5.)

7.4.3.1.2 Die konsonantverbuiging

Die uitgange wat gebruik word om sintaktiese funksies morfologies te markeer, het 'n konsonant as enigste lid, nl. *-n*. Die stam van die woorde wat hierdie verbuiging ondergaan, het as slotkomponent 'n *-e*.

ute der *ecke***n**	dat. ekv.
des *pape***n**	gen. ekv.
van den *ecke***n**	dat. mv.

Die kursiefgedrukte gedeelte is die stam en die vetgedrukte deel die uitgang.

- Die uitgang *-n* spesifiseer slegs naamval in die enkelvoud. In die meervoud is die *-n* primêr 'n getalsmarkeerder. Naamvalsaanduiding verskuif na die voorbepaling, in besonder die bepaalde lidwoord.
- Die genus van die nomen bepaal soms die gebruik van die uitgang *-n*. By vormklas D tree dit slegs op by vroulik maar by vormklas G tree dit by al die genustipes op alhoewel vroulik soms sonder uitgang voorkom.

Let wel: vokaal en konsonantverbuiging het net betrekking op nomens, adjektiewe en telwoorde. Die onbepaalde lidwoord gedra hom soos 'n telwoord in hierdie verband.

7.5 Kongruensie

Wanneer twee of meer woorde ten opsigte van genus, getal, persoon of sintaktiese funksie met mekaar in ooreeenstemming gebring word d.m.v. uitgange, staan dit bekend as kongruensie.

7.5.1 *Kongruensie by die voorbepaling van die NS*

Om verbuiging in die NS te beskryf, is om die naamwoordelike kern in samehang met sy voorbepalers te beskou. Die voorbepalers wat die meeste in verbinding met die naamwoord aangetref word, is die bepaalde lidwoord en die adjektief.

Van Sesiliën de**n** hoghe**n** land**e** E. 51

Die voorsetsel *van* vereis vormklas D. Die nomen is onsydig en die verbuiging kragtens die bouvorm van die onverboë woord *lant*, dié van die vokaalverbuiging. Die uitgang *-n* by die voorbepaling is tipies van die begeleidende (weglaatbare) gedeeltes van die NS wat deur die kernnaamwoord bepaal word en weerspieël die toestand soos by die aanwysende (voornaam)woord. Die nomen self het 'n *-e* as indikator van die datief, terwyl albei lede van die voorbepaling *-n* het.

Die hoegh**e** baroen**e** V. 1879

Die kernnaamwoord *baroen* is lid van die manlike genus en moet volgens bou die vokaalverbuiging volg. Die uitgang *-e* van die adjektief is egter nie 'n weerkaatsing van die *-e* van die nomen nie omdat: 1) die adjektief die konsonantverbuiging vereis in die posisie tussen determineerder en nomen; 2) die *-e* van die nomen getal markeer, te wete die meervoud; 3) die voorbepaler *hoeghe* behoort tot 'n aansienlike groep adjektiewe met dubbelvorme, dit wil sê waar een vorm gespel word met en die ander sonder vokaal in die uitgang. So kry ons bv. *hoech* × *hoeghe, rijc* × *rike,* ens.

Sodra die nomens wat as subjek of objek fungeer, vervang word deur ander wat t.o.v. genus, getal en persoon verskil, mag aanpassings nodig wees wat die uitgange van bv. die voorbepalings betref. Indien die nomens 'n ander sintaktiese funksie vervul (gen. of dat.) word dit ook weerspieël in die voorbepalings.

Die verhouding wat tussen die taalitems bestaan, is deurslaggewend in die toekenning van morfologiese uitkenmiddele om die kongruensie aan te toon. Die naamwoordelike kern se eienskappe (getal, genus, ens.) word oorgedra op die lede van die voorbepaling en nie andersom nie. Volgorde is nie 'n outomatiese stigter van konkordansie net omdat woorde lineêr op mekaar volg nie.

7.6 Die vormlike implikasies van kasus genus en getal

In Middelnederlands gebeur dit soms dat 'n enkele uitgang gebruik word om meer as een funksie aan te dui.
der hennen kan opgevat word as:

a. vormklas G, ekv.;
b. vormklas D, ekv.;
c. vormklas G, mv.

Die *-r* van die bepaalde lidwoord dui kasus aan. Die *-n* kan nie onderskei tussen die kasusse in die enkelvoud nie en in die meervoud dui dit getal aan en nie kasus nie. Al vier funksies van die sinsdele word immers vormlik gelykgestel in die meervoud van die konsonantverbuiging. In ons voorbeeld kan *-r* in die enkelvoud ook genusaanduidend optree, maar dit is 'n sekondêre funksie. Die *-r* kan net optree in die enkelvoud by woorde wat vroulike genus het.

In latere Middelnederlands is die *-n* in die enkelvoud dikwels weggelaat sodat dit nie juis as 'n baie sterk aanduider van kasus gevoel is nie.

Wat die meervoud betref, val genusonderskeid weg, d.w.s. die woorde is *gemeenslagtig* en kan net in die geval van vormklas D by vokaalverbuiging van 'n naamvalsuitgang gepraat word. Die uitgang *-e* dui getal aan. By die konsonantverbuiging in die meervoud word geen naamval formeel onderskei nie – die *-n* is 'n getalsmarkeerder.

8 Die verbuiging van die selfstandige naamwoord

8.1 Skematiese voorstelling van die naamvalsuitgange

Verbuiging	Kasus	Genus			Getal	
		Manlik	Onsydig	Vroulik	Enkelvoud	Meervoud
vokaal verb.	Genitief	-(e)s	-(e)s	-/-e	–	-e
kons. verb.		-n	-n	-n/-	–	-n
vokaal verb.	Datief	-e/-	-e/-	-/-e	–	-en
kons. verb.		–	–	-n/-	–	-n
vokaal verb.	Akkusatief	–	–	–	–	-e
kons. verb.		–	–	–	–	-n

- Die nominatief is die neutrale vorm wat kasusaanduiding betref omdat dit nie deur 'n spesifieke uitgang aangedui word nie.
- In vroeë Middelnederlands stem die nominatief en akkusatief ooreen wat die vorm betref by die selfstandige naamwoord. Van die 15de eeu af kom daar soms in vaste uitdrukkinge 'n *-n* voor as uitgang by die datief en akkusatief ekv. manlik (M.G., par. 164, opm. 3).
- By die aanduiding van getal in die meervoud stem die nom. en akk. ooreen wat die uitgang betref. Substantiewe wat die vokaalverbuiging volg, neem *-e* en dié wat die konsonantverbuiging volg, vereis -*n*.
- Die substantief (nomen) self bevat geen vormlike markeerders om genus aan te dui nie. Die drie genera ml., ons. en vr. word in die voorbepaling uitgedruk deur uitgange.

Die vorm tussen hakies plus die gedeelte buite die hakies dui die oorspronklike vol vorm van die uitgang aan, bv. *-es*. Die kort gesinkopeerde uitgang staan buite die hakies, bv. *-s*. 'n Skuins strepie dui alternatiewe aan, bv. *-n* of *-e* by die gen. ekv. vr. van die konsonantverbuiging. 'n Horisontale strepie dui 'n uitganglose toestand aan.

8.2 Die verbuiging van die substantief in besonderhede

Tradisioneel word die bepaalde lidwoord as voorbepaling toegevoeg in die paradigma van die substantief.

8.2.1 *Vokaalverbuiging*

Enkelvoud

	Manlik	Onsydig	Vroulik
Nom.	die schilt	dat motijf	die plicht
Gen.	des schilts/ schildes	des motijfs/ motives	der plicht
Dat.	den schilt	den motive	der plicht
Akk.	den schilt	dat motijf	die plicht

Meervoud (Gemeenslagtig)

Nom.	die schilde	die motive	die plichte
Gen.	der schilde	der motive	der plichte
Dat.	den schilden	den motiven	den plichten
Akk.	die schilde	die motive	die plichte

- Die ongesinkopeerde uitgang *-es* is minder gebruiklik as die verkorte vorm *-s* by die gen. ekv. ml. en ons. Indien die slotsillabe van die stam swak of byklem dra, tree die verkorte vorm gewoonlik op.
- Die uitgang *-e* kan voorkom by sowel die dat. ekv. ml. as ons. Indien die slotsillabe van die stam swak of byklem dra, val die *-e* gewoonlik weg. Vgl. wágĕn (sonder -e) met mŏtíjve (met -e).
- Die hele vr. ekv. is gewoonlik sonder uitgang. In formele uitdrukkings kan *-e* voorkom by die gen. en dat., bv. der plicht*e* (gen. en dat.).

8.2.2. *Konsonantverbuiging*

Enkelvoud

	Manlik	Onsydig	Vroulik
Nom.	die trone	dat ore	die sonde
Gen.	des tronen	des oren	der sonden/sonde
Dat.	den trone	den ore	der sonden/sonde
Akk.	den trone	dat ore	die sonde

Meervoud (Gemeenslagtig)

Nom.	die tronen	die oren	die sonden
Gen.	der tronen	der oren	der sonden
Dat.	den tronen	den oren	den sonden
Akk.	die tronen	die oren	die sonden

- In ouer Mnlse. geskrifte (13-14de eeu) oorweeg by die gen., dat. ekv. vr. die vorme op *-en*. In latere geskrifte word die uitganglose vorme verkies.

- Die uitgang *-s* (van die vokaalverbuiging) word in latere geskrifte meermale aangetref by ml. en ons. gen. ekv. i.p.v. *-n*, byvoorbeeld des *naems*. (M.G., par. 164.)
- Waar die slotsillabe of voorlaaste sillabe swak of byklem dra, word *-e* gewoonlik apokopeer by manlike genus nom., dat. en akk. ekv., byvoorbeeld *brúdĕgoŏm* (M.G., par. 164.)

8.3 Tendense in die verbuiging van die substantief

Daar bestaan ook s.nwe. wat uitgaan op 'n vokaal en wat die vokaalverbuiging volg. Hulle is eensillabig – *die, cnie, coe, scoe* en *tee*. In die mv. vereis hulle *-n*. M.G., par. 159. Later is *teen, scoen* as enkelvoude interpreteer wat 'n nuwe meervoudsuitgang vereis het, bv. *scoenen*. (M.G., par. 159, opm. 3.)

Ouer Mnl. (12 en 13de eeu) verskil van latere Mnl. (14de eeu en later) daarin dat die vroeëre tydperk minder afwyk van die verbuigingspatroon van die substantief soos in 8.2.1 uiteengesit.

Twee sulke gevalle word hier genoem:

1. Die nom., akk. mv. *-e* van vroeë Mnl. word vervang deur *-en*, bv. brud*e* word brud*en* (nom. en akk.).
2. Die onsydige woorde was in die mv. sonder uitgang by die nom. en akk., bv. *woort*. Die uitganglose vorme het op 'n tyd die *hele* meervoudsparadigma oorheers. Latere ontwikkelinge sien vorme op *-e* in die nom., akk. mv., *woorde* (nom), *woorde* (akk).

8.4 Dubbele meervoudsvorming

'n Groep eensillabige woorde vorm die meervoud op *-er, -ere, -re* waarvan lg. twee uitgange 'n dubbele meervoudsaanduiding is. Die woorde wat hier tuishoort, is *been, bert, blat, doec, ei, hoen, jonc, calf, kint, cleet, lam, loof, rat, rijs, runt, spaen, telch* en *wicht*.

Enkele voorbeelde:

blat	*blader*
calf	*calver*
been	*benere/beenre*
hoen	*hoenere/hoenre*

M.G., par. 161 gaan ook in op die voorkoms van epentetiese [d] by *hoen(d)ere, been(d)ere*.

8.5 Klasseoorgang by vroulike woorde

'n Nominatief op 'n konsonant word dikwels afgewissel met 'n variant op *-e* soos by die konsonantverbuiging. Voorbeelde: *daet* × *dade, const* × *conste*. Dié gebruik werk in die hand dat *-e* as vroulike uitgang opgevat word alhoewel dit ook by woorde van die manlike en onsydige genus voorkom. Hierdie vorme op *-e* behoort veral tot latere Mnl. en volg die konsonantverbuiging 8.2.2.

8.6 Meervoudsvorming

1. Abstrakte s.nwe. word by voorkeur in die meervoud gebruik, bv. *vreden, goeden, ghenaden.* (M.G., par. 164, opm. 3 en 6).

2. Die uitgange *-e* sowel as *-en* word gebruik in die meervoud. By die vokaalverbuiging is *-e* gewoner (M.G., par. 159) en by konsonantverbuiging is *-en* die algemene vorm (M.G., par. 164, opm. 7).

3. Die suffiks *-scap, -schep, -schip* tree op by vroulike en onsydige woorde en vorm 'n meervoud op *-en*, bv. *bliscap* (ekv) *bliscappen* (mv); *lantscap : lantscappen.* (M.G., par. 165, opm. 8.)

4. Persoonsname op *-are* vereis *-n* in die meervoud, bv. *portenare* (ekv) : *portenaren* (mv.).
Persoonsname op *-ere* vereis *-s*, bv. *riddere* (ekv) : ridderes > *ridders* (mv). (M.G., par. 166)

5. Verwantskapswoorde op *-r (vader, broeder)* het oorspronklik slegs gedeeltelik in die mv. verbuig – (gen. *-e* en dat. *-en*) maar later is *-s* ook op die ander naamvalle oorgedra. (M.G., par. 169) By *moeder, dochter* en *suster* kan onverboë sowel as verboë vorme op -e voorkom.

6. Die woorde *vrient* en *viant* het oorspronklik geen uitgange in die mv. vereis nie en later *-e* of *-en.* (M.G., par. 171.)

7. Die woorde *man, ghenoot, voet, cnecht, borch, borst* en *nacht* word beskou as oorblyfsels van konsonantstamme en hulle kan onverboë bly in die meervoud of uitgaan op *-e*/*-en.* (M.G., par. 172.) *Man* het ook die meervoud *mans* in die nom.

8. Kollektiewe begrippe kan in ooreenstemming met die grammatiese getal, in die enkelvoud gebruik word.

Doe volchde hem een mekel here V. 718

Logiese getal kan egter die deurslag gee en dan word die substantief as meervoudige begrip hanteer.

Al tfolc loofden den coninc Saul M.G., bl. 188

8.7 Persoons-, plek- en volksname

Groot onvastheid heers in verband met die fleksie. Breedweg volg die manlike persoonsname wat uitgaan op 'n vokaal die konsonantverbuiging en dié wat uitgaan op 'n konsonant die vokaalverbuiging (M.G., par. 173 (i) en (ii). Die vroulike persoonsname volg die konsonantverbuiging *sonder* inagneming van die woordbou. (M.G., par. 173 (iii)).

Verbuiging van 'n persoonsnaam:

	Manlik	Vroulik
Nom.	Reynaert	Ermeline
Gen.	Reynaerdes/Reynaerts	Ermeline(n)
Dat.	Reynaerde/Reynaert	Ermeline(n)
Akk.	Reynaert/Reynaerde	Ermeline(n)

In M.G., par. 173 (ii) word 'n manlike persoonsnaam wat uitgaan op 'n vokaal verbuig.

	Manlike persoonsnaam op 'n vokaal (Klassieke oorsprong)
Nom.	Plato
Gen.	Platon/Platos
Dat.	Platon
Akk.	Plato

Plek- en volksname word gebruik vir sowel die naam van die volk as vir die land. Indien die woorde uitgaan op *-a* of *-en* bly hulle onverboë, anders volg dit die verbuiging van die manlike persoonsname. (M.G., par. 174).

	Manlike persoonsnaam op 'n vokaal (Germaanse oorsprong)
Nom.	Huge
Gen.	Hugen/Huges
Dat.	Hugen
Akk.	Huge/Hugen

9 Die verbuiging van byvoeglike naamwoorde

Die verbuigingsklasse loop deureen by die byvoeglike naamwoord. (M.G., par. 176-177.) Die verskille is tot die minimum gereduseer onder andere omdat albei groepe pronominale vorme aangeneem het. Baie b.nwe. behoort ook tot sowel die vokaal as konsonantverbuigingsklas, bv. *hooch* × *hoghe* (M.G., par. 176.)

9.1 Die verbuiging van die adjektief in besonderhede

9.1.1 *Die vokaalverbuiging*
Die vokaalverbuiging (sterk verbuiging) word sintakties bepaal en nie slegs deur die woordvorm nie.

Die vokaalverbuiging word aangetref waar die b.nw. die enigste voorbepaling is by die s.nw. of as dit voorafgegaan word deur *een*, *(ne)gheen* of *menich*. (Die verbuiging van *een* en *gheen* vertoon onvastighede; M.G., par. 200, opm. 2.)

Enkelvoud

Manlik
Nom. een goet coninc
Gen. een(e)s goets coninx
Dat. eenen goeden coninc
Akk. eenen goeden coninc

Vroulik
Nom. eene goede cam
Gen. eener goedere camme
Dat. eener goedere camme
Akk. eene goede cam

Onsydig
Nom. een goet paert
Gen. een(e)s goets paerdes/paerts
Dat. eenen goeden paerde/paert
Akk. een goet paert

Meervoud
Nom. goede coninghe, camme, paerde
Gen. goedere coninghe, camme, paerde

Dat. goeden coninghen, cammen, paerden
Akk. goede coninghe, camme, paerde

By die gen., dat. vr. ekv. en gen. mv. word die vol uitgang *-ere* meermale vervang deur 'n gesinkopeerde variant *-re* of 'n geapokopeerde vorm *-er*. Die vol vorm *goedes* tree soms op by die gen. ekv. ml. en ons.

9.1.2 *Die konsonantverbuiging*

Die enigste vaste kenmerk van die konsonantverbuiging is dat die nom. ml. ekv. en die nom. akk. ons. ekv. uitgaan op *-e*. Die ander kenmerke kom slegs sporadies voor.

Die konsonantverbuiging word gebruik waar:

- die adj. die enigste voorbepaler is by 'n naam, bv. *scone* Esmoreit.
- die adj. voorafgegaan word deur 'n det. *die/dat, dese, ghene,* besitsvorm. Voorbeeld: *die/dese/ghene/mijn grote* schat.
- Die bep. lidwoord + adj. as nabepaling optree by 'n nomen, bv. Ysengrijn *den grijsen.*

Enkelvoud

	Manlik	Vroulik	Onsydig
Nom.	die goede hane	die goede dame	dat goede oghe
Gen.	des goets hanen	der goedere dame(n)	des goets oghen
Dat.	den goeden hane	der goedere dame(n)	den goeden oghe
Akk.	den goeden hane	die goede dame	dat goede oghe

Meervoud

Nom. die goede hanen, damen, oghen
Gen. der goedere hanen, damen, oghen
Dat. den goeden hanen, damen, oghen
Akk. die goede hanen, damen, oghen

By die gen., dat., vr. ekv. en gen. mv. word die vol uitgang *-ere* meermale vervang deur 'n gesinkopeerde variant *-re* of 'n geapokopeerde vorm *-er*.

9.2 Die gesubstantiveerde byvoeglike naamwoord

Die verbuiging van die as s.nw. gebruikte adjektief stem ooreen met dié van die adjektief. Aanvanklik is die konsonantverbuiging oorheersend maar daarnaas staan vorme wat die vokaalverbuiging neem een *vroede* × een *vroet*, dat *clare* × dat *cout*. (M.G., par. 180).

Namate die gesubstantiveerde b.nw. sterker adjektiwies of naamwoordelik interpreteer word, kan dit adjektiwies of naamwoordelik verbuig, bv. die *goede* (adjektiwies) = *goeie* (Afr.); die *goeden* (naamwoordelik) = *goeies* (Afr.)

9.3 Trappe van vergelyking

Die vergrotende trap word gevorm deur *-er* en die oortreffende trap deur *-ste.*

Stellende trap	vergrotende trap	oortreffende trap
hooch	*hogher*	*hoochste*

Indien die adjektief in die stellende trap op 'n sonorant l, n of r uitgaan, word 'n epentetiese d in die daaropvolgende sillaberand aangetref, bv. *vuulder, scoender.*

Die adjektiewe *goet, groot, clene* en *quaet* vertoon onreëlmatige vorme in die vergelykingsparadigma (M.G., par. 183).

goet	beter	best
groot	meerder	meest
clene	minder	minst
quaet	quader	werst

Die vokaalverbuiging word meer gebruik as die konsonantverbuiging (M.G., par. 184). Die trappe van vergelyking word op dieselfde manier gevorm by die bywoord, bv.

spade(laat)	*spader,*	*spaetst.*

9.4 Die onverboë adjektief

Die adjektief word gewoonlik nie verbuig nie wanneer:

- die adj. as enigste nabepaler optree by die nomen, bv. meester *vroet.* E. 851.
- die adj. en die daaropvolgende s.nw. as samestelling interpreteer word, bv. *goet* coops. (M.G., bl. 199.)
- die adj. voorafgegaan word deur *alte*(n), *aldus, also, hoe, so, sulc, te* en *gevolg* word deur *een, ene, -en.*

Och, hoe seker*en* teyken is dit. Stoett, bl. 90.
Daer so grot*en* prijs lach an. Stoett, bl. 90.

10 Die voornaamwoorde

10.1 Bepaalde voornaamwoorde

Bepaalde voornaamwoorde identifiseer 'n duidelik omskrewe saak; vgl. 18.2. Die verbuiging van die onderskeie vnwe. is soos volg:

10.1.1 *Die volledige paradigma van die persoonlike voornaamwoord*

Enkelvoud

	1P	2P	3P		
	Ml., Vr.	Ml., Vr.	Ml.	Ons.	Vr.
Nom.	ic	du	hi	het	si, soe
Gen.	mijns	dijns	sijns	-s, sijns	haers
Dat.	mi	di	hem	hem	hare, haer
Akk.	mi	di	hem	het	hare, haer

Meervoud			Gemeenslagtig
Nom.	wi	ghi, -i	si
Gen.	onser, ons	uwer, uwes[1]	haers, hare, haer, haerre
Dat.	ons	u[2]	hem, hen
Akk.	ons	u	hem

Die enklitiese vorm *-s* word by voorkeur gebruik bo die vol vorm *sijns*. Hiervoor kan twee redes aangevoer word. Eerstens is *-s* 'n baie duidelike genitiefsmarkeerder (Kyk paradigmatiese diffusie). Tweedens staan die vol vorm semanties nader aan die vnwe. wat [+lewend], [+msl] is as aan dié wat [-lewend], [-msl] is.

Ju, (j)ou word in die dat./akk. meervoud gebruik naas *u.*

Meermale word as gevolg van metriese eise in plaas van die vol vorm van die 3P persoonlike vnwe. voorkeur verleen aan die klitiese vorme. Die 1P en 2P word in die vol vorm gebruik miskien omdat die woorde in die reël minder voorkom in belletristiese werke.

10.1.1.1 Enklitiese vorme van die 3P

Die verkorte vorme van die persoonlike vnw. 3P word enklities gebruik (M.G., par. 187).

1. Die -es/-s van die genitiefsuitgang van die ekv. dring later ook die meervoud binne sodat *onses* > ons en *uwes* nou te staan kom naas die oorspronklike vorme op -er, nl. *onser* en *uwer*.

2. *U* word nie as subjek gebruik in Middelnederlands nie, maar slegs as datief of akkusatief. (M.G., par. 185, opm. 8).

Enkelvoud			Meervoud
Ml.	Ons.	Vr.	Gemeenslagtig
Nom. -i	-et/-t	-se	-se
Gen. -es/-s	-es/-s	-ere/-re/ -er/-der	-ere/-re/-er/-der
Dat. -em	-em	-ere/-re/ -er/-der	-en
Akk. -ene/ -ne/-en	-et/-t	-se	-se

Die h- wat as eerste lid van die selfstandige vorme optree in bv. *hi, hem, het, haer* het in sinsverband verdwyn omdat dié klank laag op die sonoriteitskaal aangetref word (Kyk 5.16.3).

Wat die enklitiese vorme betref (M.G., par. 187) is dit opvallend dat die datief *-em* van die ml., ons. ekv. in die *akkusatief* gebruik kan word as *refleksief.* Indien die enklitiese vorm as persoonlike vnw. gebruik word, word *-em* as datief gebruik. (M.G., par. 187, opm. 3.)

Die vorm op *-m* is die oorspronklike Germaanse datief. Die oorspronklike akkusatief *-n* word in Mnl. deur die enklitiese vorm *-en* verteenwoordig.

10.1.1.2 Enkele voorbeelde van enklitiese gebruik
No dore die*ne* wederstoet K.E. 142
-ne = akk. ml. ekv.
Sodatt*i* loec doghen sijn K.E. 88
-i = nom. ml. ekv.
Wistic, dat hij*t* mi ontbode K.E. 81
-t = akk. ons. ekv.

10.1.2 *Die besitlike voornaamwoorde (besitsvorm)*
Die besitlike vnw. het nie 'n eiesoortige verbuiging nie, maar volg dié van die adjektief.

Daar bestaan 'n sterk ooreenkoms tussen die genitief van die persoonlike vnw. en die besitlike voornaamwoord, bv. die claghe *van hem* > *sijn* claghe.

Die voorsetsel nabepaling wat die persoonlike vnw. bevat, het dieselfde betekenis as die besitlike vnw. wat as voorbepaling optree.

Hare, mijn, dijn, sijn is voorbeelde van besitlike vnwe. wat gevorm is van die genitief van die ooreenstemmende persoonlike vnwe. *Mijn, dijn* en *sijn* volg die vokaalverbuiging omdat hulle uitgaan op 'n konsonant.

10.1.2.1 Die verbuiging van die besitlike voornaamwoorde
Die gedeelte tussen hakies dui ander langer vorme aan. 'n Skuins strepie dui alternatiewe vorme aan.

	Enkelvoud			Meervoud
	Manlik	Onsydig	Vroulik	Gemeenslagtig
mijn				
Nom.	mijn[3]	mijn	mine	mine
Gen.	mijns	mijns	miner(e)/ mijnre	miner(e)/mijnre[4]
Dat.	minen	minen	miner(e)/ mijnre	minen
Akk.	minen	mijn	mine	mine
dijn				
Nom.	dijn	dijn	dine	dine
Gen.	dijns	dijns	diner(e)/ dijnre	diner(e)/dijnre
Dat.	dinen	dinen	diner(e)/ dijnre	dinen
Akk.	dinen	dijn	dine	dine
sijn				
Nom.	sijn	sijn	sine	sine
Gen.	sijns	sijns	siner(e)/ sijnre	siner(e)/sijnre
Dat.	sinen	sinen	siner(e)/ sijnre	sinen
Akk.	sinen	sijn	sine	sine
hare				
Nom.	hare[5]	hare	hare	hare

3. Paradigmatiese uitbreiding (kyk 12.3) is daarvoor verantwoordelik dat vorme soos *mijns, dijns, sijn, haer* gebruik word. Raadpleeg M.G., par. 185, opm. 2; 186 opm. 2 en 6. Mijn*re*, dijn*re* i.p.v. mijns, dijns kom ook voor. (M.G., par. 185, opm. 2.)

4. *Minere* het ook die geteleskopeerde variant *mijnre* waaruit *miere* later voortvloei. Kyk ook 5.16.3 afdeling 8.

5. *hare* volg die konsonantverbuiging omdat die woord op 'n vokaal eindig.

Manlik		Enkelvoud Onsydig	Vroulik	Meervoud Gemeenslagtig
Gen.	haers/ haren[6]	haers/haren	harer(e)/ haerre	harer(e)/haerre
Dat.	haren	haren	harer(e)/ haerre	haren
Akk.	haren	hare	hare	hare

Manlik		Enkelvoud Onsydig	Vroulik	Meervoud Gemeenslagtig
onse				
Nom.	onse	onse	onse	onse
Gen.	onses/ onsen	onses/ onsen	onser(e)/ onsre	onser(e)/onsre
Dat.	onsen	onsen	onser(e)/ onsre	onsen
Akk.	onsen	onse	onse	onse
uwe				
Nom.	uwe	uwe	uwe	uwe
Gen.	uwes/uwen	uwes/uwen	uwer(e)/ ure	uwer(e)/ure
Dat.	uwen	uwen	uwer(e)/ ure	uwen
Akk.	uwen	uwe	uwe	uwe
hare				
Nom.	hare	hare	hare	hare
Gen.	hares/ haren	hares/ haren	harer(e)/ haerre	harer(e)/haerre
Dat.	haren	haren	harer(e)/ haerre	haren
Akk.	haren	hare	hare	hare

6. Die inwerking van verskillende fonologiese reëls soos dié van verkorting, ronding, verlaging, vorentoeplasing, sinkopee, ens. veroorsaak dat daar 'n verskeidenheid kompeterende vorme voorkom. So bestaan daar bv. *hare/harere/haer/haerre/hoors/heurs/haers.* M.G., par. 186, opm. 6 en 8.

10.1.2.2 Enkele voorbeelde van die besitsvorme

Isengrijn ende *sine* maghe (nom. mv.) V. 62

Vert.: Isengrijn en sy bloedverwante

Verstaet, neemt *miere*[7] talen goem (gen. mv.) V. 183

Vert.: Verstaan dit, slaan ag op my woorde

Na *minen* wane (dat. ml. ekv.) V. 1231

Vert.: So meen ek

Dor *uwen* pretiosen bloede (dat. ml. ekv.) B. 712

Vert.: Deur u kosbare bloed

Doer *siere*[8] moeder ere (dat. vr. ekv.) B. 1014

10.1.3 *Die wederkerende voornaamwoord (refleksief)*

In Middelnederlands bestaan daar nie afsonderlike vorme vir die refleksief nie. Die vorme van die persoonlike vnw. doen diens ook as wederkerende vnw. In die geval van 1P en 2P word die vorm van die dat./akk. gebruik. By 3P word gewoonlik die enklitiese vorme aangetref, bv.

Ende hi seind*em* metten zwaerde VdK. XIV, 12

Vert.: En hy seën homself met die swaard.

Werkwoorde wat nie uiteraard refleksief is nie word versterk deur die bousel *selve* wat as voorwerpsversterker optree, bv. . . . so goeden raet alse reynaert *selve* gheven hier. V. 1953-54

Die hem *selven* hadde ghevaen bi den buke V. 1576-77

M.G., par. 207 gaan in op die funksies van *selve.* Die verbuiging van dié woord is soos die konsonantverbuiging by die adjektief.

10.1.4 *Die wederkerige voornaamwoord*

Die vorm *hem* word gebruik in samehang met die woord *onder* om wederkerigheid uit te druk.

Ende *onder* custen *hem* vriendelike VdK., XV, 19

Vert.: En soen mekaar inniglik

Die konstruksie *malcander* = Afr. *mekaar* word ook gebruik in die funksie van wederkerigheid.

Ende si dan *mallijc*[9] *anderen* verwaermen VdK., I, 15

Vert.: En hulle dan mekaar verwarm.

7. Kyk 4.

8. *Sinere* het ook 'n saamgetrokke variant *sijnre* wat oorgaan tot *siere.*

9. M.G., par. 201, opm. 2 wys op die ontstaan van *mallijc* < *manlijc.* Kyk ook 5.16.3 afdeling 7.

10.1.5 *Aanwysende woorde*

10.1.5.1 Verbuiging van die aanwysende woorde in Middelnederlands

Die		Enkelvoud		Meervoud
	Manlik	Onsydig	Vroulik	Gemeenslagtig
Nom.	die	dat[10]	die	die
Gen.	dies	das[11]/dies	diere[12]/dier	diere/dier
Dat.	dien	dien	diere/dier	dien
Akk.	dien	dat	die	die

Dese		Enkelvoud		Meervoud
	Manlik	Onsydig	Vroulik	Gemeenslagtig
Nom.	dese	dit	dese	dese
Gen.	de(e)s	de(e)s	deser(e)[13]	deser(e)
Dat.	desen	desen	deser(e)	desen
Akk.	desen	dit	dese	dese

Voorbeelde:

Dese blisscap salic hen verjaghen E. 148

Ane siet hier *desen* roeden mont E. 263

10. Die persoonlike vnw. *'t* en die bepaalde lidwoord *'t* < *dat* stem, wat die vorm betref, ooreen. (Van Bree 1977:364) beweer voorts dat die volle vorm *het* van die persoonlike vnw. nou op skrif en a.g.v. spellinguitspraak ook vir die bepaalde lidwoord gebruik word. Lees hierdie opinie saam met M.G., par. 191 B se uiteensetting.

11. Die onsydige genitief *das* het moontlik onder invloed van die stamklinker *a* van die nominatief ontstaan as newevorm van *dies.* Daar kom gevalle voor waar *das* as nominatief optree. By voorsetsels wat die genitief by vnwe. vereis, tree *das* ook op, bv. *na* das, *naer* das, *dor* das, *omme* das, *vor* das, ens.

Ook tree *das* op as sinskakel met die vorige (vers)reël in die betekenis 'wat dit betref, ten opsigte waarvan'. As gevolg van rym gebeur dit dikwels dat *das* i.p.v. *dies* gebruik word. *Das* kom soms voor waar 'n ander naamval verwag is en dan tree dit op as onderwerpskakel (sinskakel).

12. Naas die volvorm *diere* het by die vroulik derde en vierde naamval 'n geapokopeerde vorm *dier* ontwikkel.

13. *Derre* is 'n alternatiewe vorm van die gen. dat. vroulik ekv.

Ghene		Enkelvoud		Meervoud
	Manlik	Onsydig	Vroulik	Gemeenslagtig
Nom.	ghene	ghent, gheent	ghene	ghene
Gen.	gheens	gheens	ghener(e)	ghener(e)
Dat.	ghenen	ghenen	ghener(e)	ghenen
Akk.	ghenen	ghent, gheent	ghene	ghene

Voorbeeld:

"Te *ghenen* hove waert
so leghet onse rechte strate" V. 1702-1703

Vert.: By *daardie* kloosterwerf loop ons regte pad verby.

10.1.5.2 Enkele voorbeelde van aanwysende woorde

Becordise met vleescheliker sonde *die* nonne, B. 70-1
Dit abijt moetic begheven B. 80
Al *desen* nacht heimelijc, al stille L. 228
O scoene maghet; *dat* hoeric gerne L. 464
Dits die man, dieic begaerde
boven alle, die leven op daerde K.E. 549-50

Die aanwysende (demonstratiewe) woorde *dit* en *dat* wat tot die onsydige geslag behoort, is uitermate geskik om as (anaforiese) onderwerp op te tree ongeag van die geslag van die persoon.

As skakel met die onderwerp wat as hervatter daarvan optree, word *die* en *dat* gebruik. Soos in die geval van die anaforiese gebruik van *dat* hierbo, is die verwysing hier ook neutraal wat die geslag betref.

Voorbeeld:

Rebecca *dat* was haer name M.G., par. 310.

10.1.6 *Die betreklike voornaamwoord*

Geen afsonderlike vorm word in Middelnederlands aangetref vir die betreklike vnw. nie. Die verbuiging van die betreklike vnw. stem ooreen met die van die aanwysende woord *die*.

10.1.6.1 Verbuiging van die betreklike voornaamwoord

die	Enkelvoud			Meervoud
	Manlik	Onsydig	Vroulik	Gemeenslagtig
Nom.	die[14]	dat	die[15]	die
Gen.	dies[16]	dies/das	diere/dier	diere/dier
Dat.	dien[17]	dien	diere/dier	dien
Akk.	dien	dat[18]	die	die

As betreklike vnw. word ook *wie* aangetref maar dan gewoonlik in die gen., dat. of akk. na 'n voorsetsel. Die woord word soos 'n vraende vnw. verbuig. *Welc* of *dat welke* tree eweneens soms as betreklike vnw. op met die verbuiging van 'n vraende vnw.

10.1.6.2 Voorbeelde van die betreklike voornaamwoord

Bi Esmoreit *dien* ic met spreken hebbe verdreven E. 559-60

Ay god *die* alle doeghden gheeft E. 646

Al *wes*[19] ick can, u selven verfroyt M. 303

Vert.: Alles waarvan ek kennis het, verheug u.

10.2 Nie-bepaalde voornaamwoorde

Nie-bepaalde vnwe. spesifiseer nie die identiteit van die saak waarna verwys word nie; vgl. 10.2.1.3. Die verbuiging van die onderskeie vnwe. is soos volg:

10.2.1 *Die onbepaalde voornaamwoord*

Die onbepaalde voornaamwoord kan 'n nomen, pronomen of naam vervang. Die onbepaalde voornaamwoord gee 'n algemene strekking weer en dui nie op 'n spesifieke persoon of saak nie.

14. *Die* kan diens doen in allerlei naamvalle.

15. *De* word soms i.p.v. *die* aangetref. *Di* tree ook soms op i.p.v. *die*.

16. *Dies* word ook uitgebrei tot die gen. vr. ekv. terwyl *diens* by die gen. ml. ons. in die ekv. optree om paradigmatiese verskil te handhaaf. *Dies* dring soms deur tot in die gen. mv.

17. *Dien* word soms deur paradigmatiese diffusie ook gebruik vir die dat. en akk. ekv. vroulik en die akk. meervoud.

18. *Des/dies* word ook gebruik vir die nom. en akk. ons. terwyl *dat* vir die dat. ons. ook kan voorkom.

19. *wes* = gen. ons. ekv. van die vraende vnw. as betreklike vnw. gebruik.

Voorbeelde van die onbepaalde voornaamwoord is: *al, ander, een, elc, elckerlijc, engheen, enich, ieghelijc, ieghewelc, ieman, iet/iewet, men/man, menich, nieman, niet/niewet, selve, som, somich, sulc, welc.*[20]

Bostaande voorbeelde kan ingedeel word in twee groot groepe:

- onbepaalde vnwe. wat nie afgelei is uit ander woordklasse nie. (Oorspronklike groep.)
- onbepaalde vnwe. wat afgelei is uit ander woordklasse (Afgeleide groep).

10.2.1.1 Oorspronklik onbepaalde voornaamwoorde

Hieronder val *ieman* 'iemand', *nieman* 'niemand', *iet* 'iets' en *niet* 'niks'. Hierdie vorme kom net in die ekv. voor. *Selve* kan ook in die mv. gebruik word.

ieman/iemen		*nieman/niemen*
	Ekv.	Ekv.
Nom.	ieman(t)	nieman(t)
Gen.	iemans/iemants	niemans/niemants
Dat.	ieman(ne)	nieman(ne)
Akk.	ieman(ne)	nieman(ne)

iet/iewet		*niet/niewet*
	Ekv.	Ekv.
Nom.	iet/iewet	niet/niewet
Gen.	iets/iewets	niets/niewets
Dat.[21]		niete/nieu(w)te
Akk.	iet/iewet	niet/niewet

selve		Enkelvoud		Meervoud
	Manlik	Onsydig	Vroulik	Gemeenslagtig
Nom.	selve	selve	selve	selve
Gen.	selfs	selfs	selfs	selfs
Dat.	selven	selven	selven	selven
Akk.	selven	selve	selven	selven

20. *elckerlijc, haerghelijc, ieman, iet/iewet, men/man, nieman, niet/niewet* word net as selfstandige bousels aangetref. Die ander onbepaalde voornaamwoorde kan selfstandig optree sowel as voorbepaler by die nomen, bv. *elc* teenoor *elc* mans doet (M.G., par. 201).

21. *Iet/iewet* word nie in die datief aangetref nie.

Selfstandig gebruik, is die verbuiging op 'n enkele uitsondering na (akk. ons. ekv.) vir al die genera gelyk.

Waar die woord deur 'n ander sinslid voorafgegaan word, is die uitgange heterogener. Die ander sinslid is *die* of *dese*.

	Manlik	Enkelvoud Onsydig	Vroulik	Meervoud Gemeenslagtig
Nom.	die selve	dat selve	die selve	die selve
Gen.	des selfs/ selven	des selfs/ selven	der selver	der selver
Dat.	den selven	den selven	der selver	den selven
Akk.	den selven	dat selve	die selve	die selve

10.2.1.2 Afgeleide onbepaalde voornaamwoorde

Die volgende onbepaalde voornaamwoorde is afgelei uit telwoorde – *ander, een, elc, (en)gheen, enich, menich, som.* Hulle verbuiging is dieselfde as dié van die telwoorde (Kyk 11.2.1.1).

Saamgestelde onbepaalde voornaamwoorde soos *ieghelijc* < ieghe + lijc, *elckerlijc* < elc + lijc, *ieghewelc* < ieghe + welc kan onverboë bly of soos 'n adjektief verbuig.

Die onbepaalde vnw. *men* het ontstaan uit die nomen *man.* M.G., par. 204.1.

Die onbepaalde vnwe. *welc* en *sulc* verbuig soos 'n adjektief. M.G., par. 196 en 202 respektiewelik.

Die onbepaalde vnw. *al* verbuig min of meer soos 'n adjektief.

	Enkelvoud	Meervoud
Nom.	al/alle/alle(n)t	alle/allen/al
Gen.	alles/als	alre
Dat	al	allen
Akk.	al/alle/alle(n)t	alle/allen/al

As voorbepaler kom *al* voor in bv.

voer *alle* saken V. 1134

Vert.: bo alles

M.G., par. 198 B noem sodanige gebruik byvoeglik.

As onbepaalde vnw. tree dit selfstandig op in bv.

Nochtan, *al* dat ic nye ghewrochte V. 1648

Vert.: Nietemin, vir alles wat ek hom ooit aangedoen het.

10.2.1.3 Die gebruik van die onbepaalde voornaamwoord

Die onbepaalde vnw. se betekenis bepaal nie 'n *spesifieke* persoon of instansie nie, maar 'n *algemene* verwysing.

Dan het *al* verloren ware V. 1402
Vert.: as wat dit alles verlore sou wees.

Ander wijf ende ander man (. . .) V. 805
Vert.: (Nog) ander vrouens en ander mans (. . .)

Tes om van *elcken* verheven te sijn seer excellentelijc M. 335
Vert.: Dit is om deur iedereen geprys te wees op roemryke wyse.

Die *enen* wille slaen oft deren, K.E. 447
Vert.: As 'n mens iemand wil slaan of leed aandoen.

Gheberst hen *yet*, laet mi weten B. 898
Vert.: Ontbreek hulle iets, laat dit (vir) my weet.

Hadde een *man* alleene ghedaen (. . .) V. 2953
Vert.: Al sou 'n mens alleen gepleeg het (. . .)

Daer was *menich* die hem liet K.E. 1202
Vert.: Daar was menigeen wat hom in die steek gelaat het.

Niemen en sach beter vel B. 172
Vert.: Niemand het 'n fyner (bont)vel gesien.

Dat hem *somen* zeere ontfaremde V. 3052
Vert.: Dat dit sommige van hulle baie ontroer het.

Sulc dreechdem nu an sijn vel V. 774
Vert.: Menigeen het hom gedreig wat sy lewe betref.

10.2.2 *Die vraende voornaamwoord*

10.2.2.1 Die verbuiging van die vraende vnw.

	Enkelvoud			Meervoud
	Manlik	Onsydig	Vroulik	Gemeenslagtig
Nom.	wie	wat	wie	wie
Gen.	wies	wies	wier	wier
Dat.	wien	wien	wier	wien
Akk.	wie	wat	wie	wie

In later Mnl. kom by die genitief ml. ons. *wiens* voor en *wie* as alternatiewe vorm vir die dat. – akk.; *wies* en *wes* word as nom. gebruik. *Welc* staan anders as *wie* nader aan die adjektief en verbuig soos 'n sterk b.nw. met onverboë vorme daarnaas. M.G., par. 195-196 bespreek die vraende voornaamwoord.

Voorbeelde van die vraende vnw.
Nu segt mi, *wats* u ghebot? E. 261
Ende wie gaf u dien bant? E. 626

11 Die telwoorde

Telwoorde laat 'n basiese tweedeling toe in hooftelwoorde en rangtelwoorde met 'n verdere presisering as bepaalde teenoor onbepaalde telwoorde.

11.1 Die bepaalde telwoorde

11.1.1 *Die bepaalde hooftelwoorde*

Die bepaalde hooftelwoord is EEN, TWEE . . . VEERTIEN, ACHTIEN . . . DERTICH . . . HONDERT, DUSENT, . . .

11.1.1.1 Die verbuiging van die bepaalde hooftelwoorde
Die bepaalde hooftelwoorde is dikwels onverboë gebruik. Wanneer verboë vorme wel voorkom, soos ná 'n nomen en pronomen, is verskillende patrone merkbaar by sommige telwoorde. Kyk 11.1.1.2.

Ende dat zouden doen si ZEVENE, DRIE papen ende VIER leie.
Dat zi lange seven iaer B. 456
Vert.: dat sy sewe jaar lank.

Wanneer die hooftelwoorde deur syfers weergegee word, word dit nie verbuig nie.

Dierste .vij. iaer hebdi gehoert. B. 481
Vert.: van die eerste 7 jaar het u/jy gehoor

Als die .xiiij. iaer waren ghedaen B. 483
Vert.: toe die 14 jaar verby was.

11.1.1.2 Die verbuiging van individuele telwoorde in besonderhede
By die telwoorde een tot tien is verboë en onverboë vorme algemeen; die ander telwoorde is gewoonlik onverboë.

Een volg die vokaalverbuiging van die adjektief.

	Enkelvoud			Meervoud
	Manlik	Onsydig	Vroulik	Gemeenslagtig
Nom.	een/ene	een/ene	een/ene	ene[1]
Gen.	eens	eens	eenre/ere	eenre/ere
Dat.	enen	enen	eenre/ere	enen
Akk.	enen	een/ene	een/ene	ene

Twee en *drie* volg gewoonlik[2] die patroon van die bepaalde lidwoord in die meervoud wanneer dit vóór 'n nomen staan.

Nom.	twee	drie
Gen.	tweer	drier
Dat.	tween	drien
Akk.	twee	drie

Ná 'n nomen of pronomen lyk die verbuiging so:

Nom.	tween/twene	drie
Gen.	tweer	drier
Dat.	tween	drien
Akk.	tween/twene	drien

Vier, vijf, ses, seven, acht, neghen en *tien* volg almal dieselfde patroon.

Nom.	viere
Gen.	viere
Dat.	vieren
Akk.	viere

Ellef en *twelef* verskil in 'n geringe mate van die vorige afhangende daarvan of die telwoord in preposisie of postposisie gebruik word.[3]

Preposisie		Postposisie
Nom.	elleve	elleve
Gen.	elleve	elleve
Dat.	elleven	elleven
Akk.	elleve	elleven

1. Hier word vaste uitdrukkings bedoel soos *dene < die ene, dandre < die andere.* M.G., par. 200, opm. 1.

2. 'n Nom./akk. vorm *twene/tween* kom ook voor. Ná 'n vnw. word die uitgang -n aangetref, bv. hem drie*n*.

3. Die sintaktiese optrede van hooftelwoorde, nl. in pre- of postposisie in die naamwoordstuk word bespreek in M.G., par. 288-290, 292 en 313.

Dertien, viertien, vijftien, sestien, seventien, achtien en *neghentien* volg dieselfde patroon as *vier* (kyk hierbo).

Nom.	dertiene
Gen.	dertiene
Dat.	dertienen
Akk.	dertiene

Twintich, dertich, viertich, vijftich, sestich, seventich, tachtich, negentich, hondert en *dusent* is gewoonlik onverboë. Wanneer verboë is dit slegs vir die datief.

Nom.	twintich	dusent
Gen.	twintich	dusent
Dat.	twintichen	dusenten
Akk.	twintich	dusent

11.1.2 *Die rangtelwoorde*

Die rangtelwoorde *drie* tot *negentien* word afgelei van die hooftelwoorde deur middel van die agtervoegsel -de/-te. Die keuse van die stemhebbende dentaal teenoor die stemlose dentaal hang af van die voorafgaande konsonant. Indien die voorafgaande konsonant stemloos is, bv. *ses* word *-te* gekies, anders *-de* soos by *vierde.*

Die uitgang *-ste* word gebruik by die rangtelwoorde vir *een, twintig* en hoër. (M.G., par. 210.) Die verbuiging van *ander* word bespreek in par. 199. Die ander rangtelwoorde volg die konsonantverbuiging van die byvoeglike naamwoord.

11.1.2.1 Die bepaalde rangtelwoorde

Die bepaalde rangtelwoorde is morfologies verwant aan die bepaalde hooftelwoorde.

Bepaalde hooftelwoord	Bepaalde rangtelwoord
vier	vierde[4]
vijf	vijfte
dertich	dertichste

11.1.2.1.1 Die verbuiging van die bepaalde rangtelwoorde

Die bepaalde rangtelwoorde word verbuig soos die konsonantverbuiging by die adjektief. Die bepaalde rangtelwoord word altyd voorafgegaan deur die bepaalde lidwoord.

4. Die uitgang *-ste* verdring soms die regmatige *-de*, *-te* by die laer telwoorde, bv. *vierste, tweeste,* ens.

	Enkelvoud			Meervoud
	Manlik	Onsydig	Vroulik	Gemeenslagtig
Nom.	die sevende	dat sevende	die sevende	die sevende
Gen.	des sevends	des sevends	der sevender	der sevender
Dat.	den sevenden	den sevenden	der sevender	den sevenden
Akk.	den sevenden	dat sevende	die sevende	die sevende

Die verbuiging is nie altyd getrou volgens die adjektiefpatroon nie, maar kan afwykings vertoon, bv. in die gen. ekv. ml. en ons. waar bv. seven*den* of seven*de* soms voorkom.

M.G., par. 210-211 bespreek die rangtelwoorde met hulle morfologiese variante.

Die rangtelwoord *eerste* vertoon die uitgang van die oortreffende trap van die adjektief. *eer* is die vergrotende trap.

Die rangtelwoord *ander* staan naas *tweede/tweeste*.

Die verbuiging van *ander* moet afsonderlik beskou word. Oorspronklik volg *ander* die vokaalverbuiging van die adjektief. In latere Mnl. tree die konsonantverbuiging op.

	Enkelvoud			Meervoud
	Manlik	Onsydig	Vroulik	Gemeenslagtig
Nom.	and(e)re/ ander	and(e)re/ ander	and(e)re/ ander	and(e)re/ ander
Gen.	anders	anders	anderre/ ander(e)	anderre/ ander(e)
Dat.	anderen	anderen	anderre/ ander(e)	anderen
Akk.	anderen	and(e)re/ ander	and(e)re/ ander	and(e)re/ ander

Die konsonantverbuiging tree veral op waar *ander* deur 'n determineerder voorafgegaan word, bv. *des* ander (daghes), *ene* andere, ens.

Waar *ander* nie deur 'n determineerder voorafgegaan word nie, word die vokaalverbuiging gewoonlik aangetref.

	Enkelvoud			Meervoud
	Manlik	Onsydig	Vroulik	Gemeenslagtig
Nom.	ander	ander	andere	andere
Gen.	anders	anders	ander/ and(e)re	ander/ and(e)re
Dat.	anderen	anderen	ander/ and(e)re	anderen
Akk.	anderen	ander	andere	andere

11.2 Die onbepaalde telwoorde

11.2.1 *Die onbepaalde hooftelwoorde*

Die onbepaalde hooftelwoord spesifiseer nie getal nie maar gee slegs 'n algemene aanduiding daarvan. Enkele voorbeelde: *enich, gheen, genouch, menich, som, vele, weinich.*[5] Onderskei tussen *ghene* (aanwysende wd.) 10.1.5.1 en *gheen* (telw.).

11.2.1.1 Die verbuiging van die onbepaalde hooftelwoorde

Die verbuiging van die onbepaalde hooftelwoord is soos dié van die vokaalverbuiging by die adjektief.

(ne)gheen/(en)gheen

	Enkelvoud			Meervoud
	Manlik	Onsydig	Vroulik	Gemeenslagtig
Nom.	gheen	gheen	gheen	gheen
Gen.	gheens	gheens	ghener	ghener
Dat.	gheen	gheen	ghener	ghenen
Akk.	gheen	gheen	gheen	gheen

enich

Nom.	enich	enich	enich	enich
Gen.	enigh(es)	enigh(es)	enigher	enigher
Dat.	enighen	enighen	enigher	enighen
Akk.	enich	enich	enich	enich

menich

Nom.	menich	menich	menich	menich
Gen.	menigh(es)	menigh(es)	menich	menigher
Dat.	menich	menich	menich	menighen
Akk.	menich	menich	menich	menich

5. *enich, gheen, genouch, menich, som, vele* en *weinich* word selfstandig gebruik sowel as 'n voorbepaler by 'n nomen, bv. si hebber *vele* tlijft genomen (M.G., par. 208) teenoor *vele* gelux (B. 60).

som

	Enkelvoud			Meervoud
	Manlik	Onsydig	Vroulik	Gemeenslagtig
Nom.	Geen vaste paradigma in enkelvoud			some
Gen.				somer
Dat.				somen
Akk.				some

11.2.2 *Die onbepaalde rangtelwoorde*

Die onbepaalde rangtelwoorde *laetste* en *volgende*.
Die konsonantverbuiging van die adjektief dien as voorbeeld vir die deklinasie. Kyk 9.1.2.

11.2.2.1 Die verbuiging van die onbepaalde rangtelwoorde

	Enkelvoud			Meervoud
	Manlik	Onsydig	Vroulik	Gemeenslagtig
Nom.	laetste	laetste	laetste	laetste
Gen.	laetstes	laetstes	laetster	laetster
Dat.	laetsten	laetsten	laetster	laetsten
Akk.	laetsten	laetste	laetste	laetste

Bede/beide

Die telwoord *bede* volg die verbuiging van die adjektief in die meervoud. Die verbuiging kan verskil n.a.v. die posisie wat die telwoord inneem t.o.v. 'n ander bousel.

	Preposisie	Postposisie
Nom.	bede	beden
Gen.	beder	beder
Dat.	beden	beden
Akk.	bede	beden

12 Oorsig van die belangrikste verbuigingspatrone in Middelnederlands

12.1 Die konsonantverbuiging

Die konsonantverbuiging kom voor by substantiewe, adjektiewe en die onbepaalde vnw. *selve*.

Skematies kan die paradigmas van die uitgange só voorgestel word:

Substantief

	Enkelvoud			Meervoud
	Manlik	Onsydig	Vroulik	
Nom.	–	–	–	-n
Gen.	-n	-n	-n	-n
Dat.	–	–	-n	-n
Akk.	–	–	–	-n

Adjektief

	Enkelvoud			Meervoud
	Manlik	Onsydig	Vroulik	
Nom.	-e	-e	-e	-e
Gen.	-s	-s	-ere	-ere
Dat.	-en	-en	-ere	-en
Akk.	-en	-e	-e	-e

Onbepaalde voornaamwoord

	Enkelvoud			Meervoud
	Manlik	Onsydig	Vroulik	
Nom.	–	–	–	–
Gen.	-s	-s	-s	-s
Dat.	-n	-n	-n	-n
Akk.	-n	–	-n	-n

Die konsonantverbuiging in suiwer vorm hou in dat behalwe vir die nom. ekv. 'n uitgang -n in die fleksieposisies gebruik word.

Die onbepaalde vnw. vertoon volgens hierdie maatstaf die suiwerste voorbeeld van konsonantfleksie in die enkelvoud (vyf uit die nege posisies bevat -n). Die genitief vertoon ooreenkoms met die vokaalverbuiging. Die substantief vertoon in vier uit die nege posisies konsonantfleksie terwyl die adjektief slegs in drie uit die nege posisies *-n* gebruik.

Wat die meervoud betref, voldoen die substantief ten volle aan die kriterium van die suiwer konsonantverbuiging. Die onbepaalde vnw. stem ooreen in twee posisies, terwyl die adjektief slegs in die datief dié patroon volg.

Dit is opvallend dat behalwe by die vroulike genus die genitief vormlik distinktief staan onder die naamvalle.

12.2 Die vokaalverbuiging

Die vokaalverbuiging word aangetref by die substantief, adjektief, aanwysende wd., onbepaalde vnw. en onbepaalde telwoord. Lg. verbuig soos die adjektief en word nie hier opgeneem nie.

Skematies kan die paradigmas van die uitgange só weergegee word:

Substantief

	Enkelvoud			Meervoud
	Manlik	Onsydig	Vroulik	
Nom.	–	–	–	-e
Gen.	-(e)s	-(e)s	-/-e	-e
Dat.	-e/-	-e/-	-/-e	-en
Akk.	–	–	–	-e

Adjektief

	Enkelvoud			Meervoud
	Manlik	Onsydig	Vroulik	
Nom.	–	–	-e	-e
Gen.	-s	-s	-ere/-re	-ere/-re
Dat.	-en	-en	-ere/-re	-en
Akk.	-en	–	-e	-e

Aanwysende woord

	Enkelvoud			Meervoud
	Manlik	Onsydig	Vroulik	
Nom.	–	–	–	–
Gen.	-s	-s	-re	-re
Dat.	-n	-n	-re	-n
Akk.	-n	–	–	–

Onbepaalde vnw.

	Enkelvoud			Meervoud
	Manlik	Onsydig	Vroulik	
Nom.	–	–	-e	-e
Gen.	-s	-s	-ere/-re	-ere/-re
Dat.	-en	-en	-ere/-re	-en
Akk.	-en	–	-e	-e

Die vokaalverbuiging van die voorbepaling is nie heeltemal volgens die voorbeeld van die dominante lid van die NS, die substantief nie. Indien die invloed van die substantief nagegaan word op die vokaalverbuiging van twee lede van die voorbepaling, nl. die aanwysende wd. en die adjektief, dan blyk die volgende:

Agt van die sestien posisies van die aanwysende wd. stem ooreen met die uitgange van die substantief. (M.G., par. 158 en 191).

Agt van die sestien posisies van die adjektief stem ooreen met die uitgange van die substantief. (M.G., par. 178 en 158).

In die oorblywende agt posisies word gevind dat die aanwysende wd. se invloed op die adjektief aangetoon kan word (M.G., par. 178 en 191).

Die kenmerkendste uitgange van die vokaalverbuiging, nl. die *-s* in die genitief van die ml. en ons. ekv. en die nom.-akk. mv. van die adjektief is soos dié van die substantief (M.G., par. 178).

Die volgende onbepaalde voornaamwoorde en onbepaalde telwoorde gebruik die model van die adjektiwiese vokaalverbuiging. *welc* (M.G., par. 196), *al* (M.G., par. 198), *ander, een ander, menech ander* (M.G., par. 199), *een, geen, negeen, engeen* (M.G., par. 200), *elc, iegheliјc, elkerlijc, haerghelijc* (M.G., par. 201), *sulc* (M.G., par. 202), *enich, menich, som, somich* (M.G., par. 203). Bostaande woorde vertoon ook meermale onverboë variante en gevalle waar die adjektiwiese konsonantverbuiging invloed uitgeoefen het. *Die/dat andere* (M.G., par. 199), *die selve* (M.G., par. 207 B) volg die konsonantverbuiging. *Selve* (M.G., par. 207 A) het 'n ander tipe konsonantverbuiging wat verskil van dié van die b.nw. en s.nw.

Ieman, nieman (M.G., par. 204), *iet, niet* (M.G., par. 205) word net in die enkelvoud gebruik en volg die vokaalverbuiging van die substantief.

El (M.G., par. 206) en *vele* (M.G., par. 208) het nie volledige paradigmas nie. *El* word net in die onsydig ekv. aangetref en *vele* het oorspronklik geen uitgange gehad nie en is selfstandig gebruik, bv. *vele ghemakes.* Die onselfstandige gebruik het later ontstaan, bv. *met velen liefde.* (dat.)

12.3 Paradigmatiese diffusie (uitbreiding)

12.3.1 Sodra 'n bepaalde uitgang sy gebied uitbrei om ook in ander paradigmas op te tree, praat ons van paradigmatiese diffusie. In die proses van gebiedsuitbreiding word die ouer vorm verdring en later heeltemal vervang deur die dominante lid.

12.3.1.1 Dit kan ook gebeur dat sprekers 'n bepaalde vorm anders interpreteer as wat dit aanvanklik beteken het sodat dié vorme 'n nuwe funksie verkry.

12.3.1.2 Die algemene neiging is dat paradigmatiese diffusie lei tot vereenvoudiging van die paradigma.

12.3.2 Om hierdie proses van uitbreiding en vervanging te illustreer hoef ons maar net te kyk na wat met die aanvanklik rigoristiese verdeling in vokaal en konsonantverbuiging plaasgevind het.

12.3.2.1 Die vokaalverbuiging van al drie genera, d.w.s. manlik, onsydig en vroulik vereis dat die stam op 'n konsonant uitgaan, bv. *droom* (m), *const* (v) en *licht* (o). Gaandeweg het wisselvorme ontstaan wat 'n vokaal in die stamauslaut van die nominatief vertoon het. *Vormlik* het hierdie woorde volkome ooreengestem met die woorde wat normaalweg die konsonantverbuiging volg. Veral woorde van die *vroulike genus* het hierdie neiging tot die vorming van wisselvorme getoon. Mettertyd is die -e deur sprekers interpreteer as vroulike uitgang en nie meer as kenmerkend van 'n klas woorde wat verteenwoordigers uit al drie genera bevat het nie. Hierdie wisselvorme op -e is later ingedeel onder die konsonantverbuiging.

12.3.2.1.1 'n Verskuiwing van woorde van die vokaalverbuigingsklas na die konsonantklas het ingetree namate die nuwere vorm (op -e) die enigste vorm geword het. Die aanvanklik oudste vorm, nl. dié wat op 'n konsonant uitgaan, bv. *droom, const, licht,* ens. se variante *drome, conste, lichte* het naderhand die dominante vorm geword en in sommige gevalle die ouer vorm heeltemal vervang.

12.3.2.2 Genuswisseling het ook ingetree deurdat onsydige woorde soos *herte, oghe* en *ore* soms as vroulik opgevat is (kyk 12.3.2.1). 'n Verdere verwikkeling wat ingetree het, is dat stamme wat op 'n konsonant of konsonantverbinding uitgegaan het, as behorende tot die manlike genus beskou is. Ons kan dié verskynsel beter begryp as ons daarop let dat die bepaalde lidwoord nie in die geval van ml. en vr. woorde in die nominatief verskil nie. In albei gevalle word *die* aangetref. Die genusonderskeid is derhalwe opgedra aan die bou van die stam. Stamme wat uitgaan op 'n vokaal is vroulik, dié wat uitgaan op 'n konsonant, manlik. Die onsydige genus word ondubbelsinnig aangedui deur die vorm van die bepaalde lidwoord in die nominatief, nl. *dat*.

12.3.2.3 Die tweedeling in konsonant- en vokaalverbuiging is verder deurmekaargeskommel deurdat daar soms woorde met stamme op 'n konsonant voorgekom het wat die konsonantverbuiging gevolg het. Hierdie woorde het as wisselvorme fungeer naas die oorspronklike woorde waarvan die stamme op 'n vokaal uitgaan in die nominatief, bv. *scoe* × *scoen, tee* × *teen.*

12.3.2.4 'n Markante voorbeeld van diffusie wat lei tot paradigmatiese vereenvoudiging, kom voor in later Middelnederlands waar die -s uitgang van die onsydige en manlike woorde in die ekv., wat tot die vokaalverbuiging behoort, bv. des broot*s*, des schat*s* oorgeneem word vir dieselfde funksie by woorde wat behoort tot die konsonantverbuiging, bv. des naem*s*. Die -s is naamlik 'n duideliker genitiefsmarkeerder as -n by die konsonantverbuiging – miskien omdat -n onder andere as meervoudsuitgang kan optree. Die vereenvoudiging wat plaasvind, reserveer as 't ware twee duidelik *distinktiewe funksies* vir *-s* en *-n*. Waar *-s* voorkom, is dit die genitiefsnaamval, waar *-n* optree, is dit meervoud. Die verbuigingsklas word met ander woorde ondergeskik gestel aan die sintaktiese funksies wat die uitgange moet signaleer.

12.3.2.4.1 'n Verdere aanduiding van die belangrikheid wat 'n duidelik gemarkeerde uitgang met 'n spesifieke funksie het, kry ons by die dat. en akk. ekv. van die ml. en onsydige woorde en die akk., ekv. ml. woorde waar die *-n* van die bepaalde lidwoord later nie meer op die kernwoord oorgedra word nie. Die lidwoord se funksie as aanduider van die naamval raak dus al hoe meer in onbruik, terwyl die genusonderskeiding uitsluitlik gelokaliseer word in die lidwoord se uitgange. Slegs by vaste uitdrukkinge is die oorspronklike toestand bewaar, bv. met wille*n*, bi name*n*. Hier word by die afwesigheid van die lidwoord die uitgang noodgedwonge oorgedra na die hooflid van die naamwoordstuk.

12.3.2.4.2 As gevolg van die baie woorde van vroulike genus wat uit die konsonantverbuiging oorgegaan het tot die vokaalverbuiging (soos aangetoon in par. 12.3.2.1) is die *-e* uitgang wat voorgekom het in formele uitdrukkings by die woorde wat tot die vokaalverbuiging behoort het, in die gen. en dat. ekv. oorgedra na die nuwe verbuiging. Die *-n* uitgang word gaandeweg hierdeur vervang. So kry ons der pels*e* i.p.v. der pelse*n* vir sowel gen. as dat. ekv.

Dié toestand, wat veral in latere Middelnederlands bereik word, dat daar geen "suiwer" patroon van verbuiging volgens vokaal- of konsonantbou is nie, wys op paradigmatiese sinkretisme – m.a.w. die oorneem van diverse uitgange uit verskillende buigingsisteme om 'n nuwe sisteem te vorm.

12.3.2.5 Ook by die voornaamwoord word voorbeelde aangetref van paradigmatiese beïnvloeding.

Die gen. ekv. 1P en 2P. het die -s oorgeneem van die s.nw. en adj. ekv. Die meervoudsparadigma se invloed is merkbaar by vorme soos bv. *mijnre* en *dijnre*. (M.G., par. 185, opm. 2).

12.3.2.6 Wanneer daar in 'n paradigma woorde naas mekaar voorkom wat sowel vorme met en die sonder umlaut insluit, vind daar dikwels gelykskakeling plaas na die een of ander kant. Kyk 6.2.1. Ook in die geval van grammatiese wisseling word die proses van gelykmaking opgemerk, bv. in die laaste twee vorme van ghenesen, ghenas, ghena*s*en, ghene*s*en. Kyk verder M.G., par. 146.

12.4 Woordklasse met minimale fleksie

12.4.1 *Die bywoord*

Die bywoord is 'n werkwoordaanvulling, bv. hi schreeuwt *luut*.

Die bywoord word deur verskillende suffikse gevorm:

- *-e*, bv. still*e*, lud*e* 'luide' M.G., par. 214
- *-s*, bv. daech*s*, willen*s*. M.G., par. 214
- *-kine*, bv. stille*kine* 'stilletjies'
- -(e)like, bv. behend*elike* 'behendig'
- *-ic*, bv. onspell*ic* 'nie sin vir humor hê nie'.

Die bywoord kan trappe van vergelyking neem, maar 'n verlies van die uitgang van die vergrotende trap kom voor, bv. *bat, mee, lanc, min* en *wers*. M.G., par. 213.

12.4.2 *Die voorsetsel*

Die voorsetsel is 'n element wat optree binne bywoordelike bepalings (kyk 19.3.1.1). Sulke voorsetsels word vry genoem omdat beperkte vervangbaarheid moontlik is. bv. *in/op/aen/vore/bi* der schrijn.

'n Vaste voorsetsel tree op in hegte verbinding met:

- werkwoorde, bv. *spot* met Brune.
- adjektiewe, bv. op *heter* daet
- naamwoorde, bv. ter *ore* comen.

Die voorsetsel neem soms die -n of -r uitgang oor van die direk daaropvolgende vnw. of adjektief, bv. te*n* sinen huse, te*r* langher laes. M.G., par. 216.

12.4.3 *Die voegwoord*

Die voegwoord is 'n taalbousel wat bysinne verbind aan die hoofsin.

Die bekendste voegwoorde is *alse, dat, en, maer, noch, of, om dat, op dat, want*. (Kyk 23.1.1)

Die voegwoorde kan onderskikkende of newegeskikte verband aandui.

12.4.3.1 Onderskikkende voegwoorde

Onderskikkende voegwoorde sluit die volgende in:
alse, dan, dat, omdat, opdat, want. (Kyk 21.8.1.2)

12.4.3.2 Neweskikkende voegwoorde

Neweskikkende voegwoorde sluit in; *en, maer, noch, of want* (Kyk 23.1.1)

Voegwoorde vertoon soms naamvalsuitgange, bv. *dies* (gen), *bedi* (instrumentalis). M.G., par. 218.

13 Die werkwoord

In *Middelnederlandse Grammatika* word die werkwoord in besonderhede behandel – par. 220 tot 262. Wat hier beoog word, is 'n oorsigtelike beeld van die werkwoord in Middelnederlands.

Toeligting by die tabel. Die syfers 1, 2 en 3 het betrekking op die 1e, 2e en 3e persoon ekv. en mv. indikatief en konjunktief; 2 slaan op die ekv. en mv. imperatief.

VORME	GENERA	TYE	WYSES	GETAL
nominale vorme				
1. infinitief				
2. deelwoorde:				
a. onvoltooid				
b. voltooid				
verbale vorme				
enkelvoudige	aktief	presens	indikatief	enkelvoud
ww. vorme	passief		1, 2, 3	meervoud
			konjunktief	enkelvoud
			1, 2, 3	meervoud
			imperatief	enkelvoud
			2	meervoud
	aktief	imperfektum	indikatief	enkelvoud
	passief		1, 2, 3	meervoud
			konjunktief	enkelvoud
			1, 2, 3	meervoud
saamgestelde	aktief	perfektum	indikatief	enkelvoud
ww. vorme	passief		1, 2, 3	meervoud
			konjunktief	enkelvoud
			1, 2, 3	meervoud
	aktief	plusquam-	indikatief	enkelvoud
	passief	perfektum	1, 2, 3	meervoud
			konjunktief	enkelvoud
			1, 2, 3	meervoud
	aktief	futurum I	indikatief	enkelvoud
	passief		1, 2, 3	meervoud
			konjunktief	enkelvoud
			1, 2, 3	meervoud
	aktief	futurum II	indikatief	enkelvoud
	passief		1, 2, 3	meervoud
			konjunktief	enkelvoud
			1, 2, 3	meervoud

13.1 Vorme

Twee vorme van die werkwoord word onderskei:

13.1.1 *Nominale vorme*

M.G., par. 220(v) noem die infinitief en die deelwoorde verbaalnomina. Die infinitief neem 'n verboë vorm veral na 'n voorsetsel en kan staan in die *genitief* of *datief*, bv. stelen*s* (gen.); te stelen*e* (dat). Hierdie twee naamvalle saam staan bekend as die gerundium.

Die deelwoorde word onderskei in 'n onvoltooide deelwoord[1] (teenwoordige deelwoord) wat uitgaan op *-ende* en 'n voltooide deelwoord (verlede deelwoord) wat soms voorafgegaan word deur die prefiks *ghe-* en waarvan die uitgang *-d/t* of *-en* is. Die uitgang *-d/t* tree op by swak werkwoorde en *-en* by sterk werkwoorde.

13.1.2 *Verbale vorme*

Al die vorme buiten dié wat in die vorige paragraaf bespreek is, val onder die verbale vorme; dit wil sê alle werkwoorde waarvan die gebruik bepaal word deur oorwegings soos genera, tye, wyse en getal. Sulke vorme is die begrenste werkwoorde of *finiete* werkwoorde. (Hierteenoor staan die *infinitief* wat nie begrens word deur faktore soos genera, tye, ens. nie.)

13.2 Genera

Twee vorme kom voor – die aktief of bedrywende vorm (M.G., par. 220(i)) en die passief of lydende vorm. Lg. gebruik kom tot stand deur gebruik te maak van bykomende werkwoorde *zijn, worden.* (Hierdie werkwoorde moet nie verwar word met die koppelwerkwoord nie.) Die aktief word as die uitgangspunt van die werkwoordstelsel se analise geneem omdat dit deur wysiging van die stam van die werkwoord aangedui word en nie deur die gebruikmaking van bykomende *woorde* nie.

13.3 Tye

Uitgaande van die vormlike veranderinge wat die stam van die werkwoord betref om die tye aan te toon, word twee tye onderskei – die

1. Die benamings onvoltooide en voltooide deelwoord word gebruik i.p.v. teenwoordige en verlede deelwoord omdat die aspektiese element oorheersend is in Middelnederlands. Die tydselement het eers later prominent geword.

presens en die preteritum (M.G., par. 220(ii)). Die ander tye wat in die skema aangetoon word, maak gebruik van hulpwoorde om die onderskeiding in tyd te weeg te bring en dié woorde bevat die uitgange en nie die primêre werkwoord nie, bv. wi *hebben* getwifelt, wi *hadden* getwifelt, wi *sullen* twivelen, wi *souden* twivelen.

13.4 Wyses

Die presens (teenwoordige tyd) en die preteritum (verlede tyd) besit drie *modi* (handelingsbeskrywende wyses), nl. die indikatief, konjunktief en imperatief. (M.G., par. 220(iii)).

Die indikatief (aantonende wyse) en die konjunktief (aanvoegende wyse) word by al die tye aangetref. Die imperatief (gebiedende wyse) kom net voor by die presens 2de persoon ekv. en meervoud.

Die indikatief is neutraal wat die aanbieding van die gegewens betref, bv. hi *spreket* (hy spreek, praat). Die konjunktief stel 'n moontlikheid of wenslikheid van optrede in die vooruitsig, hi *spreke* (hy sou wou spreek, praat). Die imperatief vaardig 'n bevel uit *spreec!* (praat (jy)!).

13.5 Getal

Die presens en preteritum maak vormlike onderskeid tussen enkelvoud en meervoud en wel ten opsigte van drie persone, nl. *ic, du, hi* in die enkelvoud en *wi, ghi* en *si* in die meervoud.

13.6 Die voorvoegsel ghe- by die voltooide deelwoord

Die prefiks *ghe-* is nie slegs die kenmerk van die voltooide deelwoord nie, maar ook aanduider van nadruklike voltooidheid.

Eer hi doe conste in corten woerden *ghespreken* V. 1496-1497
(ghespreken: klaar kon praat, woorde kon voltooi)
hoe wi ons best *ghewreken* V. 436
(ghewreken: wraak kon volvoer)

Deeltjiewerkwoorde en ander saamgestelde werkwoorde neem gewoonlik *ghe-* in die voltooide deelwoord, maar dit kan ook agterweë bly, bv. *upgheheven* × *upheven*. (M.G., par. 221(c).)

Woorde van vreemde oorsprong het eweneens 'n onvaste gebruik van die ghe-, bv. *ghebenedijt* × *benedijt*. (M.G., par. 221(d))

Die voorvoegsel word weggelaat by wwe. wat die swakbeklemde prefikse *be-* en *ver-* bevat, bv. *begrepen, vernomen* (M.G., par. 221(b)).

Die volgende werkwoorde neem gewoonlik nie *ghe-* in die voltooide deelwoord nie: *bringhen, comen, liden, vinden* en *werden* (M.G., par. 221(a)) omdat daar reeds in hulle betekenis 'n mate van voltooidheid opgesluit lê. So beteken bv. *vonden* "klaar gevind/opgespoor".

13.7 Hoofklasse werkwoorde

13.7.1 *Twee hoofklasse werkwoorde word onderskei – sterk en swak*

13.7.1.1 Sterk werkwoorde word uitgeken aan die volgende eienskappe

(i) vokaalwisseling in die preteritum, bv. l*e*sen (presens) l*a*s (preteritum).

(ii) die voltooide deelwoord gaan uit op -en, bv. ghelese*n*.

13.7.1.2. Swak werkwoorde word uitgeken aan

(i) die preteritum gaan uit op *-ede*, bv. hop*ede*.

(ii) die voltooide deelwoord gaan uit op -d/t, bv. ghehoop*t*, gheleef*d*.

13.8 Die vervoeging van werkwoorde

Twee basiese tipes vervoeging word onderskei: konsonantvervoeging en vokaalvervoeging.

Indien die verlede tyd van die werkwoord deur 'n dentaalsuffiks gekenmerk word, noem ons sodanige verba SWAK WERKWOORDE. Hierdie werkwoorde vertoon m.a.w. konsonantvervoeging. Werkwoorde wat van die vokaalvervoeging gebruik maak om verandering in werkwoordstye aan te dui, word STERK WERKWOORDE genoem.

13.8.1 *Werkwoorde wat die konsonantvoeging volg (Swak vervoeging)*

Daardie klas werkwoorde wat die preteritum vorm deur *-ede* as stamuitgang[2] toe te voeg SONDER VERANDERING in die stamvokaal, word swak werkwoorde genoem. (Die benaming swak het betrekking op die geringe getal vormlike veranderinge wat optree as dit met die sterk werkwoorde vergelyk word. Laasgenoemde werkwoorde noodsaak veranderinge in die stamvokaal sowel as die gebruik van uitgange.)

2. Die stam van die werkwoord kan enkelvoudig of saamgesteld wees. 'n Enkelvoudige stam bevat geen aantoonbare gedeelte wat 'n ander funksie as bloot die verbale vervul nie, bv. *lap-* in *lapen.* 'n Saamgestelde stam vertoon 'n identifiseerbare gedeelte wat 'n funksie anders as die bloot verbale vervul, bv. verledetydsaanduidend soos *-ede-* in *lapedet.* Die saamgestelde stam is *lapede-* in die preteritum. Hierteenoor staan *lap-* van die presens. Die gerundia het ook 'n saamgestelde stam, nl. *lapen* + *s* (gen.), *lapen* + *e* (dat.).

'n Tweede kenmerk van die swak werkwoord is dat die voltooide deelwoord uitgaan op *-(e)d* wat dikwels <et> of <t> geskryf (en uitgespreek is). Die bindvokaal -e- het geen woordonderskeidende funksie nie en word dikwels weggelaat. Insgelyks word die -e- by die uitgang van die preteritum ook dikwels geëlideer. In pleks van *streven* – strev*ede* – gestrev*ed* kry ons dan *streven* – streef*de* – ghestreef*d*. (Let op dat v deur f vervang word in die preteritum en voltooide deelwoord.) Hersillabifikasie vind dus plaas a.g.v. sillabeverlies. Kyk par. 5.10.2.2.

13.8.2 *Die vokaalvervoeging*

By die sterk werkwoord word soms gevind dat die vokaalverandering wat by die stam van die preteritum optree, verskillend is vir die ekv. en die mv. terwyl die voltooide deelwoord ook in 'n klomp gevalle weer 'n ander vokaal as díe van die preterita laat sien, bv. kort a *gaf* (pret. ekv.), lang a *gaven* (pret. mv.), lang e *ghegheven* (volt. deelw.) van die werkwoord *gheven*.

Aangesien die veranderinge wat optree, beperk is tot die vokale in die stam, is dit belangrik om die alternansies te rubriseer. Die alternansies kan die beste verduidelik word deur gebruik te maak van die "hooftye" van die werkwoord wat 'n vierdeling veronderstel. Kyk 13.9.

13.9 Die infinitief

Hieruit kan die *stamvokaal* van die hele presens indikatief en konjunktief, die onvoltooide deelwoord en die imperatief voorspel word.

Die eerste persoon enkelvoud preteritum indikatief. Hierby sluit aan die derde persoon enkelvoud preteritum indikatief.

Die tweede persoon enkelvoud preteritum indikatief. Soortgelyke stamvokalisme tree op by die hele meervoud preteritum indikatief en die hele preteritum konjunktief.

As vierde en laaste kategorie is daar die voltooide deelwoord.

Hierdie reëlmatige afwisseling van vokale in die werkwoordparadigma kan teruggevoer word tot Indogermaans en word ABLAUT genoem. (Ablaut as taalproses word bespreek in par. 6.3.) Volgens die *tipe* vokaalwisseling wat optree, word tradisioneel 6 klasse onderskei wat elkeen afsonderlik behandel sal word. (Vgl. par. 14.1.1).

13.10 Paradigma van die presens van die swak werkwoorde

Die uitgange van die werkwoorde word vet gedruk. Die vorme met en die sonder bindvokaal word langs mekaar gegee.[3] In latere Middelnederlands word die korter vorme meer dikwels aangetref as die langer vorm.

Die gedeeltes wat in gewone druk verskyn, is die stam. In die geval van die infinitief is omrede van eenvormigheid ook 'n verdeling tussen stam en uitgang gemaak.

13.10.1 *Die presens van die swak werkwoord*

Die werkwoord *lapen* (om te *lek*) word as voorbeeld van 'n swak werkwoord gebruik.

13.10.1.1 Nominale vorme

Infinitief: lap**en** Onvoltooide deelwoord: lap**ende**

Die infinitief word as naamwoordelike element gebruik met naamwoordelike uitgange van die genitief of datief – die gerundium (Kyk par. 13.1.1). Die onvoltooide deelwoord gaan uit op *-ende*.

13.10.1.2 Verbale vorme

		Indikatief	Imperatief	Konjunktief
Ekv.	ic	lap**e**	—	lap**e**
	du	lap**es**, lae**ps**	laep, lap**e**	lap**es**, lae**ps**
	hi	lap**et**, lae**pt**	—	lap**e**
Mv.	wi	lap**en**	—	lap**en**
	ghi	lap**et**, lae**pt**	lap**et**, lae**pt**	lap**et**, lae**pt**
	si	lap**en**	—	lap**en**

Die uitgangspunt van die vervoeging is die stam van die werkwoord, d.w.s. *lap-*. 'n Skematiese voorstelling van die stam en sy uitgange.

	Indikatief	Imperatief	Konjunktief
Ekv.	stam + e		stam + e
	stam + es, s	stam + e	stam + es, s
	stam + et, t		stam + e

3. Die bindvokaal [ə] van die swak preteritum sowel as die uitgang [ə] by swak en sterk wwe. kan verdwyn aangesien hulle in posisies met swak klem voorkom. Kyk sinkopee par. 5.10.2.2. Die sillabeweglating wat intree word in die spelling weerspieël. Kyk paragraaf 2.3.1.

	Indikatief	Imperatief	Konjunktief
Mv.	stam + en		stam + en
	stam + et, t	stam + et, t	stam + et, t
	stam + en		stam + en

Waar twee vorme langs mekaar in 'n paradigma voorkom, bv. *lapes, laeps* dan is die linkerkantste vorm die ongesinkopeerde vorm en die ander een die gesinkopeerde vorm.

Die -e van die 1e pers. indik. ekv. en die 1e en 3e pers. konj. ekv. het in vroeë Mnl. behoue gebly, behalwe in die volgende gevalle:

- na 'n kort vokaal, bv. ic *ga*
- voor 'n enklitiese vnw. wat begin met 'n vokaal, bv. ic *neme et > neemt*
- in vaste uitdrukkings, bv. so helpe mi God > *selp* mi God

In latere Mnl. het -e weggeval by 1e pers. indik. ekv. en 1e en 3e pers. konj. ekv. van die presens.

Behalwe vir die 3e pers. ekv. indik. en konj. is daar totale ooreenstemming in die uitgange van die indikatief en die konjunktief.

Die bevelsvorm (imperatief) laat 'n onvolledige paradigma sien wat net beperk is tot die 2e pers. ekv. en mv. Die 2e pers. mv. se uitgang is dieselfde as dié van die 2e pers. mv. indik. en konj.

13.11 Die presens van die sterk werkwoord

As voorbeeld van 'n sterk werkwoord word *breken* gebruik.

13.11.1 *Nominale vorme*

Infinitief: *breken* Onvoltooide deelwoord: *brekende* Kyk par. 13.1.1 vir 'n bespreking van die gerundium en die deelwoord.

13.11.2 *Verbale vorme*

		Indikatief	Imperatief	Konjunktief
Ekv.	ic	brek**e**	—	brek**e**
	du	brek**es**, breecs[4]	breec, breke	brek**es**, breecs
	hi	brek**et**, breect	—	brek**e**
Mv.	wi	brek**en**	—	brek**en**
	ghi	brek**et**, breect	brek**et**, breect	brek**et**, breect
	si	brek**en**	—	brek**en**

'n Skematiese voorstelling van die stam *brek-* en sy uitgange.

4. Kyk 3 hierbo.

	Indikatief	Imperatief	Konjunktief
Ekv.	stam + e		stam + e
	stam + es, s	stam + e	stam + es, s
	stam + et, t		stam + e
Mv.	stam + en		stam + en
	stam + et, t	stam + et, t	stam + et, t
	stam + en		stam + en

Die skemas van die swak en sterk werkwoord in die presens blyk by nadere ondersoek dieselfde te wees.

Ongesinkopeerde en gesinkopeerde vorme van die ww. word aangetref, bv. brek*e*s, breecs en dieselfde oorwegings t.o.v. die -e- wat in paragraaf 13.8.1 genoem is, geld hier.

13.12 Die preteritum van die swak werkwoord

Die werkwoord *lapen* dien as voorbeeld van 'n swak ww.

13.12.1 *Nominale vorm*

Voltooide deelwoord: *ghelaept*[5]

Die tipiese morfologiese bou van die voltooide deelwoord is ghe + stam + t.

13.12.2 *Verbale vorme*

	Indikatief	Konjunktief
Ekv.		
ic	lap**ede**, laep**te**	lap**ede**, laep**te**
du	lap**edes**, laep**tes**[6]	lap**edes**, laep**tes**
hi	lap**ede**, laep**te**	lap**ede**, laep**te**
Mv.		
wi	lap**eden**, laep**ten**	lap**eden**, laep**ten**
ghi	lap**edet**, laep**tet**	lap**edet**, laep**tet**
si	lap**eden**, laep**ten**	lap**eden**, laep**ten**

'n Skematiese voorstelling van die stam *lap*- en sy uitgange.

5. Die uitgang van die voltooide deelwoord is -d of -t afhangende van die geaardheid van die voorafgaande konsonant. Na 'n stemhebbende konsonant tree -d op en na 'n stemlose konsonant -t.

6. Kyk 3 hierbo.

	Indikatief	Konjunktief
Ekv.		
	stam + ede, te	stam + ede, te
	stam + edes, tes	stam + edes, tes
	stam + ede, te	stam + ede, te
Mv.		
	stam + eden, ten	stam + eden, ten
	stam + edet, tet	stam + edet, tet
	stam + eden, ten	stam + eden, ten

13.12.3 *Kenmerke van die preteritum van die swak werkwoord*

Die morfologiese bousel *-ede* word reëlmatig toegevoeg om die stam van die preteritum[7] te onderskei van dié van die presens.

Die tweede persoon ekv. vereis 'n uitgang *-s* en die tweede persoon mv. die uitgang *-t*.

Die eerste en derde persoon ekv. is sonder uitgang, terwyl die eerste en derde persoon mv. die uitgang *-n* vereis.

13.13 Die preteritum van die sterk werkwoord

Die preteritum van die sterk werkwoord word gevorm deur die vokaal van die stam te wysig volgens die Ablautsvoorskrifte van een van die ses tipes sterk werkwoorde wat later in besonderhede bespreek sal word. Die werkwoord *breken* wat behoort tot klas IV van die sterk werkwoord, word as voorbeeld gebruik vir die vervoeging in die preteritum.

13.13.1 *Nominale vorm*

Voltooide deelwoord: *ghebroken*

Die tipiese morfologiese bou van die voltooide deelwoord is ghe- + stam + -en.

7. Deur verkorting kan dit gebeur by 'n stam op -d of -t dat daar nie vormlik onderskei kan word tussen die derde persoon ekv. presens en preteritum nie, bv. hatede > haette > *hate*.

13.13.2 *Verbale vorme*

		Indikatief	Konjunktief
Ekv.	ic	brac	brak**e**, brac
	du	brak**es**, braecs[8]	brak**es**, braecs
	hi	brac	brak**e**, brac
Mv.	wi	brak**en**	brak**en**
	ghi	brak**et**, braect	brak**et**, brae**ct**
	si	brak**en**	brak**en**

13.13.3 *'n Skematiese voorstelling van die stam en sy uitgange*

	Indikatief	Konjunktief
Ekv.	stam	stam + e, stam
	stam + es, s	stam + es, s
	stam	stam + e, stam
Mv.	stam + en	stam + en
	stam + et, t	stam + et, t
	stam + en	stam + en

13.13.4 *Eienskappe van die preteritum van sterk werkwoorde*
Die eerste en derde persoon enkelvoud *indikatief* is uitgangloos.

Die eerste en derde persoon enkelvoud *konjunktief* het oorspronklik die uitgang *-e* bevat. As gevolg van die feit dat die uitgang swak klem dra, is die -e soms apokopeer. Indien die stam van die werkwoord van die verkorte vorm op 'n ongedekte konsonant uitgaan, is die voorafgaande vokaal verleng, bv. *names* > *naems*[9]. In die geval van gedekte konsonante word die voorafgaande vokaal ook verleng mits die eerste konsonant nie 'n nasaal is nie. Teenoor *braecs* kry ons bv. *drancs* < die werkwoord *drinken.*

Behalwe vir reedsgenoemde verskille, stem die uitgange van die indikatief en konjunktief ooreen. In die mv. is die uitgange van die indikatief en konjunktief presens en preteritum dieselfde.

Die voltooide deelwoord gaan uit op *-en.*

8. Kyk 3 hierbo.
9. Kyk 5.8.2.1.

14 Die klasse sterk en swak werkwoorde

14.1 Sterk werkwoorde

Sewe klasse sterk werkwoorde word onderskei in Middelnederlands. Ses klasse hou suiwer rekening met die verhouding tussen ablautsvokale in die stam. Die sewende klas het ook 'n verwysing na reduplisering. In bylae 2 word die vernaamste sterk werkwoorde aangegee wat val onder die hoofklas (I-VI).

14.1.1 *Kenmerke van die sterk werkwoord*

Klas I

Die infinitief bevat [i^i] en die ander vorme [I̥ə], [e:], [e:].

swighen	zweech	zweghen	ghezweghen
sniden	sneet	sneden	ghesneden

M.G., par. 229 bespreek hierdie klas werkwoord uitvoerig.

Klas II

Twee groeperinge word onderskei:

a) Die infinitief bevat [i:] en die ander vorme [uə], [o̧.], [o̧.].

bieden	boot	boden	gheboden
lieghen	looch	loghen	gheloghen

b) Die infinitief bevat [u:] en die ander vorme [uə], [o̧.], [o̧.].

scuven	scoof	scoven	ghescoven
supen	soop	sopen	ghesopen

M.G., par. 230 bevat meer besonderhede oor hierdie klas werkwoord.

Klas III

Twee groeperinge word onderskei:

a) Die infinitief bevat [ɛ] gevolg deur 'n konsonantverbinding waarvan een lid altyd 'n sonorant is. Die ander vorme bevat [ɑ], [ɔ], [ɔ] as stamvokaal.

schelden	schalt	scholden	ghescolden
werden	wart	worden	worden

b) Die infinitief bevat [ɪ] gevolg deur 'n konsonantverbinding waarvan een lid 'n sonorant is. Die ander vorme bevat [ɑ], [ɔ], [ɔ] as stamvokaal.

springhen	spranc	spronghen	ghespronghen
rinnen	ran	ronnen	gheronnen

M.G., par. 231 bespreek hierdie klas uitvoerig.

Klas IV

Die infinitief bevat [e:] as stamvokaal gevolg deur 'n enkele onegte konsonant l, m, n of r. Die stamvokaal van die ander vorme is [ɑ] [a:] en [ǫ.].

spreken	sprac	spraken	ghesproken
pleghen	plach	plaghen	gheploghen

Die werkwoorde *breken, pleghen, spreken, trecken* en *wreken* voldoen nie aan die vereistes van die konsonantbou van die stam nie en word in M.G., par. 232, opm. 4 behandel. *comen* vertoon weer afwykende stamvokalisme en word in opm. 3 van par. 232 bespreek. Klas IV word as geheel in M.G., par. 232 aan die orde gestel.

Klas V

Hierdie klas sterk werkwoord bevat twee afdelings.

a) Die stamvokaal van die infinitief is [e:] en dit word gevolg deur 'n enkele element wat 'n egte konsonant moet wees. Die ander stamvokale is [ɑ], [a:] en [e:].

gheven	gaf	gaven	ghegheven
lesen	las	lasen	ghelesen

b) Die stamvokaal van die infinitief bevat [ɪ] en word gevolg deur 'n enkele element wat 'n egte konsonant moet wees. Die ander stamvokale is [ɑ], [a:] en [e:].

bidden	bat	baden	ghebeden
ligghen	lach	laghen	gheleghen

Besondere aandag verg *bidden, ligghen, sien, sitten* en *wesen.*

Klas VI

Hierdie klas sterk werkwoord bevat twee afdelings:
a) Die stamvokaal van die infinitief is [a:] of [ɑ].

Die ander stamvokale wat optree is [u], [u] en [a:].

slaghen	sloech	sloeghen	gheslaghen
standen	stoet	stoeden	ghestanden

b) Die stamvokaal van die infinitief is [ɛ]. Die ander stamvokale is [u], [u] en [a:] of [i], [i], [e:].

scheppen	scoep	scoepen	gheschapen
heffen	hief	hieven	gheheven

Die uitwerking van umlaut het as gevolg onreëlmatige vokaalverhoudings binne die paradigma. (M.G., par. 234, opm. 1,3 en 4.) Die invloed van die redupliserende werkwoord is merkbaar in die paradigma van *backen,*[1] *stappen, waken, wasschen, beseffen, heffen* en *scheppen.* (M.G., par. 234, opm. 7.) Die stamvokaal in die preteritum kan ie of e wees, net soos by redupliserende werkwoorde. (Kyk 14.1.2.1.)

14.1.2 *Reduplikasie*
In Middelnederlands het daar van reduplikasie nie veel oorgebly nie. In die oorspronklike vorm is die preteritum gevorm deur die aanvangskonsonant van die infinitief plus [ɛ] of [ə], bv. in Goties

falɸan – faífalɸ – faífalɸum – falɸans (om te vra)
[fɑlθɑn] – [fɛfɑlθ] – [fɛfɑlθum] – [fɑlθɑns]

Die reduplikasiesillabe in bostaande voorbeeld uit Goties is [fɛ]. Middelnederlands vertoon die toestand waar die reduplikasie-element en die stam 'n eenheid vorm en derhalwe nie meer onderskei kan word nie.

'n Enkele voorbeeld wat naastenby die oorspronklike toestand vertoon, het bewaar gebly in die Mnlse. werkwoord *doen – dede – ghedaen.* (Die *e* is in Mnl. verleng as dit in 'n oop sillabe te staan kom, kyk 5.8.2.1.)

14.1.2.1 Twee kenmerke van reëlmatige redupliserende werkwoorde in Middelnederlands is die volgende

a) die preteritum het die stamvokaal **ie**;

b) die voltooide deelwoord is, behalwe vir **ghe-**, die spieëlbeeld van die infinitief. (M.G., par. 235.)

Op grond van die stamvokaal word die volgende groepe redupliserende werkwoorde onderskei. (M.G., par. 236.)

R1 bevat a in die stam, bv. *bannen, bassen, spannen, vallen, wallen.*
R2 bevat ou in die stam, bv. *houden, souten, spouden, vouden.*
R3 bevat â in die stam, bv. *raden, slapen* en *verwaten.*
R4 bevat aei in die stam, bv. *craeijen, saeijen, waeijen.*
R5 bevat ê in die stam, bv. *heten, scheden.*
R6 bevat ô in die stam, bv. *lopen, stoten.*
R7 bevat oe in die stam, bv. *roepen, vloeken.*
R8 bevat oeij in die stam, bv. *groeijen.*
R9 bevat ouw in die stam, bv. *houwen.*

Verskeie van die redupliserende werkwoorde vertoon 'n paradigma met sterk sowel as swak vorme, bv. *heten, raden, stoten* en *vouwen* wat 'n swak preteritum vorm besit maar 'n sterk voltooide deelwoord. M.G., par. 236, opm. 3 bespreek nog heelwat ander gevalle. Ander eienaardighede van die reduplikasiewerkwoorde geniet die aandag in opm. 1, 2, 4 tot 6.

14.2 Swak werkwoorde

Drie tipes reëlmatige of te wel swak werkwoorde word onderskei:

14.2.1 A. Die preteritum en voltooide deelwoord bevat 'n tussenvokaal [ə].

wanen	*wanede*	*waneden*	*ghewanet*
wroughen	*wroughede*	*wrougheden*	*ghewroughet*

Hierdie tipe werkwoord word bespreek in M.G., par. 246-247. Die [ə] word in latere Mnl. gesinkopeer, bv. *waenden – ghewaent, wroughden – ghewroucht.*

14.2.2 B. Die preteritum van hierdie tipe swak werkwoord bevat geen tussenklinker in die preteritum en voltooide deelwoord nie.

bedencken	*bedochte*	*bedochten*	*bedocht*
soucken	*sochte*	*sochten*	*ghesocht*

M.G., par. 249 verstrek veel meer voorbeelde van hierdie tipe werkwoord waar die preteritum *nooit* 'n [ə] in die uitgang bevat het nie.

14.2.3 C. Die swak werkwoord het 'n hibridiese struktuur – vokaalverandering tree op in die stam terwyl die uitgange van die swak ww. steeds gebruik word, bv. die voltooide deelwoorde vertoon vokaalwisseling maar gaan uit op *-t*, die gewone uitgang by swak wwe.

schenden	*scande*	*scanden*	*ghescant*
schenden	*schende*	*schenden*	*gheschent*
senden	*sende*	*senden*	*ghesent*
senden	*sande*	*sanden*	*ghesant*

In M.G., par. 250 word meer voorbeelde gegee en toegelig. Die vokaalwisseling druk nie die preteritum uit soos by sterk wwe. nie, maar is 'n toevalligheid wat eie is aan hierdie swak wwe. Die uitgange bv. -e by eerste en derde persoon enkelvoud en -t wys op die "familietrekke" van dié werkwoorde.

14.3 Die Preterito-presentiawerkwoorde

Hierdie tipe werkwoord bevat elemente van sowel die sterk as die swak vervoeging. 'n Vroeëre verledetydsvorm het die presens van 'n nuwe werkwoord geword en 'n nuwe preteritum het in die plek van die "verskuifde" verlede tyd ontstaan.

Wanneer oorspronklike perfecta (voltooide teenwoordige tyd) die betekenis aanneem van die presens (onvoltooide teenwoordige tyd) dan moet 'n nuwe verlede tyd in Germaans gevorm word. Die nuwe verledetydsvorme is na aanleiding van die konsonantvervoeging gevorm, d.w.s. deur middel van die uitgang dentaal plus [ə]. Die presensvorme het eienskappe van die preteritum van die vokaalvervoeging aangeneem.

14.3.1 *Die werkwoorde wat onder hierdie groepering val, is:*

Klas I

weten	wiste	wisten	gheweten

Klas II

doghen	dochte	dochten	ghedoghen/ghedocht

Klas III

onnen	onste	onsten	gheonnen/gheont

dorren	dorste	dorsten	ghedorren/ghedorst
dorven	dorfte/dorste	dorften/dorsten	nie opgeteken nie
connen	conde/co(n)ste	conden/co(n)sten	gheconnen/gheconst
Klas IV			
sullen	soude	souden	nie opgeteken nie
Klas V			
moghen	mochte	mochten	ghemoghen/ghemocht
Klas VI			
moeten	moeste/moste	moesten/mosten	ghemoeten

Die proses van preteritumopskuiwing word verduidelik aan die hand van *doghen*. By gewone sterk werkwoorde van klas II word die preteritum gevorm deur die stamvokaal *o*, bv. hi b*oo*t < bieden (inf.). By *doghen* word *o* in die presens aangetref sodat 'n nuwe preteritum gevorm moet word en wel een met [ɔ] plus die uitgang *-te* wat by swak werkwoorde gebruik word. M.G., par. 251 verstrek ook besonderhede oor die preterito-presentiawerkwoord.

14.3.2 *Enkele algemene kenmerke van die preterito-presentiaverba*

a) fleksieverlies van /ə/ by die eerste persoon enkelvoud presens indikatief. Voorbeelde: ic *weet, an, dar, darf, can, sal, mach, moet.*

b) fleksieverlies van /t/ by die derde persoon enkelvoud presens indikatief. Voorbeelde: *hi dar, can, dooch, sal, mach.*

c) die uitgang /t/ by die tweede persoon enkelvoud presens indikatief. Voorbeelde: du *salt, moetst, macht.*

d) vokaalwisseling in die presens tussen vorme in die enkelvoud en meervoud. Voorbeelde: ic *dar* × wi *dorren*; ic *can* × wi *connen*; ic *sal* × wi *sullen.*

e) preteritum op dentaal plus [ə] MAAR SONDER VOORAFGAANDE BINDVOKAAL. Voorbeelde: hi doch*te*, durs*te*, moch*te*, moes*te*, sou*de*, wis*te*.

Om te bepaal of 'n werkwoord tot die preterito-presentiawerkwoorde behoort, is dit gewens om liewer drie of meer van die toetse aan te wend.

Dit deug byvoorbeeld nie om net e) as keurslyf te gebruik nie omdat die volgende werkwoorde (wat NIE tot dié klas behoort nie) ingesluit sal word:

bringhen	brochte/brachte	brochten/brachten	brocht/bracht
denken	dochte/dachte	dochten/dachten	ghedocht
dunken	dochte	—	ghedocht
hebben	hadde	hadden	ghehadt (ghehat)
cnopen	cnochte	cnochten	ghecnocht
copen	cochte	cochten	ghecocht
nennen	nande	nanden	ghenant
roeken	rochte	rochten	gherocht
soeken	sochte	sochten	ghesocht
vruchten	vrochte	vrochten	ghevrocht
werken	wrachte	wrochten/wrachten	ghewrocht/ ghewracht

'n Belangrike verskilpunt tussen bostaande swak werkwoorde sonder bindvokaal in die verlede tyd en die preterito-presentia is dat eersgenoemde werkwoorde 'n stamvokaal in die infinitief het wat VERSKIL van die stamvokaal in die voltooide deelwoord. By preterito-presentiawerkwoorde stem die stamvokaal van die infinitief en dié van die voltooide deelwoord ooreen.

Toetse a-d is origens voldoende om die werkwoorde met duidelike konsonantvervoeging te elimineer t.o.v. lidmaatskap van die preterito-presentiagroep.

14.4 Die vervoeging van die preterito-presentiawerkwoorde

Die lede van die preterito-presentiawerkwoorde vertoon eienaardighede in hulle vervoeging wat dit gewens maak om hulle individueel in hulle volle paradigma weer te gee. Daar word verteenwoordigers van die preterito-presentiawerkwoorde aangetref in al ses klasse sterk werkwoorde en daarom sal hulle volgens klas aangebied word.

Klas I
weten
Infinitief: *weten*
Onvoltooide deelwoord: *wetende*

	Presens		
	Indikatief	Imperatief	Konjunktief
Ekv.			
ic	weet		wete
du	wets, weets	wit, wet	wets, weets
hi	weet		wete
Mv.			
wi	weten		weten
ghi	wet, weet	wet, wit, weet	wet, weet
si	weten		weten

	Preteritum	
Ekv.		
ic	wiste	wiste
du	wist(e)s, wists	wist(e)s, wists
hi	wiste	wiste
Mv.		
wi	wisten	wisten
ghi	wistet, wist	wistet, wist
si	wisten	wisten

Voltooide deelwoord: *gheweten*

Klas II
doghen
Infinitief: *doghen*
Onvoltooide deelwoord: *doghende*

	Presens	
	Indikatief	Konjunktief
Ekv.		
ic	dooch, doghe	doghe
du	–	doghes, doochs
hi	dooch, doghet, doocht	doghe
Mv.		
wi	doghen	doghen
ghi	doghet, doocht	doghet, doocht
si	doghen	doghen

Preteritum

	Indikatief	Konjunktief
Ekv.		
ic	dochte	dochte
du	dochtes, dochts	dochtes, dochts
hi	dochte	dochte
Mv.		
wi	dochten	dochten
ghi	dochtet, docht	dochtet, docht
si	dochten	dochten

Voltooide deelwoord: *ghedocht, ghedoghen*

Klas III

Onnen. (*Gheonnen, gonnen, jonnen, wangonnen* en *wanconnen* is die ander wwe. wat in aanmerking kom. Hulle volg egter die patroon van *onnen* en sal nie afsonderlik vervoeg word nie.) Slegs by *onnen* en *jonnen* is imperatiefvorme oorgelewer. E.g. word hieronder behandel. *Jonnen* het die vorme *jon*(ne) 2P ekv. en *jont* 2P mv. imperatief.

onnen

Infinitief: *onnen*

Onvoltooide deelwoord: *onnende*

Presens

	Indikatief	Imperatief	Konjunktief
Ekv.			
ic	an		onne, anne
du	ans, onnes	an	onnes
hi	an		onne
Mv.			
wi	onnen		onnen
ghi	on(ne)t	ont	on(ne)t
si	onnen		onnen

Preteritum

Ekv.		
ic	onde, onste	onde
du	ondes, onsts	ondes, onsts
hi	onde, onste	onde, onste

	Presens		
	Indikatief	Imperatief	Konjunktief
Mv.			
wi	onden, onsten		onden, onsten
ghi	ondet, ont, onstet, onst		ondet, ont, onstet, onst
si	onden, onsten		onden, onsten

Voltooide deelwoord: *gheonnen, gheont*

dorren
Infinitief: *dorren, durren, derren*
Onvoltooide deelwoord: *dorrende, durrende, derrende*

	Presens	
	Indikatief	Konjunktief
Ekv.		
ic	dar, der	durre, dorre, derre
du	dor(re)s, durs, dars, ders	durres, dorres, derres
hi	dar, der	durre, dorre, derre

	Presens	
	Indikatief	Konjunktief
Mv.		
wi	dorren, durren, derren	durren, dorren, derren
ghi	dor(re)t, dur(re)t, der(re)t	dur(re)t, dor(re)t, der(re)t
si	dorren, durret, derret	durren, dorren, derren

	Preteritum	
Ekv.		
ic	durste, dorste	durste, dorste
du	durst(e)s, dorst(e)s	durst(e)s, dorst(e)s
hi	durste, dorste	durste, dorste
Mv.		
wi	dursten, dorsten	dursten, dorsten
ghi	durstet, durst, dorstet, dorst	durstet, durst, dorstet, dorst
si	dursten, dorsten	dursten, dorsten

Voltooide deelwoord: *ghedorst, ghedurst, ghedorren*

dorven
Infinitief: *dorven, durven, derven*
Onvoltooide deelwoord: *dorvende, durvende, dervende*

	Presens	
	Indikatief	Konjunktief
Ekv.		
ic	darf, derf	dorve, durve, derve
du	dorves, dorfs, durfs, derfs, darfs	dorfs, durfs, derfs
hi	darf, derf	dorve, durve, derve
Mv.		
wi	dorven, durven, derven	dorven, durven, derven
ghi	dorvet/dorft, durvet, dervet	dorvet/dorft, durft, derft
si	dorven, durven, derven	dorven, durven, derven

	Preteritum	
Ekv.		
ic	dorfte, dorste	dorfte, dorste
du	dorftes, dorstes	dorftes, dorstes
hi	dorfte, dorste	dorfte, dorste
Mv.		
wi	dorften, dorsten	dorften, dorsten
ghi	dorftet, dorstet	dorftet, dorstet
si	dorften, dorsten	dorften, dorsten

Voltooide deelwoord: nie opgeteken nie

connen
Infinitief: *connen, conen*
Onvoltooide deelwoord: *connende*

	Presens	
	Indikatief	Konjunktief
Ekv.		
ic	can	cunne
du	con(ne)s, ca(e)ns, coens	cun(ne)s
hi	can	cunne
Mv.		
wi	connen, conen	cunnen
ghi	con(ne)t, coent	cun(ne)t
si	connen, conen	cunnen

Preteritum

	Indikatief	Konjunktief
Ekv.		
ic	conde, co(n)ste	conde, co(n)ste
du	conts, cond(e)s	conts, cond(e)s
hi	conde, co(n)ste	conde, co(n)ste
Mv.		
wi	conden, co(n)sten	conden, co(n)sten
ghi	con(de)t, co(n)st(e)t	con(de)t, co(n)st(e)t
si	conden, co(n)sten	conden, co(n)sten

Voltooide deelwoord: *gheconnen, gheconst*

Klas IV

sullen

Infinitief: *sullen*

Onvoltooide deelwoord: *sullende*

Presens

	Indikatief	Konjunktief
Ekv.		
ic	sal, sel	sulle
du	sa(e)lt, sout, sult, selt	suls
	sa(e)ls, suls, sels	
hi	sal, sel	sulle
Mv.		
wi	sullen, selen	sullen
ghi	sullet, sult, sellet, selt	sullet, sult, silt
si	sullen, selen	sullen

Preteritum

Ekv.		
ic	soude	soude
du	soudes, souts	soudes, souts
hi	soude	soude
Mv.		
wi	souden	souden
ghi	soudet, sout	soudet, sout
si	souden	souden

Voltooide deelwoord: nie opgeteken nie

Let wel: die uitgang -t by 2P ekv. presens is 'n relik van 'n ouer taalstadium.

Klas V
moghen
Infinitief: *moghen, meughen*
Onvoltooide deelwoord: *moghende, meughende*

Presens

	Indikatief	Konjunktief
Ekv.		
ic	mach	Nie opgeteken nie
du	moghes, moochs, meughes, meuchs	
hi	mach	
Mv.		
wi	moghen, meughen	
ghi	moghet, moocht, meughet, meught	
si	moghen, meughen	

Preteritum

Ekv.		
ic	mochte	Nie opgeteken nie
du	mochtes, mochts	
hi	mochte	
Mv.		
wi	mochten	
ghi	mochtet, mocht	
si	mochten	

Voltooide deelwoord: *ghemoghen, ghemocht*

Klas VI
moeten
Infinitief: *moeten*
Onvoltooide deelwoord: nie opgeteken nie

Presens

	Indikatief	Konjunktief
Ekv.		
ic	moet	moete
du	moets, moetst, moest	moets
hi	moet	moete
Mv.		
wi	moeten	moeten
ghi	moet	moet
si	moeten	moeten

Preteritum

Ekv.		
ic	moeste, moste	moeste, moste
du	moests, mosts	moests, mosts
hi	moeste, moste	moeste, moste
Mv.		
wi	moesten, mosten	moesten, mosten
ghi	moest, most	moest, most
si	moesten, mosten	moesten, mosten

Voltooide deelwoord: *ghemoeten*

14.5 Werkwoorde met 'n eiesoortige vervoeging

Werkwoorde wat tot hierdie groep behoort, kan ruweg in twee afdelings verdeel word.

- Werkwoorde wat nie oor 'n eie preteritum beskik nie, maar gebruik maak van dié van 'n betekenisverwante werkwoord.
- Werkwoorde wat as opsigselfstaande beskou moet word.

14.5.1 *Werkwoorde met geleende preteritum*

Die drie werkwoorde wat hieronder val, is *gaen, staen* en *sijn*.

Gaen en *staen* vervoeg eenders en net lg. se vervoeging word gegee.

staen

Infinitief: *staen*

Onvoltooide deelwoord: *staende*

	Presens Indikatief	 Imperatief	 Konjunktief
Ekv.			
ic	sta(en)		sta
du	staes, stees	sta	staes
hi	staet, steet		sta
Mv.			
wi	staen		staen
ghi	staet, steet	staet	staet
si	staen		staen

	Preteritum	
Ekv.		
ic	stoet, stont	stoet, stont
du	stonts, stoets	stonts, stoets
hi	stoet, stont	stoet, stont
Mv.		
wi	stoeden, stonden	stoeden, stonden
ghi	stoet, stont	stoet, stont
si	stoeden, stonden	stoeden, stonden

Voltooide deelwoord: *ghestanden, ghestaen*

Die geleende preterita is dié van *standen* en *ganghen.*

sijn

Infinitief: *sijn*

Onvoltooide deelwoord: *sijnde* en *wesende*

	Presens Indikatief	 Imperatief	 Konjunktief
Ekv.			
ic	bem, ben, bim, bin		si
du	best, bes, bist, bis	wes	sijs
hi	es, is		si
Mv.			
wi	sijn		sijn
ghi	sijt	sijt, weset, weest	sijt
si	sijn		sijn

	Indikatief	Preteritum Imperatief	Konjunktief
Ekv.			
ic	was		ware
du	wares, waers		wares, waers
hi	was		ware
Mv.			
wi	waren		waren
ghi	waret, waert		waret, waert
si	waren		waren

Voltooide deelwoord: *ghesijn, ghewesen, gheweest*

Die vorme van *wesen* word aanvullend gebruik tot die van *sijn*. In die preteritum word slegs van die vorme van *wesen* gebruik gemaak.

Die saamgestelde tye word gevorm deur *hebben* te verbind met die voltooide deelwoord *ghesijn, ghewesen, gheweest*.

14.5.2 *Die opsigselfstaande gevalle*

Die twee werkwoorde wat hieronder val, is *doen* en *willen*.

doen

Infinitief: *doen*

Onvoltooide deelwoord: *doende*

	Indikatief	Presens Imperatief	Konjunktief
Ekv.			
ic	doe(n)		doe
du	does	doe	does
hi	doet		doe
Mv.			
wi	doen		doen
ghi	doet	doet	doet
si	doen		doen

	Preteritum	
Ekv.		
ic	dede, dade	dade, dede
du	dades, daets	dades, daets
hi	dede, dade	dade, dede

	Preteritum		
	Indikatief	Imperatief	Konjunktief
Mv.			
wi	daden, deden		daden, deden
ghi	dadet, daet, dedet, deet		dadet, daet, dedet, deet
si	daden, deden		daden, deden

Voltooide deelwoord: *ghedaen*

willen
Infinitief: *willen*
Onvoltooide deelwoord: *willende*

	Presens		
	Indikatief	Imperatief	Konjunktief
Ekv.			
ic	wille		wille
du	wilt, willes, wils	wille	wilt, willes, wils
hi	wille, wilt, willet		wille
Mv.			
wi	willen		willen
ghi	wilt, willet	wilt	wilt, willet
si	willen		willen
	Preteritum		
Ekv.			
ic	wilde, woude		wilde, woude
du	wildes, woudes		wildes, woudes
hi	wilde, woude		wilde, woude
Mv.			
wi	wilden, wouden		wilden, wouden
ghi	wildet, wilt, woudet, wout		wildet, wilt, woudet, wout
si	wilden, wouden		wilden, wouden

Voltooide deelwoord: *ghewilt, ghewout, ghewouden.*

14.6 Klaswisseling by werkwoorde

Somtyds word by 'n bepaalde werkwoord gevind dat sterk en swak vorme albei gebruiklik is, bv. *cnaghen, scaven* en *vlaen* waar sterk werkwoorde swak vorme vertoon en *laden* en *malen* waar swak werkwoorde sterk vorme aanneem. (M.G., par. 234 opm. 8). Die oorsake vir die klaswisseling kan gesoek word by dialektiese oordrag, die assosiasie van gelykluidende werkwoorde van verskillende herkoms, die seldsaamheid van 'n bepaalde vorm, maar meermale is die redes onbekend.

15 Die naamwoordstuk

Drie soorte naamwoorde word in die Naamwoordstuk (NS) onderskei: selfstandige naamwoorde, name en voornaamwoorde.

Die term *stuk* word in bylae 3 bespreek.

15.1 Die selfstandigenaamwoordstuk
Op grond van die kriterium van telbaarheid word die selfstandige naamwoorde (substantiewe) onderskei in 2 groepe. Die eerste groep bevat die soortnaamwoorde en die tweede groep die massanaamwoorde.

15.2 Die soortnaamwoordstuk
Soortname maak 'n onderskeid tussen enkelvoud en meervoud en hou dus rekening met telbaarheid.
baroen, bogaert, bruut, exempel, fonteine, hane, hof, juweel, keytijf 'skurk', *muus, nase, ore, paert, stric, trone, vrouwe, wapen, wigant* 'ridder', *wijf, wolf.*

15.2.1 *Die naamwoordstuk se voorbepalings*
Die lede van sintaktiese kategorieë wat vóór die naamwoord optree, word die voorbepaling genoem.

15.2.1.1 Die reekse voorbepalings
Die soortnaamwoordstuk in die enkelvoud

det.	telw.	adj.	s.nw.
die	ene	scone	perle
die	seste	scone	perle
ene	seste	scone	perle
dese	ene	scone	perle
dese	seste	scone	perle
wier	ene	scone	perle?
wier	seste	scone	perle?
welke	ene	scone	perle?
welke	seste	scone	perle?
sijn	ene	scone	perle
sijn	seste	scone	perle
meniche		scone	perle

Die verskeidenheid moontlike voorbepalingstrukture wat die

soortnaamwoord in die enkelvoud voorafgaan, bevat drie soorte konstituente: determineerders, telwoorde en adjektiewe.

15.2.2 *Determineerders*

Die determineerders is 'n klas met die volgende lede:

- die bepaalde lidwoord *die, dat*
- die onbepaalde lidwoord *een*
- die aanwysende woorde *die, dat, dese, ghene*
- die vraagwoorde *wie, wat, welc*
- die betreklike vnw. *die, dat, de welke, welc, wie*
- die besitsvorm *mijn, dijn, sijn, onse, uwe, hare*

Soos uit die skema blyk, kan lede uit die subklas determineerders verbind met 'n adjektief en naamwoord. Die betreklike vnw. tree op as nabepaling.

15.2.2.1 Die bepaalde lidwoord

Afhangende van die genus van die s.nw. word *die* (ml. en vr.) of *dat* (ons.) gekies as determineerder. (Kyk 8.2).

Die bepaalde lidwoord met of sonder ander elemente in die voorbepaling verbind vryelik met enige lid van die selfstandige naamstuk behalwe *name*.[1]

	dat	edel	wijf	E. 310
	die	droeve	tale	E. 481
	die	seven vrie	consten	M. 290
	dat	groete	leet	E. 950
al	den	slechten	scolieren	M. 633

Die gebruik van die bepaalde lidwoord in naamwoordkonstruksies word bespreek in M.G., par. 284-285.

15.2.2.2 Die onbepaalde lidwoord

Die onbepaalde lidwoord *een* kom voor in verskillende verbindinge in die voorbepaling van die selfstandigenaamwoordstuk.

1. Die bepaalde lidwoord kan ook wegval, bv.

Sente Amand	Stoett, bl. 59
Troyen ende Griecken (. . .)	Stoett, bl. 60
Ganges lette sine vaert	Stoett, bl. 60

Ook die naam van 'n taal kan sonder determineerder gebruik word in 'n voorsetselkonstruksie

Dit was in Griex ende in Latijn gescreven.

Anders as in Afrikaans word 'n abstrakte selfstandige naamwoord voorafgegaan deur 'n onbepaalde lidwoord.

Dat ware *eene* crancke wrake V. 1845

Voor massaname word ook 'n onbepaalde lidwoord aangetref.

(. . .) daer af comt die donder vanden herden slagen die soe hert sijn datter claerheit ute blijct alse *een* vier. CM, bl. 108

Voor infinitiewe wat as selfstandige naamwoord gebruik word.

Doet hijt ooc om *een* beniden Stoett, bl. 59

In sinne met 'n negatiewe strekking kan die onbepaalde lidwoord ontbreek.

Viants mont seit selden wel V. 182

Ook in gevalle waar die sin 'n erkende waarheid uitdruk, ontbreek die onbepaalde lidwoord soms.

Hi es dul die vos betrouwet Stoett, bl. 63

In Afrikaans sal ons sê: hy wat *'n* vos vertrou, is onnosel.

15.2.2.3 Die aanwysende woorde

Lede van die kategorie aanwysende woorde verbind met die selfstandigenaamwoordstuk, behalwe met *name*.

dese iongheline die es soe weert E. 144
dese blisscap salic hen verjaghen E. 148
(. . .) *desen* roeden mont E. 263
ghene dieren waren vervaert V. 3389

15.2.2.4 Die vraagwoorde

Lede van die kategorie vraagwoorde verbind met die selfstandigenaamwoordstuk, behalwe met *name*.

wier ene scone perle (. . .)?
wier seste scone perle (. . .)?
wier drie scone perlen (. . .)?

15.2.2.5 Die besitsvorm

Lede van die kategorie besitsvorm verbind met die selfstandigenaamwoordstuk.

mijn herte E. 60
mine vriende V. 3405
mijn God

15.2.2.6 Telwoorde

Die telwoorde word verdeel in hooftelwoorde, rangtelwoorde en onbepaalde telwoorde.

Hooftelwoorde sluit in *een, twee, drie,* ens. Rangtelwoorde omvat bv. *tiende, elfste, twelfste,* ens. Onbepaalde telwoorde sluit in *elc, enich, gheen, genouch, menich, som, vele, weinich.*

Die telwoorde wat kan optree voor die soortnaam in die enkelvoud word verdeel in twee klasse – bepaalde telwoorde en onbepaalde telwoorde.

Die verbinding telwoord plus s.nwe word behandel in M.G., par. 288-292; 313.

15.2.2.6.1 Bepaalde telwoorde

Hierdie telwoorde dui 'n spesifieke getal aan. Twee tipes bepaalde telwoorde word onderskei.

15.2.2.6.1.1 Hooftelwoorde

Slegs die hooftelwoord *een* kan as lid van die voorbepaling optree.

in *een* canne   M. 605

Determineerder + hooftelwoord + kernnaamwoord

Nu en willic nemmermeer den enen nacht den anderen verbeiden   E. 514-515

Die determineerder is 'n bepaalde lidwoord. Die naamval is akkusatief omdat die naamwoordstuk tyd uitdruk. Kyk 16.3.3.2.

15.2.2.6.1.2 Rangtelwoorde

Enige van die rangtelwoorde *eerste, tweede, derde, vierde, vijfte, seste, sevende, achtende,* ens. kan kombineer met die soortnaamwoord in die ekv.

Determineerder + rangtelwoord + kernnaamwoord

So dedic *des derdes* daghes mee,   V. 2086

Die determineerder is 'n bepaalde lidwoord. Die naamwoordelike gedeelte staan in die genitief omdat dit as tydsbepaling optree. Kyk 16.1.11.

15.2.2.6.2 Onbepaalde telwoorde

Die onbepaalde telwoord tree wel op saam met 'n soortnaamwoord in die ekv., bv. *eenich* rike V. 2583, *menighe* siele   M. 543

15.2.2.7 Adjektiewe

Die adjektief of byvoeglike naamwoord word as spesifiseerder van die naamwoord aangetref en ken bepaalde eienskappe daaraan toe, bv. kleur, grootte, karaktertrekke, ens., bv. *gruen, clene, edel* respektiewelik.

Die adjektief verbind met die soortnaamwoord in die enkelvoud met of sonder 'n determineerder.

determineerder + adjektief + nomen

die	*jonghe*	coninghinne	E. 830
mine	*langhe*	vaert	V. 2207

adjektief + nomen

scoene	joncfrouwe	E. 576
hoghe	baroen	E. 750

15.2.3 *Die soortnaamwoordstuk in die meervoud*

predet.	det.	telw.	adj.	soortnaam
een van	die		scone	perlen
een van	die	twee	scone	perlen
een van	sijn	twee	scone	perlen
een van	dese	twee	scone	perlen
een van	wier	twee	scone	perlen?
	welke	twee	scone	perlen?
een van	meniche		scone	perlen
alle	die		scone	perlen
alle	sijn		scone	perlen
alle	dese		scone	perlen

Anders as in die geval van die voorbepaling by soortnaamwoorde in die enkelvoud tree hier *predetermineerders* op. Die predetermineerders bevat twee tipes: die *deelbepaling* en *al/alle*.

15.2.3.1 Die deelbepaling

Die deelbepaling bestaan uit twee lede. Die eerste lid bevat 'n kwalifiserende element, bv. 'n telwoordkonstruksie en die tweede 'n partikel *van* plus die naamwoordstuk.

Een deel van harre gherechter minnen F.B. 87

Vert.: 'n Gedeelte van hulle volkome liefde

Die tweede element van die deelbepaling (wat die deelpartikel bevat) kan soms ontbreek.

Ene zijn dochter hi met hem hadde brocht F.B. 145

Die eerste element bevat nou net 'n telwoord. In hierdie betrokke sin word *zijn* onverboë gebruik in attributiewe posisie. (M.G., par. 189. 3° en 4°).

Al(le)

Die predetermineerder *al* of *alle* hou verband met getal in dié sin dat dit dui op 'n totaliteit van dinge/elemente.

al tgoet	V. 2859
alle die claeuwen	V. 967
alle sinen maghen	V. 1024
al onsen daghen	B. 122

In bostaande voorbeelde word die predetermineerder gebruik saam met 'n bepaalde naamwoordkonstruksie.

Voorbeelde waar *al/alle* gebruik word in 'n onbepaalde naamwoordkonstruksie is:

alle droefheit	E. 839
al erre	V. 2829

15.2.3.2 Die determineerders

Die gebruik van die determineerders verskil slegs in 'n enkele opsig van dié voor die soortnaamwoord in die enkelvoud. Die verskil is geleë in die onbepaalde lidwoord *een* wat nie voor 'n soortnaamwoord in die meervoud gebruik kan word nie. (Kyk verder 15.2.2.1, 15.2.2.3 tot 15.2.2.6).

15.2.3.2.1 Die telwoorde

15.2.3.2.1.1 Hooftelwoorde

Alle hooftelwoorde behalwe *een* kan as lid van die voorbepaling optree.

Konstruksies met 'n telwoord

Twee voorbeelde van die telwoord as voorbepaling:

Hooftelwoord + kernnaamwoord

Daer sijn *twee* penninghen roet guldijn; L. 702

In sulke gevalle word die gewone getalsooreenstemming tussen telwoord en die kernnaamwoord deur 'n meervoudsuitgang uitgedruk.

Hooftelwoord + adjektief + kernnaamwoord

Hi hevet *·iiij· vaste* scoen

Die soortnaam *scoe* het die meervoudsvorm *scoen*, vgl. M.G., par. 159. Oor die verbuiging van die adjektief in preposisie kyk 9.1.2 en nota 2.

15.2.3.2.1.2 Rangtelwoorde
Geen rangtelwoorde kan optree in die voorbepaling van 'n soortnaam in die meervoud nie.

15.2.3.2.1.3 Onbepaalde telwoorde
Onbepaalde telwoorde dui nie 'n spesifieke getal aan soos die hooftelwoorde nie. Hulle tree op saam met onbepaalde naamwoordstukke.

Voorbeelde van onbepaalde telwoorde is: *enich, gheen, genouch, menich, som, vele, weinich.*

Paertiscap verdoempt *menighe* menschen
Willem, die *vele* bouke maecte V. 1

15.2.3.2.2 Die adjektief
Die optrede van die adjektief staan onafhanklik van die klanklike geaardheid van die selfstandigenaamwoordstuk.[2]

det.	adj.	nomen	
de	heyleghe	nonne	
haren	quaden	sonden	B. 915
	groete	scanden	E. 705

Die volgende bekende substantiewe met 'n abstrakte betekenis kan soos soortnaamwoorde in die meervoud optree.

ellende, ere, genade, gonste, hope, hulde, hoget, confuus, leet, lief, lof, minne, prijs, rouwe, spoet, trouwe, vrede.

2. Sintaktiese oorwegings en nie die klankbou van die adjektief nie, bepaal watter tipe verbuiging gevolg word. Na 'n det. word gewoonlik die konsonantverbuiging gevolg, en sonder voorbepaling, die vokaalverbuiging.

Dit sijn vijf *rouwen* van onser liever Vrouwen Stoett, bl. 138
Wi moghen hebben grote *genaden* Stoett, bl. 138
Van so groten *prise* ende van *loven* Stoett, bl. 138

Versamelname vereis meervoudskonkordansie in 'n konstruksie wat 'n betreklike vnw. bevat.

Seths geslachte, die goet waren Stoett, bl. 36
Des conincks ghesin, die dat saghen Stoett, bl. 36
Dits ene secte, die segghen dat Stoett, bl. 36

In bostaande voorbeelde is *geslachte, ghesin* en *secte* die versamelname met *die* as betreklike vnw. Die werkwoorde *waren, saghen* en *segghen* staan in die meervoud.

15.3 Die massanaamwoordstuk

Massanaamwoorde is nie telbaar nie en kan gevolglik nie enkelvoud en meervoud aandui nie. Voorbeelde van massanaamwoorde is: *aert, bloet, ere, gelt, gout, minne, moet, sorghe, trouwe, verdriet, vrede, wrake.*

15.3.1 *Die reekse voorbepalings*

predet.	det.	adj.	massanw.	
	dat	groete	leet	E. 950
	enen	hoghen	moede	E. 445
	dit		verdriet	E. 678
	sinen		vrede	E. 1012
	meneghe		pine	V. 371
	een		gras	V. 453
		sterker	minnen	E. 428
al	dat		volc	
al	die		eere	V. 2552
al	mijn		leit	E. 743
som van	dese		gout	

15.3.2 *Predetermineerders*

15.3.2.1 Die deelbepaling

Die eerste lid van die deelbepaling kan 'n onbepaalde telwoord bevat, maar geen ander tipe telwoord nie.

som van minen gelt

Al/alle

Die woord *al/alle* word gebruik as predetermineerder van 'n massanaamwoord met of sonder ander determineerders. *Al* word voor 'n bepaalde naamwoordkonstruksie gebruik en *alle* voor 'n onbepaalde naamwoordkonstruksie.

al die eere	V. 2552
al mijn leit	E. 743
alle misdaet	K.E. 1157
alle eere	

15.3.3 *Die determineerders*

'n Groot verskeidenheid determineerders kan voor die massanaamwoord optree:

det.	adj.	massanw.	
dat	groete	leet	E. 950
enen	hoghen	moede	E. 445
dit		verdriet	E. 678
mijn		gheluc	V. 1832
wier	grote	wrake?	
meneghe		pine	V. 371

M.G., par. 284.5 en 286.1 en 2 verskaf ook voorbeelde van die gebruik van determineerders.

15.3.3.1 Die lidwoorde

Anders as in Afrikaans, kan 'n massanaamwoord deur 'n onbepaalde lidwoord voorafgegaan word.

Doe quam hem aen *een* vaec M.G., bl. 197

Soos in Afrikaans, kan 'n massanaamwoord verbind met 'n bepaalde lidwoord.

dat leet

15.3.3.2 Die aanwysende woorde

Die massanaamwoord verbind met lede van die aanwysende woorde.

dese blisscap (. . .) E. 148

15.3.3.3 Die vraagwoorde

Die massanaamwoord kan deur 'n vraagwoord voorafgegaan word.

wier grote wrake?

15.3.3.4 Die besitsvorm

Die massanaamwoord kan voorafgegaan word deur 'n besitsvorm.

mijn gheluc V. 1832

15.3.3.5 Die telwoorde

Slegs die onbepaalde telwoord kan voor 'n massanaamwoord gebruik word en dui *maat* aan.

som gelt

15.3.3.6 Die adjektief

Die adjektief tree op voor die massanaamwoord, met of sonder 'n determineerder.

die *bitter* doet B. 312
groete ghenade V. 3163

15.4 Name

Die tipe elemente wat name voorafgaan, is determineerders, substantiewe, adjektiewe.

15.4.1 *Determineerder*

15.4.1.1 Die lidwoorde

'n Bepaalde lidwoord kan die naam van 'n maand voorafgaan.

Alse *die* Mey inquam en*tie* April orlof nam Stoett, bl. 56

'n Onbepaalde lidwoord kan die maand Mei voorafgaan.

In *enen* Meye dat saet ende gras scone stont Stoett, bl. 56

'n Bepaalde lidwoord kan 'n eienaam, volksnaam en riviernaam voorafgaan.

Om *des* Rufijns gelof Stoett, bl. 55
Jeghen *die* Vriese vochtie mede drie wighe Stoett, bl. 60
Tusschen *der* Masen enten Rijn Stoett, bl. 60

15.4.1.2 Substantief

'n Selfstandige naamwoord wat 'n titel of verwantskapsterm is, kan die naam voorafgaan.

Die *coninc* Artur hilt hof — Stoett, bl. 56

dochter Damiët — E. 257

15.4.1.3 Adjektief

In *quaets* Constantijns Xiste jaer. — Stoett, bl. 59

edele reynaert[3] — V. 581

15.4.1.3.1 *'n Determineerder plus adjektief kom ook as voorbepaling voor*

des goets sinte Damiaens kerke — Stoett, bl. 59

die simpel Karel — Stoett, bl. 59

15.5 Die naamwoordstuk en sy nabepalings

Die lede van sintaktiese kategorieë wat na die naamwoord optree, word die nabepaling genoem.

15.5.1 *Die nabepaling*

a. 'n Substantiefgroep

Die naamwoordelike gedeelte bevat 'n omskrywing van die eerste s.nw. (M.G., par. 314).

Vader *Abraham*, ontfarm di mijns. — DB., bl. 6

Die naamwoordelike gedeelte staan in die genitief en dui eiendomlikheid aan.

soe vindy dat rike *Gods* in u — DB., bl. 78

b. 'n Bywoord

Ende sulc .iii. maent *omtrent* — CM, bl. 88

c. 'n Voornaamwoordelike bywoord

Die orberlijcheit *daer af.* — CM, bl. 126

Vert.: die betaamlikheid daarvan

3. Adjektiewe soos *edele, coene, hoghe* word dikwels gebruik as *houdingswoorde.*

d. Telwoord

Ic hadde jongher zonen *achte* V. 328

e. 'n Voorsetselgroep

Quam een vaec *in al haer lede* B. 668

f. 'n Besitvorm (besitlike vnw.)

(. . .) die lieve vader *mijn* E. 667

g. 'n Voornaamwoordstuk

Die knecht, *hi*[4]ne wilde M.G., bl. 201
Broeder Wouter Dodden *hem* was anghe
= beklemd M.G., bl. 201

In bostaande voorbeelde is daar sprake van dubbele aanduiding. Die tema van die sin word in die eerste NS aangebied, terwyl die subjek van die sin deur die vnw. aangedui word. In Afrikaans sal die vnw. weggelaat word sodat die eerste NS sowel die tema as die subjek van die sin sal wees.

h. 'n Bysin wat as eerste lid 'n betreklike vnw. bevat.

Ic bidde goede *die* sijn cruce coes E. 786
(. . .) honich *die* ic voer alle gherechten minne V. 577-579

i. 'n Bysin met 'n voornaamwoordelike bywoord as eerste lid.

Ende hier omme scuwedi sconinx hof
daer hi *in* hadde crancken lof V. 55-56

j. 'n Adjektief

deghen *fijn* E. 456
Vert.: voortreflike ridder

4. Let daarop dat die vnw. die sinskern SVf binnedring sonder om inversie te veroorsaak.

k. Gesplete konstruksie

Die nabepaling word deur ander sinsdele van sy naamwoordkern geskei. (Hier word die tussengedeelte kursief gedruk.)

(God *die hiet mi u bevelen,*
die in hemelrike es here) K.E. 22-23

l. 'n Bystelling

syrapeel *die coene* V. 3431

m. 'n Adjektiefstuk

Lodewijc *simpel,* Karles sone Stoett, bl. 59

n. 'n Aanwysende woord

Ferguut *die* quam daer schiere M.G., bl. 201

Die aanwysende wd. word as 'n hervatter van die tema beskou en word weggelaat in Afrikaans. In Mnl. kan *die* as verkorte subjek van die sin beskou word, bv. < die (wigant) quam daer schiere. Lees ook M.G., par. 310.

15.6 Kombinasies van substantiewe

Die objektiewe genitief

Die onderganer van 'n handeling staan hier in die genitief. M.G., par. 312.

Hi hadde *sijns levens* vaer Stoett, bl. 102
Vert.: Hy het gevrees vir sy lewe

Die deelsgenitief

Die eerste naamwoordelike gedeelte spesifiseer die daaropvolgende s.nw.

een vat *biers*
Die nabepaling staan in die genitief. (M.G., par. 313.)

Die eerste naamwoord + voorbepaling dui *maat* aan en die massanaam die groter eenheid.

15.6.1 *Die struktuur van die deelbepaling en deelsgenitief*
Die tema/topiek van 'n sin word gewoonlik aan die begin van 'n sin geplaas. Afhangende van watter gedeelte van die sin vooropgeplaas word, vind herordening van die res van die sin plaas.

Ic hebbe een deel *der slaghe* ontfangen
Vert.: Ek het heelwat van die slae ontvang
Een deel *der slaghe* hebbe ic ontfanghen
Der slaghe hebbic ontfangen een deel. K.E. 536

Die kursiefgedrukte dele is die deelsgenitief wat semanties verband hou met *een deel*. Anders as in Afr. kan die samehangende elemente ver uitmekaar geskuif word.

Die deelbepalingskonstruksie kan in omgekeerde volgorde gestel word; m.a.w. die kern staan eerste gevolg deur die predetermineerder.

ic hebbe goets so vele ghestolen K.E. 560
kern predetermineerder
Vert.: Ek het so baie van die goed gesteel
Let.: Ek het goed so baie gesteel.

Tematisering gaan gepaard met inversie. Anders as in Afrikaans word *van* nie as so 'n belangrike element beskou nie. Die genitiefuitdrukking vervang meermale die partikel *van*.

Daar kom wel gevalle voor waar *van* as omskrywing by die naamwoord gebruik word.

Som van minen liefsten maghen V. 2193
Vert.: Sommige van my liefste bloedverwante.

16 Die funksies van die lede van die NS

Die drie funksies van die NS wat bespreek word, is dié van besitter, indirekte en direkte voorwerp soos dit formeel tot uitdrukking kom in vormklas G en D en die akkusatief.

16.1 Vormklas G (genitief)

In Middelnederlands word die genitief besonder dikwels gebruik. Die rede hiervoor is omdat die tweede naamval so veelsydig is. 'n Groot aantal funksies word deur die genitief uitgedruk. Die vernaamste gebruike is:

- die aanduiding van besit
- die aanduiding van kwantiteit
- die aanduiding van die verhouding tussen die NS en die res van die sin.
- die aanduiding van kwaliteit
- die bywoordelike bepalings van tyd, wyse en rede staan meermale in die genitief
- uitdrukkings wat rigting aandui, staan in die genitief.

Die genitief het primêr 'n sintaktiese funksie. Dié funksie staan in verband met die NS wat die nouste verbonde is met die hoofwerkwoord. Die werkwoord se funksie word as'tware uitgebou en voltooi deur die naamwoordelike konstruksie wat staan in die tweede naamval. In hierdie opsig verskil die rol van die naamwoordelike gedeelte van dié wat staan in die derde en vierde naamval.

Die optrede van die genitief word vereis deur die optrede van bepaalde werkwoorde, adjektiewe, bywoorde, vnwe. en voorsetsels.

16.1.1 *Werkwoorde wat die genitief kan vereis*

Werkwoorde met 'n betekenisstruktuur wat verband hou met een of ander geestelike handeling vereis 'n naamwoordelike aanvulling wat staan in die genitief (M.G., par. 323). Die semantiese struktuur van die werkwoorde laat breedweg 'n verdere verdeling in die volgende groepe toe. Die indeling is alles behalwe absoluut. Slegs enkele voorbeelde per afdeling word gegee. Vir uitvoerige lyste kan Stoett (1923:107-111) nageslaan word.

16.1.1.1 Werkwoorde wat sintuiglike waarneming uitdruk

(ghe)*horen*, (ghe)*voelen*, *glosen* 'oplet na', *goom nemen* 'waarneem', *merken*, *verhoren*, *vernemen*, *wacht nemen* 'let op'

Elegast, hi *naems goem.* K.E. 916
Comt ende *nemt* mijns *wachte* B. 148

16.1.1.2 Werkwoorde wat met 'n versoek/pleidooi verband hou
(be)*vragen* 'vra na', (ghe)*bidden* 'smeek', *jonnen* 'gun', *verbidden* 'smeek', *vermanen* 'dringend versoek', *verconnen* 'misgun'.

Dien ic so wale *jonne* mijns scats ende miere trauwen V. 2558-2559
ne hads mi eene niet *ghebeden* V. 27
God en souts ons niet *veronnen* K.E. 590
Here ridder, des ic u *vraghe* K.E. 455

16.1.1.3 Werkwoorde wat nie-fisiese aktiwiteit uitdruk
bedenken, (ghe)*denken*, *gheloven* 'glo', (ghe)*lusten*, *ghenieten*, *ghesmaken* 'geniet', *gissen*, *ontfaermen*, *verbeiden* 'talm', *vergheten*, *wanen* 'glo, meen, dink'.

Si seiden alle datsi souden sijns *ghedincken* in haer ghebede. V. 3047-3048
Der derder nacht *verbeyt* si noch B. 735
Hi claghede van honghere ende carmede
so zeere dats mi *ontfaermede* V. 2711-2712
Hoe mochte ic *vergheten* dies? V. 2667

16.1.1.4 Werkwoorde wat 'n gemoedstoestand uitdruk
belgen 'vererg' *berouwen*, *droeven*, *ghevoelen*, *hopen*, *rauwe hebben*, *schamen*, *vaer hebben* 'bevrees wees', *vernoyen* 'spyt', *vro wesen.*

Doe *had*dics *rauwe* (. . .) V. 2714
Ic souts mi ewelike *scamen* K.E. 420
En sal hu niet *vernoyen* des onrechts (. . .) V. 1367-1368

16.1.1.5 Werkwoorde wat 'n behoefte verwoord
begheren, *behoeven* 'nodig hê', *derven* 'nodig hê', *gemissen* 'ontbreek', *ontberen*, *ontbreken*, *noot hebben*, *roeken* 'begeer', *verlangen* 'begeer'.

Nu come voert dies *beghere* K.E. 1150
Reynaert, ghine mochtes niet *ombeeren* V. 2866
Also vele alse ics *rochte* K.E. 587

16.1.1.6 Werkwoorde wat 'n verwydering van een of ander aard te kenne gee

In M.G., par. 326 word hierdie wwe. bespreek in hulle verhouding tot die separatiewe genitief.

afdoen, afgaen, aftien 'uittrek', *begheven, beroven, beswiken, bevallen, derven, ghenesen, ghestelen, nemen, onthouden, ontledigen* 'onthef', *ontwaren* 'ontneem', *quiten* 'verlos', *roven, verdriven, verjagen, verlaten, verlossen.*

Daden si wel, si soudens *begheven* V. 24
Oftic sal mijns lives *derven* K.E. 1234
Soude mi nochtan gherne *roven* huwer hulden V. 1779-1780

16.1.1.7 Werkwoorde wat doelgerigte inisiatief veronderstel
beghinnen, doen, ondernemen, weten 'te wete kom'.

Daer hi stelens soude *beghinnen.* K.E. 195

16.1.1.8 Werkwoorde wat beweging uitdruk
Hier staan die bepaling van rigting of doel in die genitief. (M.G., par. 325.)

gaen, varen, vlieghen, vlien.

Die duvele *vloen* hare vaerde VdK. XIV, 13
Hi riep, ende ic *ghinc* miere straten V. 1562

16.1.1.9 Werkwoorde wat te doen het met aanklag en verontskuldiging, asook aanvaarding of ontkenning van aanspreeklikheid
aenstaden 'aantyg', *aenliën* 'beken', *beliën* 'bely', *loochenen, missaken* 'verloën', *versaken* 'ontken, verloën'.

Dies u wille *staden an.* K.E. 1254
Sal ic *liden* mijns namen K.E. 419
Hi *loghende* der ondaet K.E. 1139

16.1.1.10 Werkwoorde wat bemagtiging inhou van iets vir persoonlike gebruik. Basiese behoeftes soos eet en drink word hierby ingesluit.

drincken, eten, ghecrigen, geven, ghewinnen 'in die hande kry', *nutten, ontbiten, smaken.*

Dat hire ne gheen conste *ghewinnen* V. 342
(Des hi cume *ombiten* sal) V. 611

In die voorafgaande gedeeltes is slegs enkele voorbeelde genoem uit 'n wye verskeidenheid werkwoorde wat die genitief bepaal.

16.1.2 *Adjektiewe wat die genitief kan vereis*

Breedweg kan gestel word dat adjektiewe wat as 'n omskrywing kan diens doen vir werkwoorde wat in die voorafgaande paragrawe genoem is, eweneens die genitief bepaal. Stoett, par. 173 noem onder ander die volgende adjektiewe:

achtsam, arm, ballinc, blide, droeve, erre, gebrukich, gemene, genadich, gierich, gram, groot, idel, ledich, los, naeckt, quite, rene, rike, rouwich, sat, scu, tornich, vri, vro.

'n Genitief wat maat aandui, kom voor by adjektiewe wat grootte, afstand, waarde, ouderdom, ens. beskryf.

'n Paar voorbeelde uit Stoett, par. 176 sal dié gebruik toelig.

Sijn aenscijn was een *voets* breet.
Blikende borte 'weeskinders' die *eens jaers* out es.
Ende worpt dan uut sijn drec *eere* roede verre.

16.1.3 *Verwantskapsaanduiding, titels en eiename*

Verwantskapsaanduiding, titels en eiename staan soms in die genitief (M.G., par. 318, opm. 1.)

Hi soudem *siere suster* gheven K.E. 1278
Hi sach *onser Vrouwen* scone verheven M.G., bl. 204

16.1.4 *Die deelsgenitief*

In 15.6.1 word die deelsgenitief se struktuur toegelig. Die deelsgenitief hou verband met 'n gedeelte van die saak onder bespreking.

Der slaghe hebbic ontfangen een deel. K.E. 536
Ic hebbe *goets* so vele ghestolen K.E. 560
Nemt *scats* ghenoech in uwer ghewelt E. 133

16.1.5 *Voorsetsels wat die genitief vereis*
In M.G., par. 339 word 'n aantal voorsetsels genoem wat in samehang met ander sinslede die genitief bepaal.

bi des, *na* des, *onder* des, *omme* des, *overmits* des, *tote* des.

16.1.6 *Bywoorde wat die genitief vereis*
In M.G., par. 339 word enkele bywoordelike konstruksies bespreek.

binnen huses, *buten* crijts.

16.1.7 *Genitief by ontkenning*
Die ontkenningspartikel *niet* kan die genitief vereis.
In *liets* mi niet ghecusten B. 376
Dies ne liet si achter niet. B. 994

16.1.8 *Die betrekkingsgenitief*
Die genitief van die aanwysende woord manlik en onsydig ekv. word gebruik om verband te stig met die omringende konteks. (Onder konteks word begryp die voorafgaande sin(ne).) So 'n genitief word die betrekkingsgenitief genoem.

Die genitief *dies/des* kan in die rol van betrekkingsgenitief deur 'met betrekking hiertoe', 'wat dit betref' vertaal word. Dit kan ook onvertaald gelaat word in sommige gevalle (M.G., par. 335).

Dies es leden bi ghetale xviij jaer, E. 453-454
Vert.: Met betrekking hiertoe het verbygegaan 18 jaar in getal.
'n Genitief wat oorsaak of gevolg aandui, word ook aangetref as variant van die betrekkingsgenitief.

Dies was sijn moeder op hem ghestoert L. 14
Vert.: Daarom was sy moeder kwaad vir hom.
Die vnw. kan ook die klitikum *s* wees in plaas van die volvorm *des*.

So magic*x* in vreden sijn E. 256
Die *x* = *s*

16.1.9 *Semantiese vereistes vir die gebruik van die genitief*
Die genitief word ook aangetref as gevolg van suiwer funksionele redes. In hierdie gevalle is dit semantiese vereistes wat die gebruik van die genitief vereis en nie 'n bepaalde woord nie. Besitsaanduiding in 'n naamwoordgroep wat bestaan uit naamwoord + naamwoord of naam + naamwoord word bespreek.

naamwoord + naamwoord
(M.G., par. 312 het enkele woorde oor hierdie konstruksie.)
naamwoord + naamwoord;
coninx dochter

naam + naamwoord;
Gods orlof V. 3008

naamwoord + naam
skeysers Nero Stoett, bl. 104

Raadpleeg ook M.G., par. 314, 1° en 3°
Toekenning van 'n sekere kwaliteit vind plaas in dieselfde kombinasies as in die vorige paragraaf geskets, bv. by verwantskap en besit.

16.1.10 *Die beskrywende genitief*

Want ic ben *idelre* hande K.E. 441

Hier word die toestand waarin die nomen verkeer, uitgedruk deur 'n verbuiging van die adjektiwiese voorbepaling.

16.1.11 *Die bywoordelike bepaling*
Die genitiefvorm word gebruik in die volgende tipes bywoordelike bepaling:

die bywoordelike bepaling van tyd
in M.G., par. 336 word voorbeelde hiervan verstrek.

Sanders daghes ghinc hi in die stat B. 166

die bywoordelike bepaling van wyse/omstandigheid
Omdat si *in enen pels* stoet,

Bloets hoeft ende barvoet B. 261-262

die bywoordelike bepaling van oorsaak/rede
Ay mi! *den bitteren rouwe* die ic nu lide E. 307

Hier word die uitroep gebruik om die oorsaak/rede aan te dui. (M.G., par. 344.)

die bywoordelike bepaling van rigting

Constic *tsmeesters* huus gheraken K.E. 726

16.2 Vormklas D (datief)

Die derde naamval (datief) word veelal gebruik om die meewerkende voorwerp (indirekte voorwerp) aan te dui. Net soos in die geval van die genitief kom daar bepaalde sinslede voor wat by voorkeur dié besondere naamval vereis.

16.2.1 *Werkwoorde wat die datief kan vereis*

antwoorden, betalen, betrouwen, bidden, conden, dancken, dienen, gebieden, gedogen, ghehoren, horen, huten, laten, lenen, lesen, loven, melden, minnen, noemen, offeren, opseggen, ontseggen, pleghen, proven, segghen, sien, tellen, toedragen, toelaten, toesegghen, toewissen, vertellen, vragen, witen.

Stoett (1923: 119-123) noem nog talle meer voorbeelde.

16.2.2 *Adjektiewe wat die datief vereis*

M.G., par. 342 en 343 skenk aandag aan die tipe adjektief wat 'n naamwoordaanvulling in die datief verlang. Sommige adjektiwiese koppelwerkwoordaanvullings vereis die datief – veral die koppelwerkwoorde *zijn* en *werden.*

Die haerre deughden niet *sijn* fier M.G., bl. 209

16.2.3 *Voorsetsels wat die datief regeer*

M.G., par. 338 gee 'n lys van die belangrikste voorsetsels wat die datief vereis. 'n Groot hoeveelheid voorsetsels kan sowel die datief as die akkusatiefnaamval bepaal. In die geval van naamwoorde uit die vroulike genus skep dit geen herkenningsprobleme waar die vokaalverbuiging gevolg word nie. In die geval van die konsonantverbuiging kan by al drie genusse uitkenningsprobleme veroorsaak word. 'n Paar van die belangrikste voorsetsels is: *af, beneden, bi, binnen, buten, met, te, ute.*

desen heleghen nonnen (. . .) *af* hebbe ghewonnen	V. 1743-1744
beneden der woestinen	V. 508
bi sinen hove	V. 650
binnen der elmare	V. 1493
buten muere	V. 393
met sinen brunen baerde	V. 858
ten scatte	K.E. 843
huter eecken	V. 681

16.2.4 *Die instrumentalis*

Uit 'n ouer stadium van Germaans het reste van die instrumentalis in Middelnederlands behoue gebly. Hieroor verskyn aantekeninge in M.G., par. 191, opm. 6; 195 opm. 5; 198 opm. 2 en 340. Die datief is die naamval wat by voorkeur gebruik word om die middel waarmee 'n handeling verrig word, aan te dui.

Want ic maecte *metter* hant E. 657

16.2.5 *Die absolute datief*

Waar die *funksie* van 'n sinsdeel die gebruik van 'n datiefnaamval vereis en nie 'n bepaalde woord nie, praat ons van die absolute gebruik van die datief. In die geval van die bywoordelike bepaling tree die datief in absolute hoedanigheid op. M.G., par. 337. Drie gebruike kom voor:

- bywoordelike bepaling van tyd

al onsen daghen B. 122

- bywoordelike bepaling van plek

Sassen 'in die land van die Saksers' Stoett, bl. 129

- bywoordelike bepaling van omstandigheid

Die ghene heeft mi begheven daer ic mi trouwen toe verliet B. 436-437

16.2.6 *Funksies van die datief*
Behalwe vir die gevalle waar die datief gebruik word na 'n bepalende woord en in absolute funksie, word ook nog die volgende gebruike aangetref.

16.2.6.1 Meewerkende voorwerp
M.G., par. 327 behandel die datief as indirekte voorwerp; dit wil sê waar die naamwoordstuk slegs sydelings betrokke is by die handeling, bv. deur op te tree as die ontvanger van iets.

Die coninc gaff*em* Eggherics wijf K.E. 1409

16.2.6.2 Belanghebbende voorwerp
Hier gaan dit oor die persoon of ander lewende wese wat voordeel of nadeel trek uit die handeling wat in die sin verrig word. M.G., par. 327 handel kortliks hieroor.

Die *eneger bruut* soude behoeven B. 180

16.2.6.3 Besitsaanduidende funksie
M.G., par. 328 gee enkele voorbeelde hiervan. Die persoonlike vnw. en determineerder is die sinslede wat die meeste in hierdie funksie gebruik word en hulle staan dan in die datief.

Dan leghet *hem* die staert stille Stoett, bl. 126

16.2.6.4 Belangstellende voorwerp
M.G., par. 329 gee 'n kort bespreking van die etiese datief; dit wil sê waar die persoon van wie belangstelling verwag word i.v.m. die gebeure, in die datief staan.

Met u willic *mi* aventueren B. 139

16.2.6.5 In voorwerpsfunksie by name
Ende maria, die god*e* soghede B. 1031

M.G., par. 158, opm. 8 wys daarop dat die uitgang dié is wat hoort by die datief. Die funksie van die naam *gode* is klaarblyklik die van die direkte voorwerp. (Let op die wisselvallige gebruik van hoofletters by name.)

16.3 Die akkusatief

Die vierde naamval (akkusatief) word gebruik om die direkte voorwerp (lydende voorwerp) aan te dui. Wat dit betref, kan ons sê dat oorganklike werkwoorde 'n naamwoordelike gedeelte in die akkusatief sal vereis. (M.G., par. 318). In hierdie verband moet in gedagte gehou word dat ons moet werk uit die bestaande Middelnederlandse toestand en nie vanuit die oogpunt van Afrikaans nie. Die rede vir hierdie waarskuwing is omdat daar in Middelnederlands heelwat werkwoorde voorkom wat transitief gebruik word, maar wat ons vandag as intransitief sou beskou.

16.3.1 *Voorbeelde van werkwoorde wat oorganklik gebruik word (neem akkusatief)*

becliven 'beklim', *beswiken* 'in die steek laat', *beven* 'laat bewe', *biechten* 'bieg afneem', *dienen* 'bedien', *dingen* 'bepleit', *handelen* 'behandel, hanteer', *campen* 'uitdaag, bestry', *clagen* 'kla oor', *moorden* 'vermoor', *nederdalen* 'laat neerdaal, neig', *nigen* 'laat buig', *rusten* 'laat rus', *risen* 'verhef', *sorgen* 'vrees', *spotten* 'bespot', *striden* 'bestry', *varen* 'vervoer', *waken* 'bewaak', *wenen* 'beween' en veel meer. Stoett, par. 193 verskaf 'n hele lys van hierdie tipe werkwoord.

16.3.2 *Voorsetsels wat die akkusatief vereis*

M.G., par. 338 gee 'n kort lysie van voorsetsels wat uitsluitlik die akkusatief regeer. Die oorgrote meerderheid voorsetsels kan òf die datief òf die akkusatiefnaamval vereis.

Enkele van die voorsetsels wat die derde of vierde naamval kan vereis, is: *al* 'langs/deur', *bachten* 'agter', *eer* 'voor', *in, neder* 'benede/onder', *neffen(s)* 'langs'. Die voorsetsels wat hierbo genoem is, het die gemeenskaplike betekenis van 'rigtingaanduidend'. Plekaanduiding kom ook voor, bv. *op/up*.

in sinen zac V. 229
up sinen hals V. 700

16.3.3 *Die bywoordelike akkusatief*
Die bywoordelike akkusatief vind uitdrukking in:

16.3.3.1 Bywoordelike bepaling van bestemming/plek
Die voorvereiste vir die optrede van hierdie tipe bepaling is 'n werkwoord wat beweging uitdruk. Die bestemming wat deur die werkwoord in die vooruitsig gestel is, staan in die akkusatief. (M.G., par. 320; 332).

Si reden *berch ende dale* B. 398

16.3.3.2 Bywoordelike bepaling van tyd
M.G., par. 332 verskaf enkele voorbeelde hiervan.

Die strijt die swaer was *enen corten tijt* M.G., bl. 207

16.3.3.3 Bywoordelike bepaling van maat, prys of gewig
M.G., par. 319 verskaf hieroor inligting met voorbeelde.

Ende ten sal u niet *enen groten* costen. M.G., bl. 204

16.3.3.4 Bywoordelike bepaling van wyse
M.G., par. 333 noem voorbeelde van hierdie gebruik.

Ic sal pinen *al mine macht*. M.G., bl. 207

16.3.4 *Die akkusatief met infinitief konstruksie*
Nie alle werkwoorde kwalifiseer om op te tree in die akkusatief met infinitief konstruksie nie. Slegs werkwoorde wat te doen het met primêr sintuiglike en geestelike aktiwiteite soos *sê, sien, hoor, voel, glo, dink, vermoed, meen, beweer, ontken, bewys, weet* kwalifiseer om in hierdie uitdrukkings op te tree. Hierdie werkwoorde word gebruik in sinne wat indirekte beriggewing bevat.

Enkele voorbeelde uit Stoett, par. 202 sal dit toelig:

Die coninghinne hevet *vernomen* haren here den coninc comen
Vert.: Die koningin het verneem (dat) haar heer die koning kom/in aantog is.
Want noynt *ghesien* was no *ghehoort* maghet kint te bringhene voort

Vert.: Want nooit is gesien of gehoor (dat) 'n maagd 'n kind voortbring nie.

16.3.5 *Die absolute akkusatief*
Waar die naamwoordelike gedeelte die resultaat van die handeling uitdruk, of 'n neweskikkende handeling beskryf, word die akkusatief dikwels aangetref.

Nu leyt si hier, *den hals* verstuyct 'uit lit' M.G., bl. 207

16.3.6 *Die akkusatief in die subjeksposisie*
M.G., par. 263 bespreek enkele gevalle waar die naamwoordelike gedeelte wat as grammatikale en logiese onderwerp beskou kan word, die uitgang van die akkusatief vertoon.

De*n* pilaer sanck tot inden gront, M. 800

Die vormlike aanduiding[1] van 'n woord moet 'n mens nie blind maak vir die feit dat die spreker se begrip van wat hy as die tema (topiek) aanvaar van waaroor die sin gaan, deurslaggewend is nie.

Dieselfde uitgang mag uitdrukking gee aan meer as een sintaktiese funksie.

Ende ghi luzarus*e* verwecket, B. 218

Hier staan die onderstreepte gedeelte in die *datief* maar vervul die funksie van die *direkte voorwerp.*

Wacht daar mijn*s*, ic come uut B. 151

Alhoewel mijn*s* in die genitief staan, is die funksie klaarblyklik dié van die *indirekte voorwerp.*

Dat mijnen aerbeit dus blijft verloren L. 377

Nieteenstaande die *-en* uitgang, wat kenmerkend is van die akkusatief, tree *mijnen* op as die tema van die sin. (Kyk ook nota 2.)

In aldrie bostaande gevalle is dit duidelik dat vormlike aanduiding alleen nie 'n garansie is vir die juiste interpretasie van die funksie wat 'n bousel verrig nie. (Kyk nota 1.)

1. Die betekenisontwikkeling in 'n taal is die vormlike aanduiding daarvan ver vooruit. So kan dit gebeur dat dit wat as subjek interpreteer word nie noodwendig vormlik as subjek aangedui word nie. Die tema van die sin staan neutraal wat die vormlike aanduiding betref. Die belangrike faktor is die *posisie* wat dit in die sin inneem. Die tema staan gewoonlik in die aanvangsposisie in die sin (soos in die voorbeeldsin) en word dan nòg deur die spreker nòg deur die luisteraar verkeerd verstaan. As leser is ons geneig om uit die oog te verloor dat die literêre werke bedoel is om opgevoer te word en nie in die eerste instansie om gelees te word nie.

2. Die vereiste dat die subjek van die sin in die *nominatief moet staan,* is 'n bepaling wat eers laterig van krag geword het. Die oorspronklike toestand was dat die *tema* voorrang kry. In Middelnederlands gebeur dit meermale dat die tema en die subjek op dieselfde naamwoordelike gedeelte in die sin betrekking het, bv.

Dus wart *den camp* anghenomen   K.E. 1266

As bostaande oorwegings aanvaar word, dan is die uitgange nie verkeerd gebruik nie, maar net anders as wat ons uit 'n streng formalistiese oogpunt sou verwag. Ons moet ook nie uit die gedagte verloor dat die kasusstelsel in Middelnederlands reeds wankelrig gestaan het nie.

17 Die byvoeglikenaamwoordstuk

Twee hooftipes byvoeglikenaamwoordstukke word bespreek:

- die selfstandige-byvoeglikenaamwoordstuk
- die voorsetsel-byvoeglikenaamwoordstuk

17.1 Die selfstandige-byvoeglikenaamwoordstuk

Verreweg die meeste adjektiewe val in hierdie groep.

Enkele voorbeelde hiervan is: *edel, fel, goet, groot, crom, lanc, lieve, scerp, scone, soet, staerc, vroet, wreet.*

17.2 Die voorsetsel-byvoeglikenaamwoordstuk

'n Voorsetsel word soms in noue verband met 'n b.nw. aangetref.

Doe was hi *blide in* sinen sinne B. 90

(. . .) sat *mit gevolden* handen op hoer knijen DB., bl. 244

17.3 Die trappe van vergelyking

Drie intensiteitsgrade word markeer: stellend, vergrotend en oortreffend. Die skaal strek van neutraal wat intensiteit betref oor sterker intensiteit tot die sterkste graad van intensiteit.

In M.G. word die proses van vergelyking uiteengesit in paragraaf 181 tot 184.

Intensiewe vorme (waar die oortreffende trap reeds in hulle betekenis opgesluit lê) kan nie trappe van vergelyking vorm nie.
ascgraeu, bloetroot, erdvast, iserhart, coesat, lantvast, moedernaect, silverclaer, snewit, steendoot.

Bostaande voorbeelde is geteleskopeerde vergelykings, bv. *steendoot* = so doot als een steen.

17.3.1 *Die alleenstaande byvoeglike naamwoord (stellende trap)*

Die graadbepaling + b.nw.

Esmoreit, *wel* scoene man	E. 777
soe groten toren	L. 922
dicke groet	K.E. 214
met eere *arde* snelre vaerde	V. 153

Die maatbepaling + b.nw.

Die tempel was *hondert ellen* hooch

hi was *twalef jaer* out

Te + b.nw.
Graadbepaling + te + b.nw.
vele *te* langhe K.E. 372

17.3.2 *Die vergrotende trap*
Die vergrotende trap alleen
(. . .) onder welken een kynt was (. . .) kuenre ende *cloeker* dan die ander DB., bl. 202
Wat is *schoenre* dan eyn seel die eyn dochter gods gheheiten (. . .) DB., bl. 228

Omskrywingswoorde word saam met die vergrotende trap gebruik – veral *bat* (bet) *meer* en *minre*.
Doe si *bet* in quamen ter stat Stoett, bl. 92
Dies ben ic *meer* verbolgen Stoett, bl. 92
Hem dunct dat sijs te *minre* geacht sijn Stoett, bl. 92

Ander omskrywingswoorde is *also* met of sonder die voegwoord *dan*.

Hets v jaer oft *also* lanc Stoett, bl. 92
Fortier was noch *alsoe* starc dan Germein Stoett, bl. 93

Die voegwoord *dan*(ne) word ook na gewone adjektiewe in die vergrotende trap gebruik
Hi was argher *dan*ne enech coninc Stoett, bl. 94

17.3.3 *Die oortreffende trap*
Die oortreffende trap kan omskryf word deur die woord *mees*.

Die andren heeft ghedaen *meest* grief V. 186

Die oortreffende trap met die besitsvorm + nomen

(. . .) ende onze hoochste zalicheit DB., bl. 75
in *sine donckerste* haghedochte V. 541

Die oortreffende trap met *die* as voorbepaling + nomen

Ende dit es *die verborghenste* stemme (. . .) DB., bl. 75
(. . .) hangende als *die meeste* misdader DB., bl. 248
die beste pladijse V. 211

Die oortreffende trap met *die* as voorbepaling sonder nomen

an *den* dulsten V. 493

Konstruksie met *alre . . . -ste*

Hierdie konstruksie wat saam met die b.nw. optree, lyk op 'n sintagma in die oortreffende trap.

(. . .) in dier *alre* eerwaerdich*ste* glori DB., bl. 244
(. . .) te ontfaen sijn *alre* waerdich*ste* lichaem DB., bl. 243

17.4 Vergelyking

Die vergelykingskonstruksie wat behandel word, is die vergelyking van ooreenkoms.

Vergelyking van ooreenkoms

Die vergelykingswoord *als* impliseer ooreenkoms tussen die eerste en die tweede NS.

Als (vergelykingswoord)

Sint quam hi *als* een hermijte	V. 356
Ende hevet mi ghemaect *als* ghi siet	V. 997

In bostaande gevalle het die adjektief *so* met die vergelykingswoord *als* versmelt.

So (graadwoord)

Die graadwoord *so* bepaal 'n adjektief

so wisen man	E. 94
soe cleine trouwe	B. 302

So (pro-wyse-adjunk)[1]

Si saten *soe*	B. 107

17.4.1 *Die vergelykingsgroep*

Die vergelykingsgroep het as inleier die woord *also/alse/als* wat met 'n naamwoordgroep verbind.

Also/alse/als (vergelykende voegwoord)

Also claer *alse* die dach	V. 1100
die cante waren scerp *alse* een mes	DB., bl. 38

17.5 Die adjektiefstuk en sy bepalings

Die adjektief tree selde op as die enigste voorbepaler in die selfstandigenaamwoordstuk. Gewoonlik word die adjektief vergesel deur ander lede van die voorbepaling.

Deelwoorde wat in sowel pre- as postposisie kan optree, word afsonderlik behandel. Kyk 17.6.

1. Bywoord van wyse is die tradisionele term.

17.5.1 *Die adjektief plus naamwoord*

17.5.1.1 Die adjektief in preposisie

een de *meeste* wildernesse	V. 2582
die *valsche* penninghe	V. 2669
den *bitteren* rouwe	E. 360
sinen *erdschen* vader	V. 2228
grote Konstantijn	M.G., bl. 199
dese *scoene* wapen	E. 596
vanden drien *hoochsten* choren	DB., bl. 33

17.5.1.2 Die adjektief in postposisie (Kyk 15.5.1.(j))

de herte *onvroe*	V. 982
dorper *fel*	B. 346
gheen pape *riker*	V. 1511
in den grave *doet*	B. 219
(. . .) Abrame den *bouden*	M.G., bl. 200

17.5.1.3 Die adjektief in 'n omringende verband

edel ridder *vri*	E. 928
den *soeten* spele *mat*	V. 1283
u *fel* verwiten *groot*	M. 747

Die adjektief in postposisie word nie verbuig nie.

17.6 Die deelwoorde

Die deelwoorde hou sterk verband met die b.nw. (M.G., par. 220 (v)), par. 177, opm. 2. Verwantskap met die ww. kan ook nie ontken word nie, M.G., par. 221, 222, 247.

Die sintaktiese gebruik van die deelwoorde is dus nie suiwer soos òf die van die adjektief, òf die werkwoord nie, maar soos sy naam aandui, bevat dit eienskappe van albei kategorieë.

17.6.1 *Die onvoltooide deelwoord*

M.G. noem dit die *teenwoordige deelwoord* omdat dit in die presens optree.

Die onvoltooide deelwoord kan, afhangende van die aard van die kernsubstantief waarmee dit verband hou, 'n aktiewe of passiewe betekenis vertoon.

aktiewe betekenis

sine vederen zeere *slaende* V. 292

Vert.: (terwyl hy) sy vere hewig slaan

Al *sprekende* quam dus gheloepen V. 644
Vert.: Al pratende het dus aangeloop gekom
passiewe betekenis
ijlende koorts Stoett, bl. 183
eene stilzwijgende voorwaarde Stoett, bl. 183
Die passiewe betekenis kan aangedui word in hierdie gevalle deur 'n omskrywing: koors waarby geyl word; 'n voorwaarde waaroor geswyg word. In albei voorbeelde is die kernsubstantief [-lewend].

'n Duratiewe betekenis word verkry deur die wwe. *bliven* en *sijn* as medewerkwoord in te span saam met 'n onvoltooide deelwoord. Die onvoltooide deelwoord + *werden* druk die aanvang van 'n handeling uit (wat dan voortduur).

Ende hi bleef sittende op die galghe V. 2814
Vert.: En hy het bly sit op die galg
Die sake is hangende Stoett, bl. 184
So sere hi stinkende wart Stoett, bl. 184
Vert.: So erg het hy begin stink

17.6.2 *Die voltooide deelwoord*

M.G. noem hierdie bousel 'n verlede deelwoord omdat dit optree saam met die preteritumvorme. Enkele gebruike van die voltooide deelwoord is die volgende.

Die voltooide deelwoord tree op in verbinding met *sijn, werden* of *wesen* en druk dan 'n gesteldheid uit.

Ende alle mesdaet sal *sijn* ghewroken B. 505
Vert.: En alle misdaad sal gewreek word.
Dies *was* sijn moeder op hem ghestoert L. 14
Vert.: Daarom was sy moeder boos vir hom

'n Werkwoord wat beweging aandui se voltooide deelwoord + die ww. *comen* kan ook as aanduider van gesteldheid opgevat word.

Saghen si van berghe te dale
Canticler *commen* ghevaren V. 284-285
Vert.: het hulle gesien van bo af ondertoe
Canticleer aankom.

Die voltooide deelwoord tree op waar Afrikaans 'n infinitiefkonstruksie verwag.

(. . .) het dinct mi beter *ghedaen* V. 1096
Vert.: dit lyk vir my beter om te doen

Die voltooide deelwoord + *hebben* druk die verlede tyd van die aktief uit.

Dat lamfroyt *hadde* den beere versleghen V. 901
Dat ghi mi ghesproken *hebt* ende gesien L. 814

Die voltooide deelwoord het 'n duratiewe implikasie in die presens
So is u evel gheschiet K.E. 26
Letterlik: dan is u kwaad geskiedende

18 Die voornaamwoordstuk

Twee tipes voornaamwoorde word onderskei: bepaalde en nie-bepaalde voornaamwoorde. (Slegs die bepaalde voornaamwoorde word hier bespreek. Vir nie-bepaalde vnwe. kyk 10.2.)

18.1 Bepaalde voornaamwoorde

'n Verdere verdeling in 3 tipes is gewens, nl. persoonlike, aanwysende en betreklike voornaamwoorde. (Aanwysende woorde en die betreklike vnw. word bespreek in 10.1.5 en 10.1.6 resp.)

18.2 Persoonlike voornaamwoorde

Die persoonlike vnwe. verwys na menslike wesens wat direk of indirek in die gespreksituasie aanwesig is. Dié vnwe. staan in kleinkapitaal.

Indirek

ICK wil HAER gaen bidden dat SE MI een bedde decke M. 94

Vert.: Ek sal haar gaan vra dat sy vir my 'n bed opmaak.

Die identiteit van die persone moet in die omringende teks gesoek word waarvan r.94 maar net 'n klein onderdeeltjie vorm.

Direk

Gevalle kom ook voor waar die persoonlike voornaamwoorde referente binnetekstueel aangegee word, d.w.s. die referent is reeds eksplisiet genoem deur 'n ander naamwoordstuk.

Reinout, God moet U bewaren L. 817

Vert.: Reinout, mag God u bewaar.

Ende nam Platus metter hant,
dat HI soude mijn behoeder sijn. E. 902-903

Vert.: En (ek) het Platus by die hand geneem (so)dat hy my beskermer kon/sou wees.

In L. 817 verwys U na *Reinout* en in E. 903 verwys HI terug na *Platus.*

18.2.1 *Semantiese kenmerke*

Die persoonlike voornaamwoorde word VORMLIK van mekaar onderskei en dié vormlike onderskeiding hang ten nouste saam met betekeniskenmerke soos persoon, getal, genus/seksus.

18.2.2 *Persoon*

Drie persone[1] word onderskei wat voortaan as 1P, 2P en 3P aangedui word. Dié afkortings staan vir Eerste, Tweede en Derde persoon.

1P ic, wi, ens (Kyk 10.1.1)
2P du, ghi, ens. (Kyk 10.1.1)
3P hi, si, ens. (Kyk 10.1.1)

18.2.3 *Getal*

Persoonlike voornaamwoorde in die *enkelvoud* en die *meervoud* word onderskei.

	Enkelvoud	Meervoud
1P	ic	wi
2P	du[2], ghi	ghi
3P	hi, si, het	si

Meervoudigheid moet onderskei word van spesifieke telbaarheid soos aangetref by soortnaamwoorde. Kyk 15.1. Meervoudigheid impliseer 'n groep mense met wie jy jou identifiseer, *wi* (ons of tot wie jy jou rig, bv. *ghi* (julle) of oor wie gepraat word, bv. *si* (hulle).

18.2.4 *Genus (Woordgeslag) en Seksus (Biologiese geslag)*

Die onderskeid tussen genus en seksus is reeds uitvoerig verduidelik in 7.8.1.

Hier gaan dit net oor hoe dié verskynsels die persoonlike voornaamwoord raak.

Slegs voorbeelde t.o.v. seksus word aangetref. Dit hang o.a. daar-

1. (Paardekoper 1969:454-5) is van mening dat die gesproke sisteem van Middelnederlands 'n drieledige onderskeid laat hoor het. Die vorm *jij* is bedoel om na *slegs een* persoon te verwys; 'n vorm *jullie* sou dan slaan op meer as een persoon, terwyl die *je* gebruik is waar die persone *een* of *meer* as een individu kan wees. Die woord *du* met die uitspraak [du] is volgens hom 'n skryftaalvorm wat nes die vroeër bespreekte vorme uit Limburgs oorgeneem sou wees. Die *gij* is 'n beleefdheidsvorm wat uit die meervoud oorgeneem is in die enkelvoud maar met behoud van sy meervoudskongruensie. Lees ook M.G., par. 185, opm. 5, 8 en 10.

2. Die voornaamwoord *du* word as insluitende voornaamwoord gebruik in *Vos Reinaert*, d.w.s. wanneer met 'n lid met gelyke status of intieme vriende gepraat word. Teenoor 'n buitestaander word *ghi* gebruik. Later het hierdie *ghi* ontwikkel tot 'n hoflikheidsvoornaamwoord teenoor ander persone. (Lulofs 1967:244 e.v.). Soms word *du* en *ghi* sonder derglike onderskeid gebruik; vgl. M.G., par. 185, opm. 10.

mee saam dat die menslike wesens geslagtelik is. By 3P in die enkelvoud bestaan daar dan ook spesifieke vorme vir die manlike en vroulike referente, terwyl daar verder biologies onderskei word tussen lewend en nie-lewend.

18.2.5 *Lewend teenoor nie-lewend*

By die 3P *onsydig* in die ekv. kry ons in Middelnederlands:

Nom.	het
Gen.	-s
Dat.	hem
Akk.	het

Nochtan, als ic*se* hebbe binnen V. 572

Vert.: Nogtans, as/wanneer ek dit (heuningkoeke) geëet het.

Reynaert, helpt mi dat ic*s* ghewinne. V. 580

Vert.: Reynaert, help my dat ek daarvan in die hande kry.

In bostaande sinne het die voornaamwoord betrekking op 'n nielewende referent, naamlik die heuningkoek waarvan gepraat word. Die volgende sin maak ook gebruik van die voornaamwoord in die onsydige vorm maar wel in die funksie van 'n voorlopige onderwerp.

HET was een coninc hier te voren E. 8

Vert.: Daar was vroeër/voorheen 'n koning.

'n Besonderse gebruik van HET kom voor in sinne met ERVARINGSWERKWOORDE as HW van die werkwoordstuk.

Nu gaet P reynarde al huten spele V. 1885

Vert.: Nou word die saak vir Reynaert bitter ernstig.

Nu naket P enen groten striden K.E. 1322

Vert.: Dit loop nou uit op 'n groot geveg/stryd.

18.2.6 *Manlik teenoor vroulik*

Wanneer oor mense en diere gepraat word, gebeur dit dikwels dat 'n onderskeid getref word tussen manlik en vroulik. *Hi* en sy paradigmalede word gewoonlik gebruik om na manlike wesens uit te wys en *si/soe* na vroulikes.

P Woordgrensverswakking lei tot struktuurwysiging:

P gaet < gaet-et < gaet het.

P naket < naket-et < naket het.

	Manlik	Vroulik
Nom.	hi	si/soe
Gen.	sijns	haers
Dat.	hem[3]	hare/haer
Akk.	hem	haer/hare

Si het drie alternante, nl. *soe*, *so* en *se*. Hiervan is dit gewoon dat *se* vir die akkusatief ekv. en mv. gebruik word, terwyl *si*, *so* en *soe* in die nominatief ekv. staan by vroulike woorde.

Die uitgang *-s* is klaarblyklik as so 'n ondubbelsinnige aanduider van die genitief gevoel dat dit sy gebied uitgebrei het ten koste van die oorspronklike uitgang *-e*. So behoort *hare* of *here* die genitiefvorm van die vr. ekv. te wees, maar haer*s* word gewoonlik in dié funksie aangetref.

Haere en *haer* is die sterk en swakbeklemtoonde lede wat mekaar kan afwissel[4] en vir sowel die dat. as die akk. ekv. vroulike woorde gebruik word.

Die volledige paradigma van die persoonlike vnw. word aangegee onder 10.1.1.

18.3 Die voornaamwoordstuk en sy bepalings

18.3.1 *Voorbepaling*

Die voornaamwoordstuk laat 'n uiters beperkte kombinasie met 'n voorbepaling toe.

18.3.1.1 Predetermineerder (alle)

alle den ghenen die desen brief sien sullen (. . .) CM, bl. 100

18.3.1.2 Deelbepaling

een deel van haerre gherechter minne F.B. 87

18.3.1.3 Determineerder (Die onbepaalde lidwoord)

een yghelick

Vert.: 'n ieder = iedereen

3. *Hem* word soms ook vir die datief vroulik gebruik. Ook word *hem* soms aangetref in die funksie van die akkusatief.

4. Paradigmatiese wisselwerking kom voor in Middelnederlands. So kry ons dat die dat. en akk. vormlik nie meer onderskei word by 1P en 2P in die ekv. en mv. nie.

18.3.1.4 Bywoord

so wie CM, bl. 100

Vert.: wie dan ook

18.3.2 *Nabepaling*

Die voornaamwoord tree as nabepaling op in die volgende gevalle.

18.3.2.1 ’n Voorsetselgroep

Was daer niemen, *sonder die das* V. 58

18.3.2.2 Telwoorde

vnw. + hooftelwoord

haerre *tweer* V. 313

si *twaelve* K.E. 515

Afhangende van die konteks, kan die konstruksie vnw. + telwoord drie interpretasies toelaat:

1. hulle twaalf
2. twaalf
3. twaalf van hulle[5]

vnw. + rangtelwoord

hem *sevende* M.G., bl. 198

Vert.: hy en ses ander

vnw. + onbep. telwoord

hem *somen* M.W., boek VII, 556, kol. 1

Vert.: sommige van hulle

18.3.2.3 ’n Betreklike voornaamwoord

elken die hier in lesen sal CM, bl. 126

Vert.: elkeen wat hierin sal lees

18.3.2.4 ’n Adjektief

yet langhe V. 2731

Vert.: lankal

18.3.3 *Die voornaamwoordstuk as nabepaling*

Die enigste tipe voornaamwoord wat ’n verbinding met die selfstan-

5. DUINHOVEN, A. M. 1972. Vier partitieve(?) constructies in het Middelnederlands. N. Tg. 65:329-354.

dige naamwoordstuk aangaan, is die betreklike voornaamwoord. Die betreklike voornaamwoord tree op as nabepaling.[6]

Met desen gelde *dat* ic hebbe ontfaen   E. 223

(. . .) ende tenen teekene *dat* men wederseggen sel   LD., bl. 18.30

Twee kinder *die* werd waren meneger marc   F.B. 920

Heere brune *die* staerc was ende fier   V. 1028

Uit bostaande voorbeelde blyk dit dat die betreklike vnw. as nabepaling by al die selfstandigenaamwoordstukke kan optree.

6. 'n Persoonlike vnw. tree soms op in verbinding met 'n aanwysende woord, bv. dese *si* waren van den volke van Israel. M.G., par. 309 beskou die vnw. as 'n hervatter van die sinsinhoud. *Dese* kan eerder beskou word as 'n nie-weglaatbare element wat terug verwys na 'n vorige sin.

19 Die werkwoordstuk

19.1 Die hoofwerkwoord

Die hoofwerkwoord (HW) is die onweglaatbare werkwoordelike gedeelte in die werkwoordstuk wat uit een of meer wwe. bestaan.

19.1.1 *Twee tipes word onderskei*

1. werkwoorde met nie-werkwoordelike deeltjie;
2. werkwoorde sonder die deeltjies.

19.1.2 *Die deeltjiewerkwoord*

'n Deeltjiewerkwoord bestaan uit 'n werkwoordelike gedeelte plus 'n bousel wat lyk op 'n voorsetsel. Die werkwoord en sy deeltjie kan in 'n sin van mekaar geskei word, maar word as 'n eenheid gevoel.

'n Paar deeltjiewerkwoorde is:

achterbliven, afbreken, afbugen, afdalen, afdriven, afgeven, afnemen, aendoen, aenleggen, aennemen, aenraden, aenroepen, aenspreken, nedergaen, nederhouwen, nederslaen, ommebinden, ommebugen, ommededen, overbruggen, overdraghen, overgaen, overcomen.

Ic soude u te noder *spreken an*	L. 421
Ene havene *over* te *brugghene*	Stoett, bl. 209
Ende *slouch* zijn hoeft *neder*	V. 3384
Ne mach niet *bliven achter*	V. 96
Ende soude hem thoeft *af* hebben *ghenomen*	V. 159

Die werkwoorde sonder deeltjies word behandel onder die onoorganklike werkwoordstuk, die koppelwerkwoordstuk, die voorsetselwerkwoordstuk.

19.1.3 *Die onoorganklike werkwoordstuk*

Die enigste hoofmoment in 'n onoorganklike werkwoordstuk is 'n hoofwerkwoord.

Want si sal hier *comen* scier	L. 52
Ic hebbe so langhen tijt *ghevast*	L. 362
Ende *sprac* met eenen fellen zinne	V. 2827
Reynaert *stont* ende *zweech* al stille	V. 2028

Lg. voorbeeld vertoon subjekweglating (23.2.1). Die uitgebreide vorm is: Reynaert stont ende *hi* zweech al stille.

1. Hierdie is slegs 'n paar aangepaste voorbeelde uit 'n groot korpus tekste.

19.1.4 *Die oorganklike werkwoordstuk*

Die oorganklike werkwoordkonstruksie bevat 'n hoofwerkwoord wat heg bind met 'n voorwerp wat bestaan uit 'n naamwoordstuk.

Doen *cussese* die iongheline B. 284
Vert.: Toe het sy die jongman gesoen

19.1.5 *Werkwoorde met twee voorwerpe*

Die oorganklike werkwoord met twee voorwerpe vereis dat minstens een van dié voorwerpe + menslik is.

Ic bevele *hu die kindre mine*	V. 1408
Dit biedt *u* de coninc lyoen	V. 3459
God moete *ons ziere hulpe* jonnen!	V. 10
ne ware wert *hem dit* vergheven	V. 174
Nu hoert *wat* hi *hem* sal tellen;	V. 2799
Ende hi *hem* wijsde *sinen scat*	V. 2495

19.1.6 *Werkwoorde met hegte voorwerpe*[1]

ziere zeden pleghen	V. 1729
des raets ghetelen	V. 2353
eenen pat slaghen	V. 504/5
eenen wech bestaen	V. 1092
eenen ghewaert laten	V. 1120
sinen ganc maken	V. 510
sinen wech nemen	V. 386
eene bodscap doen	V. 481
in hu ghewout gheven	V. 605
grote zorghe ghedoghen	V. 2342
ter eerden bringhen	V. 432
een strec setten	V. 1173
een ghestille maken	V. 2188
eenen eere doen	V. 2782
al huten spele gaen	V. 1885
hare trauw gheven	V. 2286
hulde gheven	V. 2509
crone spannen	E. 898
plan visieren	E. 85

19.1.7 *Die voorsetselwerkwoord*

Die voorsetselwerkwoord is 'n werkwoord wat 'n hegte verbinding aangaan met 'n voorsetselgroep. Die naamwoordelike aanvulling wat in die voorsetselgroep staan, word die voorsetselvoorwerp genoem.

Oft en wildi nae gheen reden vraghen? M. 203

Die subjek is *i* < *ghi*; *wil* + *vraghen* is die werkwoordstuk, *nae* die voorsetsel en *gheen reden* die voorsetselvoorwerp.

Enkele voorsetselwerkwoorde is; *ghebeit na, ghewacht na, ghedurst te, horen van, seide tot, bidde om, bevaen met, bevlecken met, vercoept voer, claeght om, wreken an, bliven in, ontspranc uut, toent an, twiën aen.*

Twee tipes voorsetselwerkwoorde word onderskei.

19.1.7.1 Oorganklike voorsetselwerkwoorde

Ic *bidde* u *om* een goed beleyt	L. 613
God die *neme* ons allen *in hoeden*	E. 1007

19.1.7.2 Onoorganklike voorsetselwerkwoorde

Dese riddere *na* u heeft *ghebeit* tote nu	St., bl. 193
Daer men al den nacht *na* hem heeft *gewacht*	St., bl. 193
Mine siele heeft *ghedurst te* gode	St., bl. 193

19.1.8 *Koppelwerkwoord*

Die koppelwerkwoord het nie 'n direkte voorwerp nie, maar vereis een van die volgende aanvullings:

a. 'n naamwoordelike aanvulling
b. 'n adjektiwiese aanvulling

19.1.8.1 Koppelwerkwoorde met naamwoordelike aanvulling

Ende si *worden* twee goede man	B. 1028
Hi *es* een edel Sarrasijn	E. 764
Ic sal geloven dor dese dingen an uwen God ende kerstijn *bliven.*	St., bl. 172
(. . .) ic *heete* Elegast	K.E. 476

19.1.8.2 Koppelwerkwoorde met adjektiwiese aanvulling

Dat die aventure van Reynaerde in dietsche onghemaket *bleven*	V. 4-5
Het *smaecte* so wel (. . .)	V. 2080
Reynaert (. . .) *wart* blide in sinen moet	V. 2538-9
Het *doet* goet winnen enen vrient	St., bl. 172

■ Koppelwerkwoorde soos *zijn*, *worden* en *blijven* kan sowel saam met 'n naamwoordelike aanvulling as 'n adjektiwiese aanvulling voorkom.

- Die werkwoorde *doen* en *smaken* tree net met adjektiwiese aanvullings op.
- Die koppelwerkwoord *heten* word net saam met 'n naamwoordaanvulling gebruik.

19.1.9 *Wederkerende werkwoorde*

Die wederkerende werkwoord vertoon 'n spesifieke verband met die subjek. Die subjek bepaal die tweede NS se vorm, bv.

ic . . . mi; hi . . . hem; wi . . . ons.

1 2 1 2 1 2

Daer op willic mi *verlaten*	B. 632
Dies ic mi van rechte *scofiere*	L. 373
Waer dat wi ons *bewinden*	B. 310
Hi riep als die hem zeere *errede*	V. 3203

19.1.10 *Die onpersoonlike werkwoord (ervaringswerkwoord)*

Persoonlike werkwoordkonstruksies is konstruksies waar die doener/agens 'n menslike wese is. Hierdie tipe sin se agens staan in die nominatief en word die subjek genoem. Kongruensie van die subjek en die werkwoord word aangetref.

Voorbeeld:

Ic hebb*e* Elegast verdreven K.E. 218

Die onpersoonlike werkwoordkonstruksie bevat 'n menslike onderganer sonder aanwysbare veroorsaker van persoonlike gewaarwordinge/gevoelens. Die onderganer is die topiek van die sin en staan in die dat./akk. Kongruensie vind slegs toevallig plaas.

Mi behoort te verdraghene min mesval M.W., kol. 751

Vert.: Ek behoort my teëspoed te verduur/aanvaar.

Mi is die dat./akk. van die 1P ekv.; *behoort* het die uitgang wat pas by 'n 3P ekv. – geen kongruensie vind dus plaas nie.

Hem dochte (. . .) dat die dach verclaerde B. 286-287

Vert: Hy het gedink dat die dag aangebreek het.

Hem is die dat./akk. van die 3P ekv.; *dochte* vertoon hier toevallig die toepaslike uitgang vir die 3P ekv.

Die *topiek* wat aanwysbaar is in die onpersoonlike werkwoordkonstruksies is nie 'n agens nie, maar 'n *onderganer* van die aktiwiteit wat deur die werkwoord aangedui word. Die inisieerder/agens van 'n handeling staan in die nominatief en is dus kasusgebonde. Die topiek kan in die dat./akk. staan.

Die bousel *het* tree dikwels op as plekvuller vir die topiek. Dié bousel is semanties inhoudloos en moet nie met *het* verwar word wat as voorlopige subjek kan optree nie. Laasgenoemde is 'n anaforiese vnw. wat terugverwys na 'n saak wat reeds geïdentifiseer is en wat in Afr. deur *dit* vertaal word.

Het was een coninc hier te voren E. 8

Vert.: Daar was vroeër 'n koning

In bostaande voorbeeld wys *het* nie uit na 'n ander referent/saak nie en is derhalwe 'n vorm sonder semantiese inhoud. In Afr. word die leë *het* deur *daar* vertaal.

Die onpersoonlike wwe.[2] word aangetref in die volgende tipes sintaktiese strukture.

Die dat./akk. van die vnw. plus die saak in die gen. (of omskrywing daarvan). Stoett. 1923.125

Des wondert *mi* utermaten M.W., kolom 2784

gen. dat./akk.

Die dat./akk. van die vnw. plus 'n voorsetseluitdrukking.

Doe jammerde *hem om meliore* M.W., kolom 1013

dat./akk. vs.-groep

Die dat./akk. van die nominale gedeelte plus 'n onderwerpsin ingelei deur *dat.*

En rout *mi* niet *dat gi mi mint dus sere* M.W., kol. 1657-8

dat./akk. onderwerpsin

Die dat./akk. van die vnw. plus 'n infinitiefkonstruksie ingelei deur *te*

Des en boert *hen* ghene schande *te spreken* M.W., kol. 751

dat./akk. infinitiefkonstruksie

Die ervaringswerkwoord is die sinsafsluiter.

Het *nauwet* M.G., bl. 190

Vert.: Dit word ernstig

Uitdrukkings wat te make het met weersgesteldhede hoort volgens M.G. ook hier.

Het *reghent* M.G., bl. 190

In M.G., par. 273 en 330 word aandag bestee aan die onpersoonli-

2. Kyk (De Klerk 1980:33-48) vir 'n bespreking van die onpersoonlike konstruksies = ervaringskonstruksies.

ke werkwoorde. Hulle uitgangspunt verskil egter aanmerklik van die uiteensetting wat hierbo gegee word.

19.2 Die medewerkwoorde

Medewerkwoorde tree as weglaatbare element op in 'n werkwoordgroep wat altyd 'n hoofwerkwoord as verpligte moment bevat. Die volgende tipes werkwoord tree op as medewerkwoorde: Skakelwerkwoorde, modale hulpwerkwoorde en hulpwerkwoorde van aspek.

19.2.1 *Die skakelwerkwoord*

Die volgende verba kan met enige voorbehoud[3] gereken word tot die klas skakelwerkwoord.

beghinnen, doen, gaen, helpen, comen, laten en *varen* word direkte skakelwerkwoorde genoem.

ligghen, sitten en *staen* word die indirekte skakelwerkwoorde genoem.

19.2.1.1 Direkte skakelwerkwoord

Direkte skakelwerkwoorde verbind direk met die hoofwerkwoord.

beghinnen

Si *begonste* hare *te scamen.* B. 260

Dat dorloy *begonste te slaen* B. 846

doen[4]

so diepe in die eecke *dedę crupen* V. 859

3. Die voorbehoud het betrekking op *laten* en *doen. Laten* kan ook as oorganklike werkwoord optree.
Beede man ende wijf *lieten* den aermen keytijf (. . .) V. 837-9
Doen word hieronder bespreek.

4. *Doen* het homonieme wat in hulle funksies verskil:
a. as vervangende hulpww. om herhaling te vermy
Die hebbic (. . .) harde lief, als yement sine kindre *doet* V. 1416-17
doet ='liefhê'
b. as koppelwerkwoord met adjektiwiese aanvulling
het *doet* goet met gemake leven M.W., boek II, kol. 236
c. as hulpwerkwoord om tyd aan te gee
Her coninc, *doet* horen mine sprake M.W., boek II, kol. 235
doet is eintlik 'n semanties leë bousel
d. as oorganklike ww. plus onderwerpsin met dat.
Dat *doet*, dat si so versubtilen in kunsten, dat si daerin verdwalen M.W., boek II, kol. 243.
e. in die betekenis 'laat'
Tybeert *dede* ic muse vaen. V. 1465

Dattic man dor cleinen scat *sterven doe* — K.E. 216-217

gaen

Meester, nu *will*ic Esmoreit *gaen soeken*
van lande te lande — E. 854-855

Men *sal* u ene sotheit *spelen gaen* — L. 952

helpen

Wat *holpt* al *vertelt* — B. 464

Wat *holp* vrienden *verholen* — K.E. 559

comen

Dus *quamen* si den telt *ghevaren* — B. 328

laten

Bi al dat God leven *liet* — K.E. 999

Dat *laet* hier openbare *horen*! — V. 2163

varen

Dat ic te woude *soude varen jaghen*! — L. 469

19.2.1.2 Die indirekte skakelwerkwoord

Die indirekte skakelwerkwoord verbind indirek deur middel van *ende* met die hoofwerkwoord.

ligghen

Daer die coninc *lach ende* sliep — K.E. 15

sitten

Hi *sat ende* at — Stoett, bl. 12

staen

Doe *stont* Elegast *ende* loech — K.E. 724

19.2.2 *Die modale hulpwerkwoord*

Die modale hulpwerkwoorde word gebruik om nie-feitelikhede of nie-bestaande toestande uit te druk, bv. waarskynlikheid, noodsaaklikheid, plig, ens. Voorbeelde van modale hulpwwe.: *dorren, hebben te, kunnen, moeten, moghen, sullen* en *willen.*

dorren[5]

Die spreken *dorste* tsiere vromen. — K.E. 1265

Si soude *derren* staen teghen den alder
stoutste clerck — M. 621

Ic *dart* wel segghen over waer — V. 239

hebben te

Was daer niemen, sonder die das,

5. Afr. *durf* (K.E. 1265), (M. 621), (V. 239).

hine *hadde te* claghene over reynaerde.	V. 58-59
kunnen[6]	
(. . .) dat si niet en *conste* ontgaen	B. 63
Si en *conste* ghenen roc spinnen	B. 417
moeten[7]	
Dat si mi heden bewaren *moet*	L. 369
Ic *moet* u spreken (. . .)	L. 291
Ic *moet* beide, ziele ende lijf bevlecken	B. 442-443
moghen[8]	
Hoe *mach* u aen mi twien?	B. 313
Ic *mach* wel ieghen dordeel sorgen –	B. 501
Wine *moghen* niet tavont sceiden;	V. 1184
Dat alle huwen vrienden *mochte* rauwen	V. 2150
sullen[9]	
Vrient, ghi *selt* mi verstaen:	L. 650
(. . .) ghelijck ghi hier na horen *sult*	M. 78-79
Ny, moeye, segt oft ghi mi een bedde decken *sult*	M. 149
willen[10]	
Willen wi wandelen onder die scade	V. 3162
*Willi*c u segghen, wat ghi doet?	K.E. 1038
Ic *wille* weten, wie ghi sijt	K.E. 363
Dat ghi *wilt* swighen over al	L.35

19.2.3 *Die hulpwerkwoord van aspek*

Die twee medewerkwoorde wat gebruik word om die perfektum en die plusquamperfektum te vorm, is *hebben* en *sijn*. Kyk ook par. 20.1 vir 'n bespreking van aspek.

hebben[11]	
Ic *hebbe* ghevast (. . .)	B. 210
Dan si meer sonden *hadde* ghedaen	B. 488
sijn[12]	
Ic *ben* comen binnen mure;	B. 793
God die vander maghet *was* gheboren	E. 1

6. Afr. *kon* (B. 63, 417)
7. Afr. *mag* (L. 369), *moet* (L. 291), (B. 442-3)
8. Afr. *kan* (B. 313), *mag* (B. 501), *moet* (V. 1184), *sal* (V. 2150).
9. Afr. *moet* (L. 650), *sal* (M. 78-9), *wil* (M. 149).
10. Afr. *kan* (V. 3162), *sal* (K.E. 1038), *wil* (K.E. 363), *moet* (L. 35).
11. Afr. *het* (B. 210, 488).
12. Afr. *het* (B. 793), *is* (E. 1)

Indien die hoofwerkwoord se betekenis 'n verandering van toestand/plek van die subjek impliseer, word die aspektiese hulpwerkwoord *sijn* gebruik.

Waar die hoofwerkwoord se betekenis nie die toestand of lokaliteit van die subjek wysig nie, word die aspektiese hulpwerkwoord *hebben* gebruik. Die voortduur van 'n toestand of aktiwiteit word eweneens uitgedruk deur die hulpwerkwoord *hebben.*

19.3 Die bepalingstruktuur

Die bepalings is die vrye of opsionele nie-werkwoordelike momente van die werkwoordstuk.

19.3.1 *Die bywoordelike bepaling*

As gevolg van betekenisverskille kan die bywoordelike bepaling verdeel word in verskillende soorte. Die soorte wat behandel word, is die bywoordelike bepaling van plek, rigting, tyd, oorsaak en wyse.

19.3.1.1 Die bywoordelike bepaling van plek

Die plekbepaling word aangedui deur:

a. 'n Bywoord
Doe vandic *daer* meester reynaerde — V. 154

b. 'n Voornaamwoordelike bywoord
Gaet toe, ende crupet *daer in* — V. 675

c. 'n Voorsetselgroep
(. . .) die stede van Balderijs
leghet (. . .) *in verren lande* — E. 214-215

d. 'n Bysin
Dat hi te manpertuus es comen,
daer hi de porte hevet vernomen — V. 519-520

19.3.1.2 Die bywoordelike bepaling van rigting

Die rigtingbepaling verskyn in verskillende vorme:

a. 'n Bywoord
Reynaert, *wanen* quam hu die scat? — V. 2141

b. 'n Voornaamwoordelike bywoord

(. . .) ende legget optie oge iers .1. linen cleet ende daerna tplaester *daer op.*

c. 'n Substantiefgroep

Doe nam hi (. . .)
sinen wech te dien ghescheede — V. 386-387

d. 'n Voorsetselgroep

Dat hi u bringhe *uut desen prisoen* — E. 688

Die iongheIinc warp *op ende neder*
eenen appel (. . .) — B. 937-938

e. 'n Bysin

Eene eecke brocht huten woude
Die hi ontwee clieven soude, — V. 651-652

19.3.1.3 Die bywoordelike bepaling van tyd

Die volgende strukture kom voor:

a. Bywoorde

So moetti dan verloven *saen* — V. 1444
Dat roepen was *sciere* ghedaen — V. 3124

b. 'n Voornaamwoordelike bywoord

Up eene stont gheviel *daer nare* — V. 2371

c. 'n Voorsetselgroep

ten aenghange quam gereden — E. 985
Daer ghi uut ginges *ten selven tide* — B. 678

d. 'n Substantiefgroep

Dat si *langhe seven iaer* (. . .) ghinc — B. 456-457
Doen waecte si *den derden nacht* — B. 749
Der derder nacht verbeyt si noch — B. 735

e. 'n Bysin

Ghi sulter omme sterven (. . .) *eer*
emmer scheit dit hof. — K.E. 27-29

19.3.1.4 Die bywoordelike bepaling van kousaliteit

Die volgende konstruksies tree op as kousaliteitsbepalinge:

a. 'n Bywoord

Dies mijn herte alsoe beswaert — E. 42

b. 'n Voornaamwoordelike bywoord

Nu verwacht u *daerof* ende
vaert stelen (. . .) + — K.E. 30-31
Ghi sult*er omme* sterven — K.E. 27

c. 'n Voorsetselgroep
Daer hi vele te ligghene plach
dor waremhede van der zonnen V. 536-537
d. 'n Bysin
Omdat si haer gheven soude tot goeden ghedachten B.D., bl. 210

19.3.1.5 Die bywoordelike bepaling van wyse
Die elemente waaruit die bepaling van wyse kan bestaan, is:
a. 'n Bywoord of bywoordgroep
wel (V. 1963), *qualic* (V. 1804), *lachterlike* (V. 1383), *mordadelike* (V. 3120), *so verre* (V. 3380), *arde noede* (V. 1193).
b. 'n Voorsetselgroep
in vrouden loech (L. 16), *met hovesche* woorden (L. 22-23), *in doghden* sparen (L. 58-59).

19.3.2 *Randbepaling*
Waar 'n bywoordelike bepaling as inleier van 'n sin optree sonder om die volgorde van die hoofsin aan te tas, praat ons van 'n randbepaling.

Voegwoorde wat as randbepalings kan optree, is onder andere *ende, maer, of* en *want.*

Ende hi es qualike bejaecht. K.E. 597
Mar die een van den tueen hi hadde lange beseten ghewest, LD. 64
of si ooc speelden iet (. . .) dan canic ju ghesegghen niet M.W., boek V, kol. 24
Want si heeft u verbeden B. 675

Dieselfde vier voegwoorde tree as neweskikkers op tussen twee hoofsinne. Kyk 23.1.1.

19.4 Woordvolgorde in die werkwoordstuk

Oor die basiese volgorde van die Middelnederlandse stelsin bestaan daar nie eenstemmigheid nie.[13] Wat wel duidelik is, is dat S(ubjek) O(bjek) V(erbum) sowel as S(ubjek) V(erbum) O(bjek) volgordes kan voorkom. Dit geld vir sowel die hoof- as die bysin. Die volgorde wat

13. E. van den Berg (1980:60) beweer dat Middelnederlands as SOV-taal beskryf moet word al het dit enkele kenmerke van 'n SVO-taal. M. Gerritsen (1978:38) beskou Middelnederlands as 'n taal wat predominant SVO-eienskappe besit.

die meeste voorkom, word die basiese volgorde genoem en die ander volgorde die alternatiewe volgorde. Die Vf bevat die buigingsuitgang.

19.4.1 *Volgorde van die lede van die hoofsin met 'n enkelvoudige werkwoordstruktuur*

Basiese volgorde: S Vf O

Ic stele alrehande saken K.E. 573
Alrehande saken stele ic
Stele ic alrehande saken?

Die basiese volgorde verskyn in K.E. 573. Die tweede voorbeeld is minder basies, nl. O Vf S waar die objek nou as tema van die sin optree om meer klem daarop te lê en die subjek na agter verskuif. Die derde sin is 'n vraagsin met tipiese vraagsin volgorde Vf S O.

19.4.2 *Volgorde van die lede van die hoofsin met saamgestelde werkwoordstruktuur*

Basiese volgorde: S Vf V O

Ic sal vorderen mijn ghedochte	K.E. 1006
Ic hebbe ghesocht die vrouwe rene	L. 682

Alternatiewe volgorde: S Vf O V

Hi heeft den menighen verraden	K.E. 655
Ic moetse minnen (. . .)	L. 195

Volgens M. Gerritsen (1978:28) het 64% van die hoofsinne met 'n saamgestelde werkwoordstruktuur in *Het Limburgse leven van Jezus* S Vf V O volgorde. Die alternatiewe volgorde S Vf O V is by 36% van die hoofsinne aangetref.

19.4.3 *Volgorde van die lede van die bysin met enkelvoudige werkwoordstruktuur*

Basiese volgorde: S O Vf

Dat hi sine minne soe neder droech	L. 15
dat hi sijn oghen derwaert sla	B. 245

19.4.4 *Alternatiewe volgorde: S Vf O*

dat ghi bewaert mijn lijf	L. 349

Gerritsen (1978:25) se bevinding is hier dat die basiese volgorde S O Vf vir 60% gebruik is in *Het limburgse leven van Jezus*. Die alternatiewe volgorde word vir 40% van die bysinne gebruik. Die bysinne het 'n enkelvoudige werkwoordstruktuur.

Bostaande patroon word ook aangetref by die bysinne met 'n saamgestelde werkwoordstruktuur.[14]

Basiese volgorde: S O V Vf

dat icse emmer minnen moet L. 191

dat icse ghelaten niet en can L. 45

Alternatiewe volgorde: S Vf V O

dat hi soude doen enen onrecht

■ Die versvorm van poësie kan die digter soms verplig om 'n afwykende sinsbou te gebruik wat natuurlik volgorde-implikasies kan inhou. Die digter werk egter nie los van 'n taal se struktuurreëls nie en daarom moet prosatekste nie sondermeer as van groter waarde vir die taalondersoeker beskou word nie.

■ Die onderlinge verhouding van die lede van die verbale komponent. Die verhouding aspektiese hulpww. HW en mod. hulpww. HW word bespreek.

19.5 Die aspektiese werkwoord

Die hoofsin met stelsinvolgorde het die volgorde MW, HW wat die hulpwerkwoorde van aspek betref.

hebben

Ic *hebbe* hieraf ghewandelt meneghen dach L. 651

sijn

Enen penninc *es* saen verteert L. 698

Die aspektiese hulpwerkwoord vertoon in die bysin 'n opsionele volgorde van die werkwoordelike elemente MW, HW. Die MW kan vóór of ná die HW staan.

hebben

dat hise dus *heeft* verloren L. 621

dat hise dus verloren *heeft* L. 625

sijn

dat hi u mint boven alle die nu *sijn* gheboren L. 738-739

dat ghi van wapene geboren *sijt* L. 465

19.6 Die modale hulpwerkwoord en sy posisie teenoor die HW

Die hoofsin laat nie 'n dubbele skikking toe van die MW, HW nie.

Ic (. . .) ic sal winnen sijn ors K.E. 348-349

*ic winnen sal sijn ors

14. Die persentasie is nie bereken nie, maar lyk effens hoër ten gunste van die basiese volgorde.

By die modale hulpwerkwoorde kom ook die verskynsel voor dat die MW die HW kan voorafgaan of volg in die bysin.

dat *sal* mi costen dleven mijn — L. 70
dat ghi mi dit gheloven *selt* — L. 264
dat ic der werelt dienen *moet* — B. 214
dat ic *moet* bliven dat ic si. — L. 353

20 Aspek en werkwoordstye

20.1 Aspek

Werkwoorde wat die manier beskryf waarop 'n handeling verloop wat deur die HW uitgedruk word, word aspektiese werkwoorde genoem. Aspek dui op die aanvang, afloop of voortgang van handeling. (M.G., par. 357).

20.1.1 *Ingressiewe aspek*

Die aanvang van 'n handeling word die ingressiewe aspek genoem. (M.G., par. 359).

Drie werkwoorde tree op as hulpwerkwoorde van ingressiewe aspek – *sullen, varen* en *werden.*

sullen

tene tiden *sou*di riden VdK 33,1

Vert.: Op 'n dag het hy op die punt gestaan om (te perd) te ry.

varen

Wapent u ende *vaert* stelen K.E. 21

Vert.: Bewapen u en gaan steel = 'begin steel'.

werden

Flores *wart* pensende ende sloech thoeft neder F.B. 1972

Vert.: Floris het begin peins en het sy hoof neergebuig.

20.1.2 *Duratiewe aspek*

Die voortduur van 'n handeling word die duratiewe aspek genoem (M.G., par. 358). Die hulpwerkwoorde wat gebruik word om duratiewe aspek aan te dui, is die indirekte skakelwerkwoorde *ligghen, sitten* en *staen.* Die ww. *sijn* vervul ook soms die funksie van aspektiese werkwoord.

ligghen

Daer die coninc *lach* ende sliep K.E. 15

Vert.: Terwyl die koning lê en slaap het.

sitten

Hi *sat* ende at Stoett, bl. 12

Vert.: Hy het gesit en eet = 'bly sit en aanhou met eet'.

staen

Ende tybeert *stont* ende ghal V. 1226

Vert.: En Tibeert het gestaan en gil = 'het bly staan en aanhou gil'.

sijn

Als mettenen *waren* ghesonghen B. 195

Vert.: Terwyl vroegmis gesing is = 'aan die gang is'.

20.1.3 *Perfektiewe aspek*

Die voltooidheid van 'n handeling word die perfektiewe aspek genoem. In Middelnederlands word perfektiewe aspek uitgedruk deur die prefikse *ghe-, ver-, be-, te-* en *ont-* (M.G., par. 361).

ghe-

Sal hem niet *ghe*helpen moghen: V. 691

Vert.: sal hom glad nie kan help nie = 'klaar help'

ver-

Hevet lamfroyt den beere *ver*sien V. 710

Vert.: Het Lamfroyt die beer (behoorlik) gesien = 'volkome gewaar'

be-

Dan hi met stelen can *be*jaghen K.E. 225

Vert.: As wat hy met steel kan verwerf = 'volledig in die hande kan kry'.

te-

was hi *te* blauwen of versproken V. 1823

Vert.: was hy (terdeë) afgeransel en bespot

ont-

Hoe es di dese beere *ont*gaen V. 921

Vert.: Hoe het hierdie beer jou nie ontglip/ontkom nie = 'volledig weggekom'.

Prefikse word ook gebruik om ander aspektiese verhoudings aan te dui as die perfektief. So word *ont-* meermale aangetref as ingressiewe aanduider. Die klem val dus op die *begin* van die handeling.

ont-

dat ic dat vleesch mede *ont*gan V. 2081

Vert.: Dat ek die vleis begin proe/begin kou het.

20.1.4 *Die hulpwerkwoorde van aspek*

In die voorafgaande paragrawe is enkele hulpwerkwoorde genoem wat aspektiese funksie vertoon. Daardie hulpwerkwoorde het o.a. skakelwerkwoorde en modale hulpwerkwoorde ingesluit. Twee hulpwerkwoorde wat veral verband hou met aspek, is *hebben* en *sijn.*

hebben

By duratiewe aspek by onoorganklike werkwoorde tree *hebben* op om die bepaalde toestand wat deur die HW uitgedruk word aan te dui.

Si *heeft* altoes voer u ghedient B. 694

In dietsche dus *hevet* begonnen V. 9

sijn

By werkwoorde waar die onderwerp as gevolg van beweging 'n eksplisiete verandering van plek ondergaan, word *sijn* gebruik.

Bruun is ghelopen te Manpertuus.

'n Tweede gebruik van *sijn* is waar die HW 'n verandering van toestand betreffende die onderwerp te kenne gee.

20.2 Die werkwoordstye

In Middelnederlands word die werkwoordstye[1] soepeler gebruik as in latere Nederlands. Die volgende tye word in 'n meervoudige[2] sin afwisselend gebruik:

20.2.1 *Presens en preteritum*

Die coninc doe niet langher ne *spaert,*
hine *riep* sine baroene te rade V. 1328-1329

Die Vf *spaert* staan in die presens terwyl *riep* 'n preteritum is.

20.2.2 *Die perfektum en preteritum*

Sijn halsberch *hadde* menighe scure, men *sach* sijn scone lijf aldure, dat hem tserpent *hevet gedaen.* M.G., bl. 211 *hadde* (preteritum), *sach* (preteritum), *hevet gedaen* (perfektum).

20.2.3 *'n Preteritum vervang soms die plusquamperfektum*

Doe hi dies ghedranc, sprac hi M.G., bl. 211

ghedranc (plusquamperfektum), *sprac* (preteritum).

Vert.: Nadat hy daarvan gedrink het, het hy gespreek/gepraat/gesê.

20.2.4 *Die presens van die konjunktief kan saamgaan met 'n preteritum en omgekeerd.* Die konjunktief staan gewoonlik in die bysin en die indikatief in die hoofsin.

Dat ic wille dat men in enighen brief van mi lase M.G. bl. 212

wille (presens), *lase* (konjunktief, preteritum)

1. M.G., par. 353 word bestee aan die wisseling van die werkwoordstye.
2. 'n Meervoudige sin bevat 2 of meer neweskikkende sinne of bysinne.

Want so waent dat reynaert ware verhanghen V. 3095
waent (presens), *ware* (konjunktief, preteritum).

20.2.5 *Die presens word ook gebruik om die futurum uit te druk*
Dat ghire wale pleghet nu V. 1409
pleghet (presens).
Vert.: Sodat u nou goed vir hulle sal sorg.
Wat dat den iongheliinc *es* gesciet E. 21
(. . .) wat*s* u ghesciet? E. 618

'n Opvallende "andersheid" van Middelnederlands is die verbinding tussen *hebben* en *sijn* in 'n aspektiese verbinding (M.G., par. 260).

(. . .) dat bitter leven, daer ic so langhe in *hebbe ghesijn.* E. 788-789

Moderne Nederlands sal hier as verbale verbinding hê: *is geweest.*

Die aspektiese hulpwerkwoorde *hebben* en *sijn* word ook gebruik om die saamgestelde werkwoorde in Mnl. te vorm, nl. die perfektum (voltooid teenwoordige tyd) en die plusquamperfektum (voltooid verlede tyd).

21 Die Middelnederlandse sin[1]

Twee sinsvorme word bespreek: positiewe- en ontkennende sinne.

In die beskrywing van die Middelnederlandse sin sal daar gelet word op die volgende sinstipes: stelsin, bevelsin en vraagsin. (Die stelsin en die bysin word saam bespreek, dan die ander sinne.)

21.1 Sinsdele en volgorde

Die komponente wat as sinsdele van die elementêre sin beskou word, is:

die subjek (onderwerp), objek (voorwerp), persoonsvorm van die werkwoord (verbum finitum), byvoeglike bepaling, bywoordelike bepaling en bysin.

Die plasing van die sinsdele in 'n sin is nie willekeurig nie. Indien die S = subjek en die Vf = verbum finitum as die essensiële gedeelte van enige sin beskou word dan kan die posisie wat die ander sinslede t.o.v. hierdie twee elemente inneem, beskryf word. Die subjek plus Vf word die sinskern genoem.

Twee tipes volgorde kan onderskei word in die volgende sinne: onafhanklike en afhanklike volgorde

Ic sal noch selve de coninc sijn.	E. 50
Dies dancti mi lettel nu.	V. 2328
Met datti die tale seide, satti op in sijn ghereide	K.E. 1319-1320
Scaemt u der scanden, vul keytijf	L. 206
Selen dese saken moeten sijn?	E. 81
(. . .) oft ghi mi een bedde decken sult	M. 149
Hoe sal nu brune te hove comen?	V. 961
Mettien liet Elegast die tale.	K.E. 833

Onafhanklike sinne (hoofsinne) bevat onafhanklike volgorde

1. Hierdie hoofstuk maak ruimskoots gebruik van voorstudies in die Middelnederlandse sintaksis wat strek van Stoett (1923) tot M. Hogenhout en J. van der Horst (1979) en C. van de Ketterij (1980).

Vir 'n uitvoerige bespreking van die sintaksis word die belangstellende leser verwys na die volgende bronne:
Stoett (1923:212-251);
Van den Berg (1971:45-86);
Van de Ketterij (1980:67-101);
Hogenhout (1979:59-78);
Van der Horst (1979:20-37);
Pulles (1950:29-111).

(E.50, V.2328, K.E.1320, E.81, V.961, K.E.833, L.206). Afhanklike sinne (bysinne) bevat afhanklike volgorde (M.149).

21.2 Onafhanklike volgorde

Drie tipes onafhanklike volgorde kan onderskei word (Ponelis 1979:495)

21.2.1 Neutrale volgorde kom voor by die onafhanklike stelsin en word daardeur uitgeken dat die subjek in die eerste posisie staan. Die Vf staan gewoonlik in die tweede posisie. 'n Voorbeeld hiervan is E.50.

21.2.2 Aanloopvolgorde. Wanneer 'n gedeelte van die sin wat nie die subjek is nie in die eerste posisie staan, praat ons van aanloopvolgorde. Voorbeelde hiervan is V.2328, K.E.1320, V.961 en K.E.833. Die aanloop kan uit slegs een element bestaan soos in V.2328, V.961 en K.E.833. Soms is die aanloop 'n sinsdeel wat meer as een lid bevat, bv. die hele K.E.1319. Die *tweede* posisie in die aanloopvolgorde word ingeneem deur een van die lede van die sinskern (S of Vf).

21.2.3 Inversievolgorde. Waar neutrale volgorde die S in die eerste posisie vereis, kom die Vf in die aanvangsposisie by die inversievolgorde. Voorbeelde hiervan is E.81 en L.206. Die subjek staan by hierdie tipe volgorde in die tweede posisie of in 'n posisie verder agtertoe. Die hortatief en wenssin 21.13 en die vraagsin 21.14 vereis inversievolgorde.

21.3 Afhanklike volgorde

Afhanklike volgorde tref ons aan in bysinne, veral na sommige voegwoorde (M. 149). Die persoonsvorm van die werkwoord word nie meer as so 'n hegte eenheid gevoel met die subjek nie. Waar 'n voegwoord optree, bestaan daar nou 'n hegte band tussen die voegwoord en die subjek. In ons voorbeeldsin tussen *oft* en *ghi.*

Die sinne wat voorlopig gegroepeer is onder die noemer **aanloopsinne** vertoon onderlinge verskille. Hierdie verskille is terug te voer na die tipe sinsdele wat dit as aanloop kan bevat. V. 961 word bv. ingelei deur 'n leemtevraagwoord en K.E.833 bevat 'n bywoordelike bepaling van tyd. In al hierdie voorbeelde staan die lede van die sinskern in die volgorde Vf en later S maar met die Vf in die tweede posisie van die sin as geheel.

Die verskil tussen aanloopvolgorde en inversievolgorde is kortweg dat waar by aanloopvolgorde die Vf in die tweede posisie voorkom, inversievolgorde vereis dat die Vf in die aanvangsposisie van die sin moet staan.

Afhanklike volgorde hou in dat die posisie van die Vf na die regterkantse buiterand van die sin verskuif word, bv. M.149, . . . oft ghi mi een bedde decken sult. Afhanklike volgorde impliseer nie noodwendig dat die S ná die Vf moet optree nie. Die geaardheid van die inleidende voegwoord is die bepalende faktor. 'n Neweskikkende voegwoord (soos ende, of(te)) vereis dat die S die Vf moet voorafgaan terwyl onderskikkende voegwoorde (*als dat, omdat, opdat, sodat,* ens.) die Vf na links trek en die S regs daarvan staan.

21.4 Sinsvorme

Volgens die betekenis van die sin word onderskei tussen positiewe en negatiewe sinne.

21.4.1 *Die positiewe sin*

In hierdie tipe sin word bewerings gemaak, stellings toegelig en inligting verskaf wat 'n toestand, saak, ens. positief identifiseer. Bv.

Hi sal wenen dat ghi sijn vader sijt. E. 127
Vert.: Hy sal dink dat u sy vader is.

21.4.2 *Die negatiewe sin*

Waar die positiewe sin die toeligting oor iets maak, ontken die negatiewe sin die inhoud van die sin. Bv.

Ic wille dat ghi niet en spaert. E.132
Vert.: Ek wil (hê) dat jy nie talm nie

21.5 Sinstipes

21.5.1 *Die stelsin*

21.5.1.1 Die enkelvoudige stelsin

Onder enkelvoudige sin word verstaan 'n sin wat kan bestaan uit 'n NS, WS en opsioneel nog 'n NS en een of meer bywoordelike bepalings. Die enkelvoudige sin bevat geen komplemente nie. Die enkelvoudige stelsin is uiteraard 'n hoofsin.

Die volgende sinne beantwoord almal aan die strukturele vereistes wat gestel word aan 'n enkelvoudige sin.

Ic sette u mijn trouwe te pande.	L. 483
Reynaert es een gherecht man.	V. 263
Hi sal verwinnen al sijn sneven.	K.E. 1014

Si voeren wech metter spoet. K.E. 1181
Ghi sout des rouwen sciere ghenesen. K.E. 992
Hi hadde sijn wapen afghedaen. K.E. 1063
Sijn vader es een hoghe coninc
van Sesiliën in kersten lant. E. 78-79
Die locht was claer ende scone B. 337
Si reden berch ende dale. B. 398
Die coninc gaffem Egghérics wijf. K.E. 1409

Die stelsin beskryf stande van sake en verstrek inligting deur mededelings daaroor te maak. Bostaande sinne is almal positiewe stelsinne. (Die negatiewe stelsinne waarin inligting van 'n ontkennende aard meegedeel word, word afsonderlik behandel.) Kyk 22.

21.5.1.2 Die volgorde in die enkelvoudige stelsin

Selfstandige sinne soos die hoofsin, bevat 'n onafhanklike woordorde.

21.5.1.2.1 Die enkelvoudige stelsin met aanloopvolgorde

Die NS, MAAR NIE IN DIE ONDERWERPFUNKSIE NIE, of ander sinsdele soos bywoordelike bepalings kan in die eerste posisie staan.

Hieromme levic vele te sochter. B. 824
Dit moeste nu de coninc weten. V. 290

In B. 824 word die persoonsvorm van die ww., ook bekend as Vf = verbum finitum, voorafgegaan deur 'n sinsbywoord. In hierdie sin staan die onderwerp van die sin na die Vf.

In gevalle waar die onderwerp volg op die Vf, praat ons van inversievolgorde – kortweg inversie. Stelsinne met die onderwerp ná die Vf vertoon dus inversievolgorde.

Dit is belangrik om te onthou dat die inversie teweeggebring word deur die aanwesigheid van sinsdele in die eerste posisie van die stelsin en *nie* deur die Vf voor die onderwerp in te skuif nie.

Die voorbeeldsin V. 290 bevat 'n aanwysende woord in die funksie van 'n voorlopige voorwerp as aanvangselement van die stelsin. Die Vf staan in die tweede posisie terwyl die onderwerp in die voorlaaste posisie teregkom.

Die enkelvoudige sin met aanloopvolgorde impliseer dat *inversievolgorde* aan die orde van die dag is. Waar die eerste lid van die sin 'n bywoord is, hoef inversievolgorde nie op te tree nie.

Gherne, die coninghinne sprac: V. 2865

21.5.1.2.2 Die enkelvoudige stelsin met neutrale volgorde

Die enkelvoudige stelsin met neutrale volgorde hou in 'n sin met die onderwerp van die sin in die eerste posisie en die Vf in die tweede posisie met een of meer sinslede daarna. Die gedeelte na die Vf word die RES genoem (voortaan afgekort as R). Die res kan bestaan uit kombinasies van die volgende elemente – direkte voorwerp, indirekte voorwerp, bywoordelike bepalings, byvoeglike bepalings.

Si voeren wech metter spoet. K.E. 1181
Sijn vader es een hoghe coninc
van Sesiliën in kersten lant. E. 78-79
Die locht was claer ende scone. B. 337
Die coninc gaffem Eggherics wijf. K.E. 1409

Sin K.E. 1181 het die struktuur S Vf R waar R 'n bywoordelike bepaling van wyse bevat.

In voorbeeld E. 78-79 is die struktuur S Vf R maar die R bestaan uit 'n naamwoordelike koppelwerkwoordaanvulling + twee plekbepalings.

Die derde sin, B. 337 het eweneens die bou S Vf R. Hier bestaan die R uit 'n adjektiwiese koppelwerkwoordaanvulling.

In die laaste sin, K.E. 1409 is die struktuur ook S Vf R maar die R bestaan uit 'n NS (indirekte voorwerp) plus NS (direkte voorwerp).

21.5.1.2.3 Die enkelvoudige stelsin met inversievolgorde

Die enkelvoudige stelsin wat die Vf as inleier van die sin het en die onderwerp eers daarna, sal kwalifiseer as enkelvoudige sin met inversievolgorde.

Daar is reeds daarop gewys dat die enkelvoudige stelsin met 'n aanloop van inversievolgorde gebruik maak. Enkelvoudige sinne word wel aangetref waar die Vf in die aanvangsposisie staan met die onderwerp daarna:

Selen dese saken moeten sijn? E. 81
Willic te desen gate in gaen V. 1190

In albei voorbeeldsinne is die struktuur Vf S R met verskille slegs t.o.v. die binnebou van R. Die betekenis van hierdie sinne kom egter nie ooreen met dié van stelsinne nie, maar wel met vraagsinne.

Middelnederlands bevat blykbaar net enkelvoudige stelsinne met inversievolgorde waar dit 'n stelsin met 'n aanloop betref.

21.5.2 *Die saamgestelde stelsin*

Die saamgestelde sin is 'n sin wat bestaan uit 'n hoofsin plus komponente (veral bysinne). Die hoofsin kom in baie opsigte ooreen met die struktuur van die enkelvoudige stelsin. Die verskilpunt kom by ingelyfde sinne waar bysinne by die hoofsin inkorporeer word met gepaardgaande struktuurwysigings.

21.5.2.1 Die saamgestelde stelsin met neutrale volgorde

Die saamgestelde stelsin met die struktuur S Vf R.

Ghi sijt in sonden soe versmoert,
Dat god u beden niet en hoert B. 959-60

21.5.2.2 Die saamgestelde stelsin met die struktuur A S Vf R

Die saamgestelde stelsin met 'n aanloop, maar sonder inversie, kom in sinne van die volgende tipe voor:

21.5.2.2.1 Die eerste lid van die sin bevat 'n uitroep

Ay! ic hebbe den anxt soe groet E. 708

Die uitroep staan streng gesproke buite die sinsverband en kan weggelaat word sonder om die betekenis van die hoofsin nadelig te beïnvloed.

21.5.2.2.2 Die eerste lid van die sin is die toegesprokene

Here, ghi hebt wanhope verwaten, B. 631

Ook hier staan die eerste element buite die enge sinsverband en is weglaatbaar sonder nadelige gevolge vir die hoofsin.

21.5.2.2.3. Die eerste lid van die sin is 'n bysin

Als dit Elegast hadde ghesproken,
Eggheric haddet gherne ghewroken K.E. 1199-1200

Konstruksies met die bysin as inleier van die hoofsin, kom gereeld voor in Middelnederlands

die u dienen, si sijn vroet K.E. 1400

In hierdie sin word die inleidende bysin in 'n geteleskopeerde vorm hervat in die hoofsin deur middel van 'n vnw. Hierdie vnw. word weggelaat wanneer die sin in Afrikaans vertaal word. Die woord wat weggelaat kan word by vertaling, staan bekend as EKSPLETIEF.

21.5.2.3 Die saamgestelde stelsin met inversievolgorde

Die saamgestelde sin het die struktuur A Vf S R.

21.5.2.3.1 Die eerste sinsdeel is 'n bywoord

O edel wijf, dies moetic mi ewelic van u beloven E. 540-541

Let wel: die sintagma **o edel wijf** is 'n uitroep wat buite die sinsverband optree en gevolglik nie as sinsdeel kwalifiseer nie. Die eerste sinsdeel is die sinsbywoord *dies.*

21.5.2.3.2 Die eerste sinsdeel is 'n aanwysende woord.

Vader, dat willic gherne doen. E. 260

Die vokatief is 'n element wat nie as sinsdeel kwalifiseer nie omdat dit buite die sinsverband staan. Die aanwysende wd. *dat* is die eerste sinsdeel in hierdie sin.

21.5.2.3.3 Die eerste sinsdeel is 'n bysin

Doen si quam inden vergiere,
vant si die dore ontsloten sciere. B. 789-790

Die bysin is 'n tydsbysin.

Der werlt te dienen ende te minnen,
daer machmen crancken loon an winnen. VdK. 30.37-38

In hierdie voorbeeld word die beknopte bysin as inleier gevolg deur 'n voornaamwoordelike bywoord *daer*(af) wat as ekspletief beskou kan word.

Ook in die volgende gevalle word die inleidende gedeelte gevolg deur 'n ekspletiewe woord en inversievolgorde. (Die inleidende gedeelte mag natuurlik geen onderwerp bevat nie.)

- die inleidende gedeelte is 'n bywoord gevolg deur die ekspletiewe bywoord SO

  al dus soe seldi bliven in eren. E. 126

- die inleidende gedeelte is 'n substantief gevolg deur die ekspletiewe aanwysende woord DAT.

  Rebecca dat was haer name M.G., bl. 202

- die saamgestelde sin het 'n dubbele aanloop.

  Hier OMME, als hi was gesont,
  1 + 2
  nutte hi selde teniger stont
  gesoden spise dor enige dinc; VdK. 78.27-29

21.6 Die sinskern in Middelnederlands

In Middelnederlandse sinne tree S Vf en Vf S as hegte kern op – die sinskern. Rondom die sinskern word die ander sinselemente gerangskik as voor- en nabepalings wat bestaan uit lidwoordparadigmas, bepalings, bysinne, ens.

Tot dusver is sinne bespreek met die struktuur S Vf R, A S VfR en A Vf S R. In al hierdie gevalle besit die enkelvoudige en saamgestelde sinne 'n struktuur wat die hegtheid van die subjek + Vf beklemtoon.

Die sinne wat nou bespreek gaan word, vertoon 'n skeiding van die sinskern.

Die onderbroke sinskern het neutrale woordorde.

In hierdie sinne word 'n gedeelte, deur M aangedui, as onderbrekende sintaktiese element aangetref.

Sinne met die bou S M Vf

Ferguut ten coninc orlof nam P. 19
S M Vf

Sinne met die bou S M Vf R

Die heilige geest mit sijnre goetheit verheft den vader P. 19
S M Vf R

Sinne met die bou A S M Vf

Hier-om sommighe menschen die geboerte in
A S M
den geest verthoent is. P. 19
Vf

Die sin het die bou A S M Vf R

Noit man in ertrike sach sulke figure. P. 19
A S M Vf R

Die onderbroke sinskern veroorsaak inversievolgorde.

Die sin het die struktuur Vf M S.

Hoert dan ghi! K.E. 792
Vf M S

Die sin het die struktuur A Vf M S.

Elken daghe es gnoch sijns selves sorge. P. 19
A Vf M S

Die struktuur van die sin is Vf M S R.

Waer hier doch wat goeds te crighen. P. 19
Vf M S R

Die sin het die struktuur A Vf M S R.

Hier omme es hare ertrike een groet ellende P. 19
A Vf M S R

Die agt sinskemas wat hoërop bespreek is, verteenwoordig 'n onbeduidende persentasie (6,3%) van die totaal van voorbeeldsinne wat J. A. M. Pulles (1950) uit Middelnederlandse bronne opgeteken het. Volgens dié navorser is die twee sinstrukture wat die sterkste verteenwoordiging geniet in die Middelnederlandse geestelike prosa dié met die skemas S Vf R en A Vf S R. Nagenoeg 85% van die 2 000 sinne wat uit die werk van 50 outeurs ekserpeer is, het die struktuur S Vf R of A Vf S R vertoon. Die sinne met S Vf R verteenwoordig 43,6% van sy korpus Middelnederlandse materiaal.

'n Gevolgtrekking wat gemaak kan word uit bostaande bespreking, is dat die sinskern in Middelnederlands selde aangetas word. Dit wil ook voorkom dat indien 'n sin begin met 'n aanloop, inversievolgorde amper die reël is.

Die sinskern word onderbreek met inversie van die Vf en S.

In die volgende voorbeeldsinne is daar van een tot drie sinsdele wat tussen die elemente van die sinskern geplaas word.

En *mach* dor die venstre liden
Vf
Vliege no mosie te genen tiden F.B. 2447-2448
S
Doe *sprac* aldus *de goede man:* VdK., XXIV:44
Vf S
dat *ontdoet* dan metter vaert met sinen snavele *die olifant*
Vf S
VdK., XVII:22-23

Die sinskern word onderbreek sonder inversie

Goede redene *ic* daertoe *vinde.* VdK., 40:34
S Vf

21.7 Die afhanklike sin in Middelnederlands

Die afhanklike sin (bysin) word strukureel van die onafhanklike sin (hoofsin) onderskei op grond van sy woordskikking. Hier gaan dit eerstens om die posisie van die Vf in die bysin en tweedens om die posisie van die bysin t.o.v. die hoofsin. Die algemene bou van die bysin word eers behandel.

21.8 Die bysin

21.8.1 *Die volle bysin*

21.8.1.1 Die volle bysin bevat 'n onderwerp, bv.
Ick ben te vreden dat *ghi* hout deerste lettere M. 380

21.8.1.2 Die volle bysin word voorafgegaan deur voegwoorde soos: *als, dat, of, toe, want,* ens. wat voorkom in die volgende bysinne: die stelbysin, of -vraagbysin, volle bywoordelike bysin.

- die stelbysin
  Die tipiese stelbysin word ingelei deur die voegwoord *dat.*
  Want hi heeft so groten rouwe
  dat hise dus verloren heeft L. 624-25
- die of-vraagsin
  Of si ooc speelden iet (. . .) der minnen spel, dan canic ju ghesegghen niet. M.W., boek V, kol. 27
- Die volle bywoordelike bysin
  Alse ic out bem, peinsic al, hoe dat ic wel sterven sal. M.W., boek I, kol. 367

21.8.1.3 Volle bysinne sonder voegwoorde kom ook voor. Die twee tipes wat genoem word, is die betreklike bysin en die vraagbysin.

21.8.1.3.1 Die betreklike bysin
Bi den Here, *die* mi gheboot K.E. 554

21.8.1.3.2 Die vraagbysin
Die inleier van die bysin is een van die w-vraagwoorde – *waerheen, waerna, wanneer, waer, waeraf, waeraen, waerbi, waerher, waerin, waermede, waeromme, waertoe, wanen.*
Wetti iet *waer* ghi vonden waert? E. 641

21.8.2 *Die beknopte bysin (infinitiefsin)*
Die beknopte bysin bevat geen eksplisiete onderwerp nie, bv.
Oft om op een cussen te binden al waer hi kintsch M. 162

Vergelyk hiermee die uitgebreider weergawe:
Oft *dat si* hem op een cussen soude binden (. . .)
Die voegwoord *dat* + *onderwerp* word by dié verkorte bysin ver-

vang deur *om + te.* Let ook op die weglating van die hulpwerkwoord *soude.*

As gevolg van die aanwesigheid van die partikel *te* wat die infinitief voorafgaan, word bostaande sinne ook infinitiefsinne genoem.

21.8.2.1 Twee soorte infinitiefsinne word onderskei:
- 'n Infinitiefsin + *om* (te) of net *te.* (lang infinitiefsin).
- 'n Infinitiefsin sonder *om te.* (Kort infinitiefsin).

21.8.2.1.1 Die lang infinitiefsin

Hi prant een strop om hen gaen verhangen St., bl. 204
Dat hi quame in sine stede omme te sine in goeden vrede St., bl. 205
Dese houden haerre vianden hovet ute te drinkene St., bl. 205

In Afrikaans tree sinne met die struktuur van die eerste voorbeeldsin selde op. Die sinne met *om te* verteenwoordig die gewone toedrag van sake. Tipe 3 is afwesig in Afrikaans; d.w.s. dié met net *te.*

- Die lang infinitiefsin met *te*

Soudi den boem daer omme haten
ende *te* copene daer omme laten? L. 501-502
Ic bidde u om een goet beleyt
ende om een goet, claer bescheyt
te vernemene van Sanderijn L. 613-615
Vert.: (. . .) *om te* verneem van Sanderijn
Omme *te* meerne sinen lof K.E. 14
Wat node soude mi sijn *te* stelene? K.E. 56-57
Vert.: (. . .) *om te* steel?

21.8.2.1.2 Die kort infinitiefsin

Bepaalde werkwoorde het verbinding met 'n kort infinitiefsin toegelaat. Enkele van dié werkwoorde is: *achten, anevaen, begeren, beginnen, bestaen, bevelen, dinken, gebieden, geven, heeten, keren, lusten, meenen, plegen, scamen, scinen, verbieden, vermanen, vliegen, wanen, weten.*

Doe begant reinen met crachte	St., bl. 202
Hem soude lusten leven	St., bl. 202
Ic scame mi eten	St., bl. 203

In latere Mnl. is by werkwoorde soos *achten, begeren, bestaen, bevelen, dinken, gebieden, lusten, meenen, scamen, vermanen* die lang infinitief + te gebruik.

- Die kort infinitiefsin sonder *te*
  Daer die coninc lach ende sliep K.E. 15
  Vert.: Waar die koning gelê en slaap het. (soos Afr.)
  Ende batse hem raet gheven K.E. 1082
  Vert.: En het hulle gevra hom raad te gee (Afr. vereis om + te).

21.9 Die naamwoordsin

Die naamwoordsin staan ook bekend as die selfstandige bysin. Die naamwoordsin word ingelyf, d.w.s. geïnkorporeer by die onderwerp of voorwerp van die hoofsin.

Die twee tipes naamwoordsinne wat behandel word, is die onderwerpsin en die voorwerpsin.

21.9.1 *Onderwerpsinne*

Die onderwerpsin het 'n bysin wat as subjek optree en dié gedeelte word in die onderwerpsposisie verteenwoordig deur *het.*

Het es recht dat si mi behaecht E. 908

Het es noch quader die ondaet die ghi hebdt gewracht. E. 972-3

< Het; d.w.s. *die ondaet* (. . .)

21.9.2 *Voorwerpsin*

Die voorwerpsin kombineer met werkwoorde wat die betekenis het van 'geestelike arbeid', d.w.s. nie-tasbare handeling soos *sien, hoor, dink, verbeel, wonder,* ens.

Si saghen dat hem brune ontswam V. 846

Nu waenden die Hunen *des*, dat mense liden niet en mochte St., bl. 225

In laasgenoemde sin word die voorwerpsin deur 'n aanwysende woord voorafgegaan.

In die volgende geval word die voorwerpsin direk voorafgegaan deur 'n vraagwoord.

Her P. versiet *waer* dat een eyke groot op enen hoghen berch staet. St., bl. 225

21.10 Bywoordelike bysinne

Drie klasse bywoordelike bysinne word gepostuleer: die plekbysin, die tydbysin en die wysebysin.

21.10.1 *Bysin van plek*

Dit was dat men niet en soude spien, *waerhene dat si waren* M.W., boek IX, kol. 1566

21.10.2 *Bysin van tyd*

Doen alle die ander joncfrouwen dat (. . .) *sacrament ontfaen hadden,* doen sprac daer een stemme. M.W., boek II, kol 255

Terwijlen die coninck tot St. omers toefde (. . .) M.W., boek VIII, kol. 269

21.10.3 *Bysin van wyse*

Die mane sceen *oft ware dach* St., bl. 230

Hi gebaerde *als oft hijt verstoede niet* St., bl. 239

21.11 Die bysinvolgorde

21.11.1 *Die bysin in aanvangsposisie*

Die voorwaardelike bysin in beginposisie van die saamgestelde sin. Die Vf staan in die aanvangsposisie.

Gaestu ten prence van Babilone, du blijfs behouden Stoett, bl. 218

Die toegewende bysin, soms met die predetermineerder *al* in die aanvangsposisie, word ook aangetref.

Al quaem die baerlijcke duvel tot mi, ic ben nu als die nieghers nae en vraghe. M. 175-176

Die toegewende bysin met die Vf in die beginposisie.

Ja, doedi noch also wel, hem ooc die u dus prijs gaf en ghelooft niet te bat daer af. VdK., 29, 6-8

Soos reeds vroeër verduidelik, kwalifiseer uitroepe en interjeksies nie as sinsdele nie sodat die sin in hierdie geval met die Vf begin.

21.11.2 *Die bysïn in nagestelde posisie*

In Middelnederlands word die bysin ook agter die hoofsin aangetref.

- Die voorwaardelike bysin

Ic vare gerne met u, here, *in dien dat ic behoude min ere:* VdK., 75, 20-21

Die voorwaardelike bysin in nagestelde posisie in die saamgestelde sin. Die Vf staan in die aanvangsposisie van die bysin.

Want du moest drie campe verwinnen, *sultu hemelrike ghewinnen.* VdK., XIII, 41-42.

In die hoofsin word neutrale volgorde aangetref nieteenstaande die inleidende voegwoord WANT.

- Die bysin van oorsaak

Nochtan hebbickenne ghemint
Boven alle creatueren,
Want hi es edel van natueren
Ende oec van enen hoghen moede. E. 442-445

- Die bysin van gevolg

En laet u niet van buten schouwen,
dattie nyders comt voer oghen; VdK., 42, 33-34

- dat-sinne

Dus hevet die valsche peelgrijn beworven *dat*
dher ysengrijn (. . .) *hevet verloren* (. . .) *dat vel;* V. 2880-2884

- Die bysin voorafgegaan deur *ochte*

Ic hebbe groet wonder in minen moet,
Ochte yemen mochte sijn vroet,
Die wiste wat dese vogele menen nu. VdK., 54, 3-5

- onderwerpsin

Hets al verloren pine,
Dat ghi neemt discipline; B. 957-958

By al die voorafgaande voorbeelde staan die Vf van die bysin nie in 'n slotposisie nie. In Afrikaans staan die HW in die bysin in die buiterand.

21.11.3 *Bysinne wat 'n voorwaarde uitdruk*

- Die werkwoordelike gedeelte staan in die aanvangsposisie.

Mochte God doen sonde,
Soe heefti sonde ghedaen, K.E. 1194-1195

- Bysinne met 'n aanloop en die Vf in 'n buiterand posisie.

Die bysin word ingelei deur 'n betreklike of vraende vnw.

Die Eggheric stac dor tleder
vander curien met ghewelt, K.E. 1332-1333

Die bysin word ingelei deur 'n onderskikkende voegwoord

Hi sal wenen *dat* ghi sijn vader sijt. E. 127
Van dies ic stont in groter sorghen,
Want ewelijc blijft hi verborghen
In heydenesse, (. . .). E. 211-213

Want tree ook soms op as neweskikkende voegwoord, bv. E. 138, E. 240.

Die bysin word ingelei deur 'n element wat nie sinsdeel is nie, gevolg deur die Vf.

Ende hadde mi maria niet verbeden, B. 783
Vf

21.11.4 *Die posisie van die subjek in die bysin*
In Middelnederlands word die inleidende voegwoord van die bysin gewoonlik geskei van die subjek deur een of meer sinsdele.
Die voegwoord en subjek word geskei deur een element.

Dat mi *die crancheit* sal doen dolen; B. 78

In bostaande voorbeeld is die sinslid wat die voegwoord en subjek skei, 'n vnw.
Die voegwoord word van die subjek geskei deur 'n bywoordelike bepaling.

Men leest, dat *in sijn conincrike*
Die coninc es des reghens ghelike, VdK., 79, 1-2

Die voegwoord en subjek word geskei deur twee lede.

So doer den dyenst doet die heere VdK., 59, 30

Die voegwoord en subjek word geskei deur drie lede

Dat hem etens lusten dede
Die honger entie tijt ooc mede VdK., XXIV, 39-40

Behalwe in die geval van die aanwysende woorde en betreklike vnwe. *die*, *dit* en *dat* wat as subjek en objek fungeer, tree die Vf nie in die tweede posisie op van die bysin nie. Die bysin het origens die kenmerk dat onderskikkende voegwoorde, bywoorde en vnwe. (behalwe in die funksie van subjek) nie direk gevolg kan word deur die persoonsvorm (Vf) nie.

'n Ander struktuurkenmerk van die bysin is dat dit in die geval waar onderskikkende voegwoorde, bywoorde en vnwe. die sintagma open, *stelsinvolgorde* die gewone gang van sake is.

Doen hi sach ligghen tswaert opt velt K.E. 444

Hier is die sintagma 'n bysin by *pensde hi* (446).

Doen antwoerde die coninc: K.E. 367

Hier tree die sintagma op as hoofsin met inversievolgorde.

So moete mi god vermalendyen. V. 490

Hoofsin met inversievolgorde. In hierdie voorbeeld is *god* die subjek van die hoofsin.

So si quamen van haren werke; V. 725

In hierdie geval lei *so* 'n bysin van wyse in.

Dat ware mijn wille bet K.E. 113

Dat moet mi God verbieden K.E. 619

In die eerste voorbeeld vervul die aanwysende woord die funksie van die subjek en in die tweede voorbeeld het *dat* die funksie van objek.

21.11.5 *Die gevolgaanduidende bysin*

Die gevolgaanduidende bysin word ingelei deur die voegwoord DAT.

Dies mijn herte alsoe beswaert
Dat mi in bringhen sal de doot, E. 42-43

Die inleier is 'n hoofsin

Maria es soe wel u vrient:
Si heeft altoes voer u ghedient
Min no meer na dijn ghelike. B. 693-695

Die inleier is ENDE gevolg deur 'n hoofsin in die indirekte rede.

Ende seit, dat hise niet sal laten
alsoe lange als hi sal leven.

21.11.6 *Die byvoeglike bysin*

Die byvoeglike bysin volg nie altyd direk op die antesedent waarmee dit in betekenis saamgaan nie.

Die coninc es des reghens ghelike,
Dat ene ghichte es van Gode scone, VdK., 79, 2-3

Die logiese opbou sou wees: die coninc (antesedent) dat ene ghichte es van Gode scone, es des reghens ghelike. In Afrikaans sal ons in hierdie geval by 'n idiomatiese vertaling van die Middelnederlands kan sê: "Die koning is net soos reën wat 'n geskenk is van die goeie God."

In die volgende geval sal 'n poging om die Middelnederlandse volgorde te handhaaf, glad nie opgaan nie.

Die scoenste, die in die werelt ware, vrouwe die wildsoe hem vriën St., bl. 242

Vert.: Die skoonste vrou wat daar op die wêreld was (. . .)

Die betreklike bysin met ingeslote antesedent.

Ende hi heeft oec nu gesworen *diese* hem brinct gesont van live, hi salse hem geven tenen wive. Stoett, bl. 242

En hy het ook nou gesweer hy sal haar gee as vrou aan hom wat haar gesond van liggaam maak. (Vrye vertaling).

Die betreklike bysin met ingeslote antesedent open die sin.

Die u dienen, si sijn vroet K.E. 1400

Wie u dien, is verstandig
Letterlik: Diegene wat u dien . . .

21.11.6.1 Byvoeglike bysin met bywoordelike funksie

Gevalle kom voor in Middelnederlands waar die byvoeglike bysin moeilik as sodanig weergegee kan word in Afrikaans. In sulke gevalle wil dit voorkom asof die funksie van hierdie sinne meer tot hulle reg kom as hulle weergegee word deur middel van 'n bywoordelike bysin.

Enkele van die bywoordelike bysinne wat gebruik word in plaas van die byvoeglike bysin, is die volgende:

- redegewende bysin

  Dat hi betren woude die mesdaet, di hi bi sire scoude den wiin verstiet. Stoett, bl. 40

  Vert.: *Aangesien hy die misdaad wou regstel* wat hy . . .
- die voorwaardelike bysin

  Wijn es goet dranc, diene kint Stoett, bl. 39

  Vert.: Wyn is 'n goeie (soort) drank vir iemand wat dit ken.

"Vir iemand" = indien

- tydbysin

  Die coninc quam daer, diese slouch
  In spellijcheden, daer soe stoop,
  Alse die stille daer in sloop. VdK., 50, 20-22

  Vert.: Die koning het daar aangekom soos iemand wat stilletjies daar ingesluip het, wat haar speelsgewys geslaan het, terwyl sy gebuk het.

21.11.7 *Die sinskern in die betreklike bysin*

Die betreklike vnw. en die onderwerp word geskei deur een sinslid.

Dies hem *Claerwijs* balch wel sere; VdK., 73, 21.

Die betreklike vnw. en die onderwerp word geskei deur twee sinslede.

Daerse van recht *die coude* toe dwinct. VdK., I, 16

Die Vf staan dikwels in die voorlaaste posisie in die sin met 'n naamwoordelike gedeelte in die sluitposisie.

Daer men af tellen mach waerhede. VdK., 36, 18

In ooreenstemming met die patroon in Afrikaans kom daar ook enkele gevalle voor waar die Vf in die slotposisie staan.

Daerse van recht die coude toe dwinct. VdK., I, 16

Indien die betreklike bysin 'n koppelwerkwoord as kernwerkwoord bevat dan staan die koppelwerkwoordaanvulling in die slotposisie.

Die orse, die beide waren *goet.* VdK., 73, 8

21.11.8 *Bysinne met die vorm van 'n hoofsin*
Die hoofsin en die bysin is paratakties byeengevoeg.

Hi sach wel hi was bedroghen. V. 692

Die bysin staan in die direkte rede.

Die coninc antwoerde daer of:
"Sijt willecome in mijn hof! K.E. 1203-4

21.12 Die bevelsin

Die bevelsin word gewoonlik sonder eksplisiete subjek gebruik. Die hoofwerkwoord in die bevelsvorm staan dan in die aanvangsposisie in die sin.

Comt tot mi onghelet E. 258

Die hoofwerkwoord word voorafgegaan deur een of meer sinsdele:
Die inleidende gedeelte is 'n bywoordelike bepaling.

Nu swijt ende merct hoet begennen sal. E. 30

Die inleidende gedeelte is 'n genitiefobjek

Uwes goets raets hebbet danc V. 548

Die inleidende gedeelte bevat 'n ekspletiewe herhalingselement.

Meester, nu *soe* doet mi bekant E. 80

Die inleidende gedeelte bevat 'n aanwysende wd.

Dat en laet dor niemen niet K.E. 1210

Soos reeds voorheen verduidelik, word elemente soos die toegesprokene (*Meester* in E. 80) en die ontkenningspartikel (*en* in K.E. 1210) nie tot die basiese struktuur van die sin gereken nie. Dié sinslede is m.a.w. nie sinsdele nie en word nie as konstituente gereken by die tel van bousels wat die werkwoord voorafgaan nie.
Die inleidende element vervul 'n sinsverbindende rol.

Daer om . . . compt, compt, ic sallen u laten sien! D.B., bl. 42

In bostaande voorbeeld is die inleidende element 'n sinsbywoord.
Die inleidende element is die subjek van die sin.

Nimen en mach tween heren dienen; D.B., bl. 4

21.13 Die hortatief en wenssin

Die hortatiewe sin bevat 'n aansporing tot 'n bepaalde handeling. In Afrikaans sê ons bv. "*laat* ons aan die werk spring, kêrels!"

Laet ons toten coninc gaen
ende sinen pays daer ontfaen. V. 3466-3467

Nu *haesten* wy! V. 2017

Die aansporing kan ook 'n ander vorm aanneem, naamlik 'n inleiding wat as voorlopige voorwerp diens doen, gevolg deur die hoofwerkwoord.

Dit neemt ende leeft met ghenaden V. 3460

Vert.: Neem dit aan en leef in die koning se guns.

Die wenssin druk 'n begeerte uit en staan in die aanvoegende wyse (konjunktief), kyk M.G., par. 223 en 225.

Also *behoude* mi god mijn leven; V. 173

Vert.: Mag God so my lewe vir my bewaar/behou!

God ghevere mi af al goet! V. 1042

Die aanvoegende of konjunktiefsin staan eweneens in die konjunktief. In hierdie tipe sin word 'n toestand wat in die vooruitsig gestel word, verwoord. Hierdie soort sin en die wenssin oorvleuel mekaar in 'n groot mate.

Ic *haet* al up teenen male. V. 600

Vert.: Ek sou dit alles op een slag opeet.

Quame ic danen, het *ware* gheval V. 1398

Vry vertaal: Dit sou 'n buitekansie wees indien ek daarvandaan (ongeskonde) sou (weg)kom.

Al *ware* hú lief mijn grote scade. V. 1988

Vert.: Al was my ondergang vir ú aangenaam/
al sou my ondergang vir ú aangenaam wees.

Storve mijn vader, ic *soude* u trouwen E. 520

Vert.: Indien my vader te sterwe sou kom (dan) sal ek met u trou/Sterf my vader, ek sal met u trou.

In E. 520 word twee wwe. in die konjunktief aangetref, maar net die eerste een word by vertaling in die aanvoegende wyse gestel. Die tweede werkwoord word as gewone werkwoord met toekomsverwysing weergegee omdat *soude* sekerheid/vasbeslotenheid uitdruk en nie onsekerheid nie.

21.14 Die vraagsin

Die vraagsin in Middelnederlands word struktureel beskryf t.o.v. die posisie wat die Vf inneem. Die Vf staan in die aanvangsposisie van die vraagsin.

- Waar die vraagsin 'n bevestigende of ontkennende antwoord in die vooruitsig stel, staan die Vf in die eerste posisie.

Selen dese saken moeten sijn? E. 81

Suldijt hem draghen, belin neve? V. 3253

Sinselemente wat nie deel vorm van die kernstruktuur van die elementêre sin nie, kan die Vf voorafgaan. Dit geld hier veral neweskikkende voegwoorde, uitroepe, vokatiewe en die ontkenningspartikel.

Nu segt mi, Reinout, es si dan doot?	L. 891
Ende es soe wreet dat felle wijf?	E. 350
Tfi ghesellle, sidi vervaert?	K.E. 804 -805
jaen sidi gans ende ghesont (. . .)?	K.E. 961

Die Vf staan in die tweede posisie in die vraagsin.

▪ Waar vraagwoorde soos *hoe, waer, wanneer, wat, wie, twi,* ens. die sin open, staan die Vf direk daarnaas. Hierdie sinne word die leemtevraagsinne genoem.

Hoe es sijn name?	E. 203
Wanneer soe was dat kint gheboren?	E. 75
Twi sidi traech, Ysingrijn ende heere bruun?	V. 1903-1904
Waer sidi, dochter Damiët?	E. 257

'n Kombinasie van vraag- en uitroepsin word aangetref in die volgende voorbeeld.

Ic wane ghi wilt zinghen gaen
van huwen complete dat ghetijde?! V. 950-951

Die sinskonstruksie is hier dié van 'n gewone stelsin, nl. S Vf R.

22 Die ontkenningsin

■ Ontkenning deur middel van morfologiese indikatore

In Middelnederlands word ontkenning hoofsaaklik tweeledig aangedui d.m.v. die partikels *en/ne . . . niet* of *en/ne* plus 'n versterkingselement, bv. *nooit, nemmermeer, nerghen, nie.*

22.1 Ontkenningsvorme met aangepaste struktuur

Klitisering veroorsaak vorme soos *dan, en, in, men,* ens. (Enklisis)

Proklitiese vorme kom ook tot stand, veral in verbinding met bywoorde en persoonlike vnwe., bv. *nemmer, neen, nerghen, nie, niegheren* "nêrens", *niet, niewet, nooit, niewer, nieweren.*

22.2 Die ontkenningspatroon sonder NIET[1]

Die ontkenningspartikel *en/ne* is die enigste negatiewe partikel in die sin. Enkele voorbeelde hiervan is:

■ Negatiewe sinne wat die woorde *ander, bore* "baie", *meer* bevat.

Dat en brachte toe *ander* rijchede — St., bl. 160

Een arem mannekijn, ne *bore* groot ende versmaet — St., bl. 160

Dat ghi mi *meer* en sult sien — St., bl. 160

■ Kort antwoorde

In doe, reynaert (. . .) — V. 1148

In <*ic ne*

Vert.: Dit doen ek nie Reynaert (. . .).

■ Waar 'n bevestigende antwoord verwag word.

Jaen sidi gans ende ghesont (. . .)? — K.E. 961-963

Vert.: Is u dan nie fris en gesond (. . .)?

22.3 Omgewings waar *niet* selde voorkom

Niet as tweede ontkenningspartikel kan weggelaat word in verbinding met die volgende werkwoorde:

Hoofwerkwoorde: *roeken* 'ag slaan' en *weten* gevolg deur 'n afhanklike vraag.

Ons en rouct wie u gaet ane. St., bl. 154

1. 'n Paar ander gevalle waarin *en* sonder *niet* optree, word aangestip in M.G., par. 281.

Vert.: Ons steur ons nie (daaraan) hoe dit met u/jou gaan nie/Dit traak ons nie hoe dit met u/jou gaan nie.

Nu en wisten si wat spreken St., bl. 154

Vert.: Nou het hulle nie geweet wat om te sê nie.

22.4 Enkele omgewings waarin die ontkenningspatroon voorkom:

Subjek + ontken. part. + Vf + Res

In weets u hoe berechten. K.E. 369

Niemen en wille thuus weert gaen. E. 1113

Die ontkenningspartikel *en* of *ne* staan onmiddellik voor die Vf as die hele sin se inhoud ontkennend gemaak word.

Subjek + ontken. part. + Vf + ontken. part. + Res

Ic en wijst niet dat ghi mi waert so bi E. 480

Hi en wilde niet, dat men ware vroet, K.E. 382

In hierdie konstruksies word net die werkwoordelike gedeelte wat deur die ontkenningspartikels omring is, negatief gestel. K.E. 382 se letterlike vertaling is bv. Hy nie wou nie dat mense sou weet (dat hy die koning was). Lees ook M.G., par. 279.

Subjek + ontken. part. + Vf + versterkende woord + Res

Hine waende **nemmermeer** ontgaen V. 697

In was **noit** moerdenaer, no verrader E. 971

In vinde **gheen** so vaste kiste K.E. 522

Die versterkende woorde wat vet gedruk is, bevat self ook 'n negatiewe strekking. M.G., par. 280 verskaf verdere voorbeelde van versterkende woorde. In *Beatrijs* vind ons die volgende versterkende uitdrukkinge:

niet . . . **een hoy** B. 230

niet **een haer** B. 391

niet **een bast** B. 956

Karel ende Elegast, vers 440 het die uitdrukking niet **twee peren**, en *Esmoreit*, vers 441 bevat: en . . . **twint.**

Al hierdie uitdrukkings het die betekenis 'nie die minste nie'.

Subjek + hervatter + ontken. part. + Vf + Res

Die ualsche orconscepe draget hi nemah nemmer orconscepe dragen. VdB., bl. 83

Wie valse getuienis aflê [hy] mag nooit meer as getuie optree (nie). Die gedeelte tussen vierkanthakies staan in die teks maar word by vertaling in Afrikaans weggelaat. Die gedeelte tussen ronde hakies is 'n toevoeging vir aanvaarbare Afrikaans. oor die ekspletiewe vnw. lees 21.5.2.2.3 en M.G., par. 309.

Aanloop + subjek + ontken. part. + Vf + Res

... al waer oec alle die bliscap vander welt in enen mensche gestort, si en mochte dien niet geliken P. 38

Die aanloop bestaan uit 'n voorwaardelike bysin, die subjek is die vnw. *si, en* is die ontkenningspartikel, *mochte* die Vf en *dien geliken* die Res.

Aanloop + ontken. part. + Vf. + S

Daer en halp goet no bede. K.E. 1406

Die aanloop bestaan uit die bywoord *daer*, *en* is die ontkenningspartikel, *halp* die Vf en *goet no bede* is die subjek.

Aanloop + aanloop + ontken. part. + Vf + subjek + Res

. . . nemmermeer voertan en werdic roover no scaecman K.E.1307-1308

Die eerste aanloop bestaan uit *nemmermeer*, die tweede uit *voertan*, die ontkenningspartikel is *en*, die Vf is *werd* met ic as subjek. Die Res bevat die koppelwerkwoordaanvulling *roover no scaecman.*

Ontkenningspartikel + Vf + subjek + Res

Ne comt hi niet, hets hem quaet; V. 1022

Ontkenningspartikel + Vf + M + S + Res

Ne conste ons wachtre no onse hont no bewachten no bescaermen. V. 404-405

22.5 Interpretasieprobleme by die ontkenningspatrone in Middelnederlands

Ontkenningspatrone in Middelnederlands kan nogal lastige verstaanprobleme vir die moderne leser opwerp. Een van die redes hiervoor is dat sinne sonder voegwoord (paratakties) naas mekaar geplaas kan word. Hierdeur is dit nie altyd duidelik of die twee sinne in neweskikkende of onderskikkende verband tot mekaar staan nie.[2] Die negatiewe partikel staan in sulke sinne in die tweede sin wat dui op 'n tipe sinsintegrasie wat plaasvind.

Die verwikkeldheid van die ontkenningsverhoudings word mooi illustreer in die volgende voorbeeld (VdB. 1971:40).

Echites en heeft niet vergheten. Hi en ghinc sitten neven die scone.

Hierdie twee parataktiese sinne staan nie as neweskikkende sinne teenoor mekaar nie, maar vorm 'n sluitende geheel. 'n Parafrase van

2. Die verhouding waarin die twee sinne teenoor mekaar staan, word uitvoerig bespreek in M.G., par. 281, 7° (a tot e).

die inhoud sal iets soos die volgende oplewer. "Dit is nie so dat Echites daar nie aan gedink het sodat hy nie langs die skone gaan sit het (nie)". Die verpligte toevoeging van nog 'n ontkenningspartikel in Afrikaans maak sake nog moeiliker.

'n "Verstaanbaarder" vertaling van die Middelnederlandse sin sal eintlik nie reg laat geskied aan die struktuur van die oorspronklike sin nie. Die tweede sin staan in 'n onderskikkende verband tot die eerste een. Die geheelbetekenis van die sin gee te kenne dat Echites nie gehuiwer het om langs die skone te gaan sit nie! Hierdie weergawe vat die inhoud kernagtig saam maar gee nie 'n getroue weerspieëling van die sin se onderlinge verhoudings nie.

Waar in 'n saamgestelde sin die lede van die ontkenningskonstruksie by afsonderlike Vfs optree, is dit soms moeilik om te besluit presies hoe om die sin te vertaal.

Nu en es hier niemen in dit huus (. . .) ic ne bem een deel mesdadich ieghen hem; V. 2066-2068

1. Nou is hier niemand in die hofsitting teenoor wie ek nie slegte dade gepleeg het (nie).

2. nou is hier niemand in die hofsitting of ek het slegte dade teenoor hom gepleeg.

Die keuse moet gemaak word tussen 'n vertaling waar die strekking negatief is (1) en 'n vertaling waar die teenstellende voegwoord *OF* gebruik word i.p.v. die ontkenningspartikel sodat die sin 'n positiewer strekking het.

Tweeledige ontkenning hou nie in dat die een negatiewe partikel die ander een se betekenis verander in 'n bevestiging nie. Wat wel met die loop van tyd gebeur het, is dat die eerste partikel *en/ne* se funksie so verbleek het dat dit in 'n latere taalstadium kon verdwyn en *niet* as enkele lid behou is. Afrikaans het hier, anders as in Nieu-Nederlands, die tweeledige ontkenning behou.

Verswakking van *ne* as ontkennende partikel sowel as 'n wegbeweeg van dubbele ontkenning na enkele ontkenning d.m.v. *niet* vorm die tema van M.G., par. 282. Die ontwikkeling van tweeledige tot eenledige ontkenning is ondersoek deur (V.d. Horst & V.d. Wal, 1979). Hulle het die omgewings nagegaan waar tweeledige sowel as eenledige ontkenning voorkom en ook waar slegs eenledige ontkenning aangetref is. Kortliks kom hulle bevindinge daarop neer dat waar tweeledige sowel as eenledige ontkenning gebruik word, sinne met tweeledige ontkenning oorheersend is. Die tipes sin onder bespreking is sinne met Vf in die aanvangsposisie, sinne met inversievolgorde en bysinne. Wanneer die tweeledige ontkenning in 'n sin optree, word die Vf ontken en nie die res van die sin nie.

Sinsontkenning met eenledige partikel word aangetref in sinne sonder Vf in die tweede sin en sinne waar *niet* voor 'n element staan wat nie 'n werkwoord is nie. In albei gevalle hou die ontkenning verband met gedeeltes wat nie die Vf bevat nie. Die voorbeelde in die volgende gedeeltes kom uit (V.d. Horst en V.d. Wal, 1979), behalwe as dit anders aangedui word.

22.6 Die eenledige ontkenningspartikels kom in die volgende sintaktiese omgewings voor

Sinne wat die Vf as eerste element bevat[3]

bysinne

Dit en ware u niet ghesciet,
*waer*di van dorpers aerde niet! B. 351-352
lieghe ic niet, soe seg ic waer

sinne met al + Vf

al comt hi niet claghen nu V. 194

vraagsinne

*Hoer*dicse nie? E. 875

bevelsinne

laet mi inder noet niet bliven! B. 494

wenssinne

waerre 'mer' niet so wel bekent

Sinne met aanloop

over hem willic niet claghen

Bysinne met Vf in die buiterand

dat hi tloopen niet *conste* ghedoghen V. 755

Die Vf ontbreek, bv. as gevolg van sametrekking

opdat ghise oec wilt buten sluten ende niet voertsetten.

In bostaande voorbeeld word *wilt* saamgetrek voor *voertsetten.*

Die ontkenning slaan nie op die Vf nie maar op 'n ander sinsdeel.

die zee was diep ende niet te wijt

22.7 Ontkenning by retoriese vrae

Die vir ons „onlogiese" gebruik van die ontkennende bywoord *nooit* i.p.v. *ooit*, veral by gevalle van vergelyking in die stellende trap, vorm

3. Eenledige ontkenning waar die ontkenningspartikel in die tweede posisie in die sin staan, word bespreek in afdeling 22.4.

die inhoud van M.G., par. 283. Let daarop dat hierdie gewraakte konstruksies soos wie sach *nooit* so quaden man? voorkom in retoriese vrae wat 'n ontkennende antwoord in die vooruitsig stel.[4]

Laastens kom daar ook gevalle voor waar die ontkenningsgedagte vervat word in 'n woord met 'n negatiewe/afwysende betekenis sonder gebruikmaking van 'n ontkenningspartikel. Twee woorde met sodanige betekenis is *cume* 'skaars' of 'byna nie' en *selden* 'nie dikwels'.

Sulke quene die van houden *cume* eenen tant hadde behouden. V.767-768

Viants mont seit *selden* wel. V. 182.

4. Lees in dié verband die opm. van M.G., par. 283.

23 Sinsuitbreiding

Enkelvoudige sinne kan op verskillende maniere uitgebrei word tot komplekser strukture.

23.1 Neweskikking

Woordgroepe of sinne wat as gelykwaardig beskou word, kan naasmekaar geplaas word in Afrikaans, bv. *die stoel* en *die tafel* behoort gereeld gepoleer te word. Die naasmekaarstel van gelykwaardige elemente in sinsverband word neweskikking genoem.

In Middelnederlands kan dit gebeur dat een of meer sinsdele kan staan tussen die elemente wat as newegeskik beskou word.

Doe hi jonc was ende dom VdK. 30, 33

Vert.: Toe hy jonk en dom/onervare was

Soos uit die vertaling blyk, word die sintaktiese verhouding die beste weergegee deur 'n woordordeskommeling. Die alternatief is om die koppelwerkwoord *was* toe te voeg, maar dan word die tipies Middelnederlandse patroon drasties gewysig.

Daar word in Middelnederlands ook neweskikking aangetref waar die neweskikkende dele weerskante van ENDE verskyn.

(. . .) lamfreyde die up sinen hals brochte beide een scaerpe haex ende eene baerde V. 699-701

Neweskikking sonder neweskikkende element

Quale, toren, wedermoet; B. 41

Vert.: Pyn, verdriet, teenspoed;

Hier sal in Afrikaans die neweskikkende voegwoord tussen die tweede en derde naamwoord geplaas word, d.w.s. pyn, verdriet *en* teenspoed. Dat die voegwoord as neweskikkende element nie ongebruiklik was nie, blyk uit die sintagma in versreël 42 waar *ende* wel optree.

bi wilen bliscap ende goet B. 42

Vert.: somtyds blydskap en goeie sake

23.1.1 *Neweskikking met behulp van voegwoorde*

Die belangrikste neweskikkende voegwoorde is *ende, maer, of(te)* en *want.*

Ic was daer bi ende ic dede den raet (. . .) F.B. 1278-1279

Wi moghen mallec anderen ons verdriet claghen want ghi sijt ghevaen. E. 630-31

Eggheric haddet gherne ghewroken, maer hi en hads die macht niet. K.E. 1200-1201

Ay, soe benic van cleinder gheboert (. . .), ofte uut verren lande. E. 508-509

Neweskikking vind plaas ook tussen gelykwaardige elemente van kleinere omvang as die sin. So kan twee bepalinge, twee onderwerpe, twee adjektiewe, ens. newegeskik word.

23.1.2 *Verbale hendiadis*

Wanneer 'n enkele begrip uitgedruk word deur twee werkwoorde met dieselfde strekking en die twee dele word deur *ende* verbind, noem ons dit verbale hendiadis.

Ende hem reynaert, die felle man, die selve worst *stal* **ende** *nam*. V. 105-106

Vert.: En dié het reynaert, die bose man van hom weggesteel

Die woord ENDE kan ook grammatikaal ongelyksoortige woordgroepe met mekaar laat skakel.

Dat mochtemen ane Dido wel verstaen die scone was *ende* wel gedaen *ende* van Cartago coninginne hadde geleit al hare minne ane Eniase. Stoett, bl. 213.

Die strukture wat deur ende met mekaar verbind word, is: Koppelwerkwoordaanvulling ENDE koppelwerkwoordaanvulling ENDE vs.groep.

Ende tree ook op as aanduider van onderskikkende verband.

Doe verstont hi ter wilen an enen hane, an enen hont, *ende* seiden, datti coninc stont buten hove, in haer latijn. K.E. 770-773

Ende het hier die funksie van 'n betreklike vnw. Raadpleeg ook M.G., par. 304.2°.

23.2 Sametrekking

Sametrekking vind plaas wanneer twee sintaktiese strukture met 'n soortgelyke funksie slegs een maal in die sin optree.

Hi sal hu smeeken ende lieghen V. 485

Hierdie sin is 'n sametrekking van: *hi sal hu* smeeken ende *hi sal hu* lieghen.

Die kursiefgedrukte sintagma vóór die neweskikkende element ENDE en die kursiefgedrukte sintagma daarná is identiek. Skrapping van die tweede sintagma vind plaas en sametrekking tree op.

23.2.1 *Sametrekking tussen hoofsinne*

23.2.1.1 Hoofsinne sonder inversie

Hi beette neder int gras ende viel in cnienghebede K.E. 1286-1287

Die persoonlike vnw. *hi* tree as onderwerp op en staan vóór die Vf. in die eerste hoofsin. In die tweede hoofsin word *hi* weggelaat in 'n posisie vóór die Vf. sodat daar eweneens gewone stelsinvolgorde gebruik word.

23.2.1.2 Hoofsinne met inversie

Dit sach die coninc ende seide: K.E. 1396

Die woordgroep *die coninc* staan ná die Vf. in die hoofsin en die weggelate *hi* staan vóór die Vf. in die tweede hoofsin.

23.2.1.3 Sametrekking by hoofsinne met ongelyke struktuur

Die onderwerp hoef nie uitgedruk te word in die tweede hoofsin as dit waarna dit verwys (indien dit daar sou gestaan het) reeds in die vorige konteks eksplisiet gemaak is nie. Lees M.G., par. 276. Ander gevalle waar die subjek van die sin agterweë bly in Middelnederlands word bespreek in M.G., par. 272-275.

Doe grimbert stont in dese tale, saghen si van berghe te dale Canticler commen ghevaren, ende brochte up eene bare eene doode hinne, ende hiet coppe, V. 283-287

Canticler is die direkte voorwerp in die eerste hoofsin (voorsin) terwyl *si* die subjek van die sin is. In die tweede hoofsin (nasin) ontbreek die subjek na *ende* maar word daar teruggewys na *Canticler* wat in die voorsin reeds genoem is (alhoewel nie in die funksie van die onderwerp nie!)

Die ontbrekende subjek in die nasin kan selfs teruggryp na 'n besitsvorm in die voorsin.

Hughelijn metter crommen beene was zijn vader (. . .) ende was gheboren van abscale ende was sone vrauwe ogernen V. 800-803

In hierdie sin wat handel oor Ludolf met die krom vingers, is die enigste verwysing na hom opgesluit in *sijn* van die voorsin. Blykbaar is dit as voldoende aanduiding vir die aandagtige luisteraar geag!

23.2.2 *Sametrekking tussen bysinne*

Heere brune, wildi mi wesen hout
ende voer mi dinghen te hove. V. 606-607

Die nasin se ontbrekende onderwerp word teruggevoer na die voorsin, maar in hierdie geval ontbreek ook die Vf. in die nasin. *Wildi* moet gevolglik as eenheid oorgedra word na die nasin.

Nie net hegte kombinasies van Vf S word aangetref nie, maar ook van byvoorbeeld die met 'n bywoord/voegwoord + S.

Ic horet hem segghen daer hi lach
ende gaf sinen wive een slach, K.E. 1217-1218

Die kombinasie *daer hi* van die voorsin ontbreek na ende in die nasin. Die vertaling van *daer* laat verskillende moontlikhede oop: *daer* is 'n aanwysende bywoord; *daer* is 'n voegwoord; *daer* is 'n betreklike bywoord.

Ek het hom dit hoor sê *daar* (op die plek) waar hy gelê het . . .
Ek het hom dit hoor sê *terwyl* hy gelê het . . .
Ek het hom dit hoor sê *waar* hy gelê het . . .

23.2.3 *Sametrekking tussen hoofsin en bysin*

Gevalle kom voor waar die hoofsin en die bysin saamgetrek word. Sametrekking vind veral plaas na die voegwoord *ende*.

In die onderstaande voorbeeld word die hoofsin gevolg deur drie saamgetrokke bysinne.

(. . .) si ontsloet alle die doren *ende* ghinc in dat choer voer dat heilighe sacrament *ende* claghede gode hoe swaerliken dat si becoert was *ende* bat om gracie die becoringhe weder te staen. D.B., bl. 177

23.3 Onderskikking

Bysinne wat nie deur middel van die voegwoorde *ende*, *of* en *maer* met die hoofsin geskakel is nie, maar deur ander voegwoorde, staan in onderskikkende verband tot die hoofsin.

Onderskikkende sinsverband vind uitdrukking in die gebruik van onderskikkende voegwoorde as inleier van 'n bysin.

Die meeste onderskikkende voegwoorde is verbindings van bywoorde of voorsetsels met die voegwoorde *dat* of *als*. Enkele hiervan is:

als = 'soos'

even als	*zoodra als*
gelijk als	*zoolang als*
zoo als	*zoover als*
bi dat	*na dat*
daer dat	*omme dat*

die dat	*so dat*
dor dat	*sonder dat*
ghelikerwise dat	*up dat* 'omdat'
hoe dat	*vor dat*
hoewel dat	*voredien dat*
in dat	*wanneer dat*
indien dat	*wat dat*

Hoe selfstandiger die bysin se opset is, hoe meer plasingsvryheid geniet dit in Middelnederlands. Onderwerp- en voorwerpsinne en ook 'n groot aantal bywoordelike bysinne kan vóór, in die middel of ná die hoofsin optree.

In die geval van byvoeglike bysinne bestaan 'n sterk neiging om dit op die antesedent waarop dit betrekking het, te laat volg.

Ende ontsloet dan altemale slote,
die men met slotelen sloet K.E. 840-841

23.4 Sinsverstrengeling

Sinsverstrengeling vind plaas wanneer 'n sinsdeel, bv. die subjek van 'n bysin, diens doen as objek in die hoofsin. Vooruitskuiwing van dié sinsdeel (ekstraposisie) vind gevolglik plaas.

In die volgende sin tree *sine tonghe* as objek op in die hoofsin, terwyl sy plek as subjek van die bysin deur *si* markeer word.

Ende sine tonghe, doet hi weten, dat si es in twe ghespleten
St., bl. 246

Die leemtevraagwoord *wie*, wat logies tuishoort in die bysin, word in die volgende voorbeeld in die aanvangsposisie van die sin aangetref.

Wie wildi, grimbeert, datene daghet? V. 1346

Die leemtevraagwoord *wie* hoort logies tuis in die bysin; m.a.w. grimbeert, wie dattene daghet wildi? is die te verwagte sinstruktuur. Letterlik: Grimbeert, wie wat hom dagvaar, wil u?

23.5 Apokoinou

Apokoinou kan ruweg sintaktiese oorlaaiing genoem word. Die oorlaaiing kom tot stand deurdat 'n woord of woordgroep twee sintaktiese verbande in 'n sin moet uitdruk. Meermale is dit verskillende sintaktiese verbande wat deur een en dieselfde woord of woordgroep gelê word.

Alsi waren in den boemgart bede Ipocras ende de neve seide
Stoett, bl. 152.

In hierdie voorbeeld doen *neve* dubbele diens. Eerstens as tweede lid van die NS-konstruksie – bede Ipocras ende *neve*. Tweedens as onderwerp van die hoofsin – de *neve* seide.

In die volgende voorbeeld is dit 'n hele sin wat in die gedrang is.

(. . .) ic sal u segghen dan
Wiene droech ende wiene wan,
Salic u segghen alte gader E. 187-189

Hierdie sin is die resultaat van 'n versmelting van die volgende twee sinne: ic sal u segghen dan wiene droech ende wiene wan + sal ic u segghen alte gader wiene droech ende wiene wan.

23.6 Ellips

Ellips kan omskryf word as weglating van 'n element of elemente uit 'n sin wat logies daarby hoort, maar wat nie die verstaan van die sin belemmer nie.

- Al sprekende quam dus gheloepen
  Reynaert met sinen gheselle brune
  Tote lamfroits bi den tune. V. 644-646

In hierdie sin staan lamfroits vir lamfroit *se huis*.
Die bygedagte huis word veronderstel, maar nie eksplisiet gemaak nie.

- Na desen en waest niet lanc,
  dat si uut haren slape ontspranc. B. 701-702

Daarna (Letterlik: na hierdie) was dit nie lank nie of sy het uit haar slaap wakker geskrik. Die woord "gebeurtenis" word bygedink na aanleiding van die konteks wat gestig is deur die voorafgaande verse.

- Mettien woerde sweech hi, K.E. 49

Mettien is 'n verkorting van *met dien tiden* (voorsetselgroep) en die sin kan vertaal word as op dieselfde oomblik/tydstip het hy stilgebly/ geswyg/ophou praat.

- Si plach te ludene, in die kerke B. 34

Sy was gewoond gewees om (die klok) te lui, in die kerk.
Die veronderstelling is klaarblyklik dat niks anders as 'n klok in die kerk gelui kan word nie en die weglaat van die naamwoordgroep *die klok* hinder nie die aandagtige leser nie.

Bylae 1

Die struktuur van gaswoorde met hulle woordklasse – 'n alfabetiese lys van enkele belangrike klitika in Middelnederlands.

Proklisis (Die proklitikum is 'n sillaberand)

Klitikum	Volvorm	Voorbeeld	Woordklas
d	de	deen < de een	bep. lw.
n	ne	nes < ne es	ontk. part
s	des	savonts < des avonts	bep. lw.
s	so	selp < so helpe	voegw.
t	dat	therte < dat herte	bep. lw.
t	het	tcomt < het comt	vnw.
t	te	tuwen < te uwen	vs.
ts	des	tsjaers < des jaers	bep. lw.
ts	te des	tsHertoghen bossche	vs. + lw.
w	wat	wes < wat es	betr./vr. vnw.

Proklisis (Die proklitikum is sillabies)

bin	binnen	bindesen < binne desen	vs.
en	ende	entat < ende dat	voegw.
ver	vore	verbi < vore bi	vs.

Enklisis (Die enklitikum is 'n sillaberand)

m	hem	haestem < haestede hem	pers. vnw.
n	den	ten < te den	bep. lw.
n	ne	inne < ic ne	ontk. part.
r	der	uter < ute der	bep. lw.
r	haer	ghier < ghi er < ghi haer	pers. vnw.
s	es	dat < dat es	ww.
s	des	sals < sal des	aanw. wd.
t	dat	daert < daer dat	bep. lw.
t	het	ghijt < ghi het	vnw.

Enklitiese elemente (die enklitikum is sillabies)

der	daer	bender < ben daer	bywoord
e	ne < hem	voerene < voeren ne	pers. vnw.
en	hen	datten < dat hen	pers. vnw.
en	een	wisen < wijs een	onb. lw.
en	den	metten < met den	bep. lw.

ene	hem	hebbickene < hebbe ic hem	pers. vnw.
er	daer	datter < dat daer	bywoord
er	der	metter < met der	bep. lw.
ere	haerre	gaffere < gaf haerre	pers. vnw.
et	het	es -et < es het	vnw.
i	ghi	sitti < sittet ghi	pers. vnw.
ti	di	machti < macht di	pers. vnw.
u	du	heeftu < heeft du	pers. vnw.

Opmerkings

1. Enklitika wat in Fonologiese samestelling dieselfde bou vertoon as die slotsegment van die gasheerwoord, word heeltemal absorbeer.
   men < men + n < ne — ontk. part.
   doet < doet + t < et < het — voornaamwoord.
2. Woorde wat gewoonweg LOS van mekaar geskryf word, maar in bepaalde gevalle aanmekaargeskryf voorkom sonder dat hulle fonologiese bou gewysig is, word nie as klisis beskou nie. Hierdie gevalle is bloot skryftaalkombinasies. Enkele voorbeelde hiervan is:
   Datsi < dat si; mochtemen < mochte men; vanden < van den; entrouwen < en trouwen.

Bylae 2

Alfabetiese lys van sterk werkwoorde (klas I-VI)

Die belangrikste sterk werkwoorde word weergegee met die klas waartoe hulle behoort tussen hakies. C word onder **k** aangetref omdat dit [k] in die uitspraak verteenwoordig. In die paradigma bevat die eerste kolom die infinitief, die tweede kolom die 3e p. ekv. preteritum, die derde kolom die 3e p. mv. preteritum en die vierde kolom die voltooide deelwoord. Die paradigmas verteenwoordig die toestand in 13de-eeuse Mnl.

bedrieghen	bedrooch	bedroghen	bedroghen	(II)
beghinnen	began	begonnen	begonnen	(III)
belghen	balch	bolghen	ghebolghen	(III)
berghen	barch	borghen	gheborghen	(III)
bernen	barn	bornen	ghebornen	(III)
bersten	barst	borsten	gheborsten	(III)
beseffen	besief	besieven	beseven	(VI)
betemen	betam	betamen	beteemd	(IV)
bevelen	beval	bevalen	bevolen	(IV)
bidden	bat	baden	ghebeden	(V)
biden	beet	beden	ghebeden	(I)
bieden	boot	boden	gheboden	(II)
binden	bant	bonden	ghebonden	(III)
biten	beet	beten	ghebeten	(I)
bliken	bleec	bleken	ghebleken	(I)
bliven	bleef	bleven	bleven	(I)
breken	brac	braken	ghebroken	(IV)
bruwen	brou	brouwen	ghebrouwen	(II)
bughen	booch	boghen	gheboghen	(II)
delven	dalf	dolven	ghedolven	(III)
derschen	darsch	dorschen	ghedorschen	(III)
diën	deech	deghen	ghedeghen	(I)
draghen	droech	droeghen	ghedraghen	(VI)
dringhen	dranc	dronghen	ghedronghen	(III)
drinken	dranc	dronken	ghedronken	(III)
drinten	drant	dronten	ghedronten	(III)
driven	dreef	dreven	ghedreven	(I)
drupen	droop	dropen	ghedropen	(II)
duken	dooc	doken	ghedoken	(II)

dwaen	dwoech	dwoeghen	ghedwaghen	(VI)
dwinghen	dwanc	dwonghen	ghedwonghen	(III)
eten	at	aten	ghegheten	(V)
ghelden	galt	golden	ghegolden	(III)
ghellen	gal	gollen	ghegollen	(III)
ghelpen	galp	golpen	ghegolpen	(III)
ghenesen	ghenas	ghenasen	ghenesen	(V)
ghenieten	ghenoot	ghenoten	ghenoten	(II)
gheven	gaf	gaven	ghegheven	(V)
gieten	goot	goten	ghegoten	(II)
gliden	gleet	gleden	ghegleden	(I)
graven	groef	groeven	ghegraven	(VI)
grinen	green	grenen	ghegrenen	(I)
gripen	greep	grepen	ghegrepen	(I)
grisen	grees	gresen	ghegresen	(I)
heffen	hief	hieven	gheheven	(VI)
helen	hal	halen	gheholen	(IV)
helpen	halp	holpen	gheholpen	(III)
kerven	karf	korven	ghekorven	(III)
kiesen	coos	coren	ghecoren	(II)
kiken	keec	keken	ghekeken	(I)
kiven	keef	keven	ghekeven	(I)
clemmen	clam	clommen	gheclommen	(III)
clieven	cloof	cloven	ghecloven	(II)
clinghen	clanc	clonghen	gheclonghen	(III)
cliven	cleef	cleven	ghecleven	(I)
cluven	cloof	cloven	ghecloven	(II)
cnaghen	cnaeghde	cnaeghden	ghecnaghen	(VI)
comen	quam	quamen	comen	(IV)
crempen	cramp	crompen	ghecrompen	(III)
crighen	creech	creghen	ghecreghen	(I)
crischen	creesch	creschen	ghecreschen	(I)
criten	creet	creten	ghecreten	(I)
cruden	croot	croden	ghecroden	(II)
lachen	loech	loeghen	ghelachen	(VI)
leken	lac	laken	gheleken	(V)
lesen	las	lasen	ghelesen	(V)
liden	leet	leden	leden	(I)
lieghen	looch	loghen	gheloghen	(II)
ligghen	lach	laghen	gheleghen	(V)

luken	looc	loken	gheloken	(II)
melken	malc	molken	ghemolken	(III)
meten	mat	maten	ghemeten	(V)
miden	meet	meden	ghemeden	(I)
nemen	nam	namen	ghenomen	(IV)
nighen	neech	neghen	gheneghen	(I)
nipen	neep	nepen	ghenepen	(I)
ontberen	*ontbar	ontbaren	ontboren	(IV)
ontghinnen	ontgan	ontgonnen	ontgonnen	(III)
pipen	peep	pepen	ghepepen	(I)
pluken	plooc	ploken	gheploken	(II)
quelen	qual	qualen	ghequolen	(IV)
reken	rac	raken	ghereken	(V)
rempen	ramp	rompen	gherompen	(III)
riden	reet	reden	ghereden	(I)
rieken	rooc	roken	gheroken	(II)
riën	reech	reghen	ghereghen	(I)
rinen	reen	renen	gherenen	(I)
rinnen	ran	ronnen	gheronnen	(III)
risen	rees	resen	gheresen	(I)
riten	reet	reten	ghereten	(I)
ruken	rooc	roken	gheroken	(II)
scheppen	schoep	schoepen	gheschapen	(VI)
scheren	schar	scharen	gheschoren	(IV)
scheren	schoer	schoren	gheschoren	(IV)
schelden	schalt	scholden	ghescholden	(III)
schieten	schoot	schoten	gheschoten	(II)
schinen	scheen	schenen	gheschenen	(I)
schiten	scheet	scheten	ghescheten	(I)
sieden	soot	soden	ghesoden	(II)
sien	sach	saghen	ghesien	(V)
siën	seech	seghen	gheseghen	(I)
sighen	seech	seghen	gheseghen	(I)
siken	seec	seken	gheseken	(I)
singhen	sanc	songhen	ghesonghen	(III)
sinken	sanc	sonken	ghesonken	(III)
sipen	seep	sepen	ghesepen	(I)
sitten	sat	saten	gheseten	(V)
scaven	scaefde	scaefden	ghescaven	(VI)
screpen	scrap	scrapen	ghescrepen	(V)

scriden	screet	screden	ghescreden	(I)
scriven	screef	screven	ghescreven	(I)
scruven	scroof	scroven	ghescroven	(II)
scuven	scoof	scoven	ghescoven	(II)
slaen	sloech	sloeghen	gheslaghen	(VI)
slaen	sloech	sloeghen	ghesleghen	(VI)
slaen	sloech	sloeghen	gheslaen	(VI)
slinden	slant	slonden	gheslonden	(III)
slipen	sleep	slepen	gheslepen	(I)
sliten	sleet	sleten	ghesleten	(I)
slupen	sloop	slopen	gheslopen	(II)
sluten	sloot	sloten	ghesloten	(II)
smelten	smalt	smolten	ghesmolten	(III)
smerten	smart	smorten	ghesmorten	(III)
smieken	smooc	smoken	ghesmoken	(II)
smiten	smeet	smeten	ghesmeten	(I)
smuken	smooc	smoken	ghesmoken	(II)
sniden	sneet	sneden	ghesneden	(I)
spanen	spoen	spoenen	ghespanen	(VI)
spinnen	span	sponnen	ghesponnen	(III)
spliten	spleet	spleten	ghespleten	(I)
spreken	sprac	spraken	ghesproken	(IV)
springhen	spranc	spronghen	ghespronghen	(III)
spruten	sproot	sproten	ghesproten	(II)
standen	stoet	stoeden	ghestanden	(VI)
standen	stont	stonden	ghestanden	(VI)
stappen	stiep	stiepen	ghestappen	(VI)
steken	stac	staken	ghesteken	(V)
stelen	stal	stalen	ghestolen	(IV)
sterven	starf	storven	ghestorven	(III)
stieven	stoof	stoven	ghestoven	(II)
stighen	steech	steghen	ghesteghen	(I)
stinken	stanc	stonken	ghestonken	(III)
striden	street	streden	ghestreden	(I)
striken	streec	streken	ghestreken	(I)
stuven	stoof	stoven	ghestoven	(II)
sughen	sooch	soghen	ghesoghen	(II)
suken	sooc	soken	ghesoken	(II)
supen	soop	sopen	ghesopen	(II)
swelghen	swalch	swolghen	gheswolghen	(III)

swellen	swal	swollen	gheswollen	(III)
swelten	swalt	swolten	gheswolten	(III)
swemmen	swam	swommen	gheswommen	(III)
sweren	swoer	swo(e)ren	ghesworen	(IV)
swerven	swarf	sworven	ghesworven	(III)
swighen	sweech	sweghen	ghesweghen	(I)
(be)swiken	(be)sweec	(be)sweken	besweken/ gheswеken	(I)
swinghen	swanc	swonghen	gheswonghen	(III)
terden	tart	torden	ghetorden	(V)
tien	tooch	toghen	ghetoghen	(II)
tiën	teech	teghen	gheteghen	(I)
treden	trat	traden	ghetreden	(V)
trecken	trac	traken	ghetrocken	(IV)
trinen	treen	trenen	ghetrenen	(I)
varen	voer	voeren	ghevaren	(VI)
vechten	vacht	vochten	ghevochten	(III)
verderven	verdarf	verdorven	verdorven	(III)
verdrieten	verdroot	verdroten	verdroten	(II)
verdwinen	verdween	verdwenen	verdwenen	(I)
vergheten	vergat	vergaten	vergheten	(V)
verliesen	verloos	verloren	verloren	(II)
vinden	vant	vonden	vonden	(III)
vlaen	*vloech	*vloeghen	ghevleghen	(VI)
vlechten	vlacht	vlochten	ghevlochten	(III)
vlieghen	vlooch	vloghen	ghevloghen	(II)
vlien	vlooch	vloghen	ghevloghen	(II)
vlieten	vloot	vloten	ghevloten	(II)
vriesen	vroos	vroren	ghevroren	(II)
waden	woet	woeden	ghewaden	(VI)
waghen	woech	woeghen	ghewaghen	(VI)
waken	wiec	wieken	ghewaken	(VI)
wasschen	wiesch	wieschen	ghewasschen	(VI)
wassen	wies	wiesen	ghewassen	(VI)
weghen	wach	waghen	gheweghen	(V)
weghen	woech	woeghen	ghewoghen	(V)
werden	wart	worden	worden	(III)
werpen	warp	worpen	gheworpen	(III)
werren	war	worren	gheworren	(III)
werven	warf	worven	gheworven	(III)

wesen	was	waren	ghewesen	(V)
weven	waf	waven	gheweven	(V)
wiken	weec	weken	gheweken	(I)
winden	want	wonden	ghewonden	(III)
winnen	wan	wonnen	ghewonnen	(III)
witen	weet	weten	gheweten	(I)
wringhen	wranc	wronghen	ghewronghen	(III)
wriven	wreef	wreven	ghewreven	(I)

Die volgende sterk werkwoorde vertoon ook vorme wat swak vervoeg: *helen, reken, ontberen, pleghen, screpen, stelen, trecken, wesen, weven.*

'n Asteriskvorm * is 'n vorm wat nie opgeteken is nie, maar wat gerekonstrueer kan word.

Bylae 3

Aantekeninge oor enkele terme wat gebruik is uit die klankleer.

Onderskeidende kenmerke

Die volgende seleksie onderskeidende kenmerke is gebruik in hoofstuk 5.

[+ sonoor]

Die graad van geopendheid van die spraakkanaal bokant die glottis laat spontane stembandtrilling toe. Alle vokale, glyklanke en die onegte konsonante is [+ son].

Indien die vernouing in die vrylatingskanaal van so 'n aard is dat ander middele as 'n verskil in lugdruk nodig is om trilling van die stembande te veroorsaak, is die segment [– son]. Alle egte konsonante is [–son].

[+ konsonanties]

Wanneer daar 'n kritiese vernouing of obstruksie in die spraakkanaal plaasvind wanneer die segmente voortgebring word, is sulke segmente [+ kons]. Alle egte en onegte konsonante besit die kenmerk [+ kons]. Die vokale en glyklanke is [– kons].

[+ vokalies]

Waar die stembande spontane trilling ondergaan by die artikulasie van segmente, is sulke segmente [+ vok]. Alle vokaliese klanke word met 'n oop mondholte gevorm waarby die tongstand nooit laer is as vir [a] of hoër as vir [i] en [u] nie.

[+ anterieur]

By hierdie spraaksegmente word die uitgaande lug tussen die lippe en die alveolus in een of ander graad blokkeer, bv. by /p, t, b, d, f, s, ʋ, m, n, l, r/.

[+ koronaal]

By die uitspreek van hierdie segmente is die stand van die frontale gedeelte van die tongblad hoër as die neutrale posisie. /t, d, s, n, l en r/ is koronale segmente.

[+ stem]

Die stemlippe tril by die voortbring van die segment. Alle vokale, glyklanke en onegte konsonante het die eienskap [+ stem]. Die egte konsonante /b, d, g, ɣ, v, ʋ, z/ is ook [+ stem].

[+ duur]

As die uitgaande lug nêrens in die supraglottale streek onderbreek word nie, bevat so 'n segment die eienskap [+ duur]. Alle vokale en /f, s, z, x, ɣ, v, ʋ, l, r, j, h/ besit die kenmerk [+ duur].

[+ nasaal]

Wanneer 'n segment uitgespreek word met 'n oop neuskanaal, d.w.s. met uvula wat na onder hang, is so 'n segment [+ nas]. Die onegte konsonante /m, n, ŋ/ deel dié eienskap.

[+ lateraal]

Indien die lug langs die sykante van die tong ontsnap by artikulasie is so 'n segment [+ lat]. Die enigste segment met dié eienskap in Middelnederlands is /l/.

Toeligting by enkele andere aspekte van die klankleer

allofoon (s.nw.); allofonies (b.nw.)

Hieronder word verstaan die posisionele variant van 'n spraakklank wat saam met ander variante onder dieselfde foneem ressorteer.

anlaut

Die beginklank van 'n woord, bv. /t/ in *troon.*

auslaut

Die slotklank van 'n woord, bv. /t/ in *sat.*

gedekte konsonant

Wanneer 'n konsonant lineêr direk gevolg word deur 'n volgende konsonant, word die eerste konsonant 'n gedekte konsonant genoem, bv. die /n/ in *plante.*

ongedekte konsonant

'n Enkel konsonant wat nie gevolg word deur 'n ander konsonant nie, is 'n ongedekte konsonant, bv. die /n/ in *mane.*

resonante

Dit is konsonante wat uitgespreek word sonder 'n versperring in die weg van die stroom bewegende lug of waarvan die versperring te gering is om wrywing te veroorsaak. /l, m, n, ŋ/ is voorbeelde van resonante.

segmentwysiging

Hierdie term vervang die ou term assimilasie omdat lg. 'n oorvereenvoudigde siening weerspieël van die prosesse wat plaasvind.

Uit die sintaksis:

groep

Sintakties verbonde woorde waarvoor daar bepaalde volgordereëls geld, word 'n groep genoem. Voorbeeld: die voorsetselgroep *in vrouden groot*. E. 846.

stuk

Die term *stuk* het betrekking op sowel woorde as woordgroepe, bv. *fijn* in *deghen fijn* E. 456 sowel as *den jonghen* in *den jonghen deghen* E. 186 word adjektiefstukke genoem.

Literatuurlys

ALBERING, L. A. H. 1934. *Vergelijkend-syntactische studie van den Renout, en het Volksboek der Heemskinderen.* Groningen: Wolters.

BOUMAN, A. C. 1934. *Middelnederlandse bloemlezing.* Zutphen: Thieme.

BOUMAN, A. C. 1968. *Beatrijs.* Pretoria: Van Schaik.

BURM, O. J. E. & H. J. J. M. VAN DER MERWE. 1973. *Van den Vos Reynaerde.* Pretoria: Van Schaik.

DE BRUIN, C. C. 1940. *Middelnederlands geestelijk proza.* Zutphen: Thieme.

DE BRUIN, C. C. 1970. *Het luikse diatessaron.* Leiden: Brill.

DE HAAN, M. J. M. 1976. Reynaerts spel is nog lang niet uit. *TNTL* XCII: 110-119.

DE KEYSER, P. 1945. *Floris ende Blancefloer.* Antwerpen: De Nederlandsche Boekhandel.

DE KLERK, G. J. 1980. Onpersoonlike konstruksies in Middelnederlands. Raidt, E. (red.) *Referate van die tweede kongres vir Neerlandistiek in Suid-Afrika,* 33-48. Johannesburg: Universiteit van die Witwatersrand.

DE VOOYS, C. G. N. 1952. *Geschiedenis van de Nederlandse taal.* Groningen: Wolters.

DE VOOYS, C. G. N. 1952. *Nederlandse spraakkunst.* Groningen: Wolters.

DUINHOVEN, A. M. 1972. Filologie en studie der Middelnederlandse syntaxis. *NTG.* 65: 1-21.

DUINHOVEN, A. M. & J. VAN MARLE. 1973-1974. Wat holp vrienden verholen? Een verdwenen infinitief-constructie. *Spektator* 3: 241-263.

DUINHOVEN, A. M. 1975. *Bijdragen tot reconstructie van de Karel ende Elegast.* Deel 1. Assen: Van Gorcum.

DUINHOVEN, A. M. 1975. Nobel die coninc hadde ghedaen sijn hof crayeren over al. *Spel van Zinnen. Album A. van Loey,* 89-99, Brussel.

DUINHOVEN, A. M. 1976. Veranderingen in het predicaatsnomen. *LB 65:* 409-435.

FRANCK, J. 1910². *Mittelniederländische Grammatik.* Leipzig: Tauchnitz.

GEERTS, G. 1975. *Voorlopers en varianten van het Nederlands – een gedokumenteerd dia- en synchroon overzicht.* Leuven: Acco.

GERRITSEN, M. 1978. De opkomst van SOV-patronen in het Nederlands in verband met woordvolgordeveranderingen in de germaanse talen. Kooij, J. G. (red.) *Aspekten van woordvolgorde in het Nederlands.* Leiden: Publikaties van de vakgroep Nederlandse Taal & Letterkunden.

GOOSSENS, J. 1974. *Historische phonologie des niederländischen.* Tübingen.

HOGENHOUT, M. 1979. *Cursus Middelnederlands.* Amsterdam: Vrije Universiteit.

KING, P. K. 1977. De verkeerde wereld in Van den Vos Reynaerde. *NTG 70:* 291-300.

KNUVELDER, G. 1962. *Beknopt handboek tot de geschiedenis der Nederlandse letterkunde.* s'Hertogenbosch: Malmberg.

KOELMANS, L. 1979. *Inleiding tot de historische taalkunde.* Utrecht: Bohn, Scheltema & Holkema.

LANDMAN, K. J. H. 1978. *Sillabiese verskynsels in Afrikaans.* Ongepubliseerde D. Litt.-proefskrif. Pretoria: Universiteit van Suid-Afrika.

LE ROUX, J. J. & H. VENTER. 1968³. *Karel ende Elegast.* Pretoria: Van Schaik.

LE ROUX, T. H. 1963. *Esmoreit.* Pretoria: Van Schaik.

LE ROUX, T. H. & J. J. LE ROUX. 1977. *Middelnederlandse grammatika.* Pretoria: Van Schaik.

LULOFS, F. 1967. Over het gebruik van DU in de Reynaerd. *TNTL. LXXXIII:* 241-273.

LULOFS, F. 1974. *Nu gaet reynaerde al huten spele.* Amsterdam: Thespa uitgeverij.

Middelnederlandsch Handwoordenboek (1932).

Middelnederlandsch Woordenboek (1885-1952).

OVERDIEP, G. S. 1946. *Vormleer van het Middelnederlandsch der XIIIe eeuw.* Antwerpen: Standaard-Boekhandel.

PAARDEKOOPER, P. C. 1969. Aanspreekvormsystemen in Middelnederlandse taal en tekst. *NTG 62:* 441-455.

PONELIS, F. A. 1979. *Afrikaanse Sintaksis.* Pretoria: Van Schaik.

PULLES, J. A. M. 1950. *Structuurschema's van de zin in Middelnederlands geestelijk proza.* Nijmegen: Centrale drukkerij N.V.

SANDERS, W. 1972. Oudnederlands. *TNTL LXXXVIII:* 161-177.

STOETT, F. A. 1923³. *Middelnederlandsche Spraakkunst.* Syntaxis. 's Gravenhage: Nijhoff.
VAN BREE, C. 1977. *Leerboek voor de historische grammatica van het Nederlands.* Groningen: Wolters-Noordhoff.
VAN DE KETTERIJ, C. 1976. *Middelnederlandse teksten ter grammaticale interpretatie.* Groningen: Tjeenk Willink.
VAN DE KETTERIJ, C. 1980. *Grammaticale interpretatie van Middelnederlandse teksten.* Groningen: Wolters-Noordhoff.
VAN DEN BERG, B. 1971. *Inleiding tot de Middelnederlandse syntaxis.* Groningen: Wolters-Noordhoff.
VAN DEN BERG, B. 1977. Syntactische benadering van een Middelnederlandse tekst. *NTG 70:* 153-161.
VAN DEN BERG, E. 1980. Het Middelnederlands als SOV-taal. *NTG 73:* 53-60.
VAN DEN TOORN, M. C. 1975. Het probleem van een syntactische verandering. *TNTL XCI:* 256-267.
VAN DER HORST, J. 1979. *Syllabus middelnederlands syntaxis.* Amsterdam: Instituut voor Neerlandistiek.
VAN DER HORST, J. M. & M. J. VAN DER WAL. 1979. Negatieverschijnselen en woordvolgorde in de geschiedenis van het Nederlands. *TNTL XCV:* 6-37.
VAN DER HULST, H., F. JANSEN & J. NIJHOF. 1976. *Geschiedenis van het nederlands vokalisme in 104 regels.* Leiden: Vakgroep Nederlands.
VAN DER MERWE, H. J. J. M. 1956. *Mariken van Nieumeghen.* Pretoria: Van Schaik.
VAN DER MERWE, H. J. J. M. 1970. *Lanseloet van Denemerken.* Pretoria: Van Schaik.
VAN HAERINGEN, C. B. 1962. Onze "uitspraak" van het Middelnederlands. *Gramarie,* 152-182. Assen: Van Gorcum.
VAN HELTEN, W. L. 1887. *Middelnederlandsche spraakkunst.* Groningen: Wolters.
VAN HOUTE, J. A. (red.) 1949. *Algemene geschiedenis der Nederlanden.* Utrecht. Volume I tot III.
VAN LEERSUM, E. C., 1912. *De "Cyrurgie" van Meester Jan Yperman.* Naar de handschriften van Brussel, Cambridge, Gent en London. Leiden: Sijthoff.
VAN LOEY, A. 1957². *Middelnederlandse spraakkunst II. Klankleer.* Groningen: Wolters.
VAN LOEY, A. 1964.⁷ *Schönfelds Historische grammatica van het*

Nederlands. Klankleer · Vormleer · Woordvorming. Zutphen: Thieme.
VAN LOEY, A. 1968. *Inleiding tot de historische klankleer van het Nederlands.* Zutphen: Thieme.
WEIJNEN, A. A. 1966. *Nederlandse dialectkunde.* Assen: Van Gorcum.
WEIJNEN, A. A. 1970[2]. *Het schema van het klankwetten.* Assen: Van Gorcum.
WEIJNEN, A. A. 1971. *Schets van de geschiedenis van de Nederlandse syntaxis.* Assen: Van Gorcum.
WILLEMYNS, R. 1979. *Het niet-literaire Middelnederlands.* Assen: Van Gorcum.
WEIJNEN, A. A. 1966. *Nederlandse dialectkunde.* Assen: Van Gorcum.

WISSING, D. P. 1971. *Fonologie en morfologie van die simplekse selfstandige naamwoord in Afrikaans; 'n transformasioneel-generatiewe beskrywing.* Amsterdam: Buiten en Schipperheijn.

Saakregister

(Die syfers verwys na die afdelings in die boek)

Ablaut 6.3

Adjektief/byvoeglike naamwoord 9
- verbuiging van die adjektief 9
- verbuiging van die adjektief in besonderhede 9.1
  - gesubstantiveerde – 9.2
- trappe van vergelyking 9.3, 17.3
- die onverboë adjektief 9.4
- die adjektief as determineerder by:
  - die soortnaamwoordstuk 15.2.2.7
  - soortnaamwoordstuk in die mv. 15.2.3.2.2
  - massanaamwoordstuk 15.3.3.6
  - name 15.4.1.3
- adjektiewe wat:
  - die genitief vereis 16.1.2
  - die datief vereis 16.2.2
  - as nabepaling by die voornaamwoordstuk optree 18.3.2.4

Adjektiefstuk (kyk Byvoeglikenaamwoordstuk)

Akkusatief (naamval) 7.2.3
- vormklas akkusatief 16.3
- wwe. wat oorganklik gebruik word, neem akkusatief 16.3.1
- voorsetsels wat die akk. vereis 16.3.2
- bywoordelike akk. 16.3.3
- akk. met infinitiefkonstruksie 16.3.4
- die absolute akkusatief 16.3.5
- die akk. in subjekposisie 16.3.6

Apokoinou 23.5

Apokopee (Kyk Elisie)

Aspek 20.1
- hulpww. van aspek 19.2.3, 20.1.4

aspektiese werkwoord	19.5, 20.1
ingressiewe aspek	20.1.1
duratiewe aspek	20.1.2
perfektiewe aspek	20.1.3
Bevelsin (die)	21.12
Bysin (die)	21.8
die volle bysin	21.8.1
die beknopte bysin (infinitiefsin)	21.8.2
die naamwoordsin (selfstandige bysin)	21.9
onderwerpsin	21.9.1
voorwerpsin	21.9.2
bywoordelike bysinne	21.10
van plek	21.10.1
van tyd	21.10.2
van wyse	21.10.3
die bysinvolgorde	21.11
die bysin in die aanvangsposisie	21.11.1
die bysin in die nagestelde posisie	21.11.2
bysinne wat 'n voorwaarde uitdruk	21.11.3
die posisie van die subjek in die bysin	21.11.4
die gevolgaanduidende bysin	21.11.5
die byvoeglike bysin	21.11.6
– met bywoordelike funksie	21.11.6.1
die sinskern in die betreklike bysin	21.11.7
bysinne met die vorm van 'n hoofsin	21.11.8
Byvoeglike naamwoorde (kyk adjektief)	
Byvoeglikenaamwoordstuk (die)	17
die selfstandige-byvoeglikenaamwoordstuk	17.1
die voorsetsel-byvoeglikenaamwoordstuk	17.2
die trappe van vergelyking	17.3
vergelyking	17.4
die Adjektiefstuk en sy bepalings	17.5
adj. + nw.	17.5.1
adj. in preposisie	17.5.1.1
adj. in postposisie	17.5.1.2
adj. in omringende verband	17.5.1.3

Bywoord (die) 12.4.1
as woordklas met minimale fleksie 12.4.1
wat die genitief vereis 16.1.6

Bywoordelike bepaling 16.1.11
bywoordelike bepaling in genitiefvorm 16.1.11
bywoordelike bepaling by die absolute datief 16.2.5
bywoordelike akkusatief 16.3.3
– as voorbepaling by die voornaamwoordstuk 18.3.1.4
bywoordelike bepaling by die werkwoordstuk 19.3.1
– van plek 19.3.1.1
– van rigting 19.3.1.2
– van tyd 19.3.1.3
– van kousaliteit 19.3.1.4
– van wyse 19.3.1.5
– as randbepaling 19.3.2

Datief (naamval) 7.2.5
vormklas D by NS. 16.2
werkwoorde wat die datief vereis 16.2.1
adjektiewe wat die datief vereis 16.2.2
voorsetsels wat die datief regeer 16.2.3
die instrumentalis 16.2.4
die absolute datief 16.2.5
funksies van die datief 16.2.6

Deelbepaling (die)
– by soortnaamwoordstuk in die meervoud 15.2.3.1
– by massanaamwoordstuk 15.3.2.1
– by voornaamwoordstuk 18.3.1.2
die struktuur van die deelbepaling en deelsgenitief 15.6.1

Deelwoorde 17.6
die onvoltooide deelwoord 17.6.1
die voltooide deelwoord 17.6.2
voorvoegsel *ghe* by die voltooide deelwoord 13.6
deelwoorde as adjektief gebruik 17.6

Degeminasie (Kyk verkorting)

Determineerders
– by die soortnaamwoordstuk 15.2.2
die lidwoord as – 15.2.2.1, 15.2.2.2
aanwysende woorde as – 15.2.2.3
telwoorde as – 15.2.2.6
adjektiewe as – 15.2.2.7, 17.5.1
– by die soortnaamwoord in meervoud 15.2.3.2
telwoorde as – 15.2.3.2.1
adjektiewe as – 15.2.3.2.2, 17.5.1
– by die massanaamwoordstuk 15.3.3
lidwoorde as – 15.3.3.1
aanwysende woorde as – 15.3.3.2, 15.3.3.3, 15.3.3.4
telwoorde as – 15.3.3.5
adjektief as – 15.3.3.6, 17.5.1
– by name 15.4.1
die lidwoord as – 15.4.1.1
die substantief as – 15.4.1.2
die adjektief as – 15.4.1.3, 17.5.1
die besitsvorm as determineerder 15.2.2.5
die vraagwoorde as determineerder 15.2.2.4

Dialekte in Middelnederlands 1.4 & 1.6
kenmerke van Mnlse. dialekte 1.6
dialek en skryftaal 1.5
Hollands 1.4.3, 1.6.3
Kusmiddelnederlands 1.6.5
Limburgs 1.4.4, 1.6.1
Wes-Brabants 1.4.2, 1.6.2
Wes-Vlaams 1.4.1, 1.6.4

Diffusie (Paradigmatiese)/uitbreiding 12.3

Diftonge 3.2.4
inventaris van – 3.3
Diftongering 6.5
egte diftonge 6.5.1
wisselvorme met monoftonge 6.5.2

Elisie/Segmentweglating 5.10
algemene karakteristieke vir – 5.10.1

voorwaardes vir die optrede van prokopee,
sinkopee en apokopee 5.10.2
uitwerking van segmentweglating op
die woordstruktuur 5.10.3
van elisie en klisis 5.13

Ellips 23.6

Epentese 5.4.1

Fleksie
Woordklasse met minimale fleksie 12.4
die bywoord 12.4.1
die voorsetsel 12.4.2
die voegwoord 12.4.3

Geminasie 6.1

Genitief (naamval) 7.2.4
vormklas G (genitief) by NS. 16.1
werkwoorde wat die genitief vereis 16.1.1
adjektiewe wat die genitief vereis 16.1.2
verwantskapsaanduiding 16.1.3
die deelsgenitief 16.1.4
voorsetsels wat die genitief vereis 16.1.5
bywoorde wat die genitief vereis 16.1.6
genitief by ontkenning 16.1.7
betrekkingsgenitief 16.1.8
semantiese vereistes vir die gebruik van die genitief 16.1.9
die beskrywende genitief 16.1.10
die bywoordelike bepaling in die genitief 16.1.11
struktuur van deelsgenitief 15.6.1

Genus 7.4.1
vormlike implikasies 7.6
– by die voornaamwoordstuk 18.2.4

Getal 7.4.2
vormlike implikasies 7.6
– by die voornaamwoordstuk 18.2.3

Grafeme van Middelnederlands 2.6
vokaalgrafeme 2.7
grafeembundels by vokale 2.8
spellingvariante by vokaalgrafeme 2.11.1
die gebruik van grafeme in spesifieke posisies
van 'n woord 2.2
konsonantgrafeme 2.9
spellingvariante by vokaalgrafeme 2.11.2
grafeembundels by konsonante 2.10
grafemiese aanduiding van ontologiese feite 2.4
grafemiese aanduiding van lengte 2.4.1

Grafemiek 2.1

Grafiese voorstelling van Mnl. klanke 2.5

Grammatiese verhoudings 7

Grammatiese wisseling 6.11
(stemloosheid/stemhebbendheid)

Grammatikale kategorieë 7.4

Hersillabifikasie (kyk sillabebou in Mnl.)

Hollands (kyk dialekte)

Hortatief en wenssin 21.13

Inversie
– by sinne met onafhanklike volgorde 21.2.3
– by die enkelvoudige stelsin 21.5.1.2.3
– by die saamgestelde sin 21.5.2.3
sametrekking tussen hoofsinne met inversie 23.2.1.2

Kasus (kyk naamval)

Klanke
grafiese voorstelling van – 2.5

Klankleer 3.0, 3.1
sekondêre spraakklanke 3.2.2
vokale en diftonge 3.2
kort vokale 3.2.1, 3.2.2
lang vokale 3.2.3
vokaalstelsel 3

Klankmatige wysigings 6.10
Klankprosesse 6
geminasie 6.1
umlaut 6.2
ablaut 6.3
monoftongering 6.4
diftongering 6.5
ronding 6.6
ontronding 6.7
palatalisasie 6.8
verkorting 6.9
klankmatige wysigings 6.10
grammatiese wisseling 6.11

Klem 5.5
vaswording van en klanklike gevolge van klem 5.5
van wisselende tot vaste klem 5.5.1
faktore wat 'n rol speel by beklemtoning 5.6
klemreëls 5.7
uitwerking van vaste klem op die klankstruktuur 5.8
terminologie by klem 5.5.2

Klisis/Aanhegting 5.11
in besonderhede 5.11.1
die gasheerwoord by klisis 5.11.2
woordgrensverswakking by klisis 5.12
van elisie en klisis 5.13
die bou van die geklitiseerde element 5.13.1
geklitiseerde vorme by 3P van
persoonlike vnw. 10.1.1.1, 10.1.1.2
alfabetiese lys van klitika bylae 1

Kongruensie 7.5
– by die voorbepaling van die NS 7.5.1

Konsonante
konsonantgrafeme 2.9
grafeembundels by konsonante 2.10
toeligting by grafeembundels 2.10.1
spellingvariante 2.11.2
konsonantstelsel 4
egte konsonante 4.1
onegte konsonante 4.2
glyklanke 4.3
spreiding van konsonante in die eensillabige woord 5.1.2
twee konsonante word tot een geämalgameer 5.3.2
twee konsonante word verminder tot een 5.3.3
konsonantverlenging (geminasie) 6.1
konsonantverkorting (degeminasie) 6.9, 6.9.2

Kusmiddelnederlands (kyk dialekte)

Labialisasie (kyk ronding)

Lidwoord (die)
die bepaalde lidwoord
– as determineerder by soortnaamwoordstuk 15.2.2.1
– as determineerder by massanaamwoordstuk 15.3.3.1
– as determineerder by name 15.4.1.1
die onbepaalde lidwoord
– as determineerder by soortnaamwoordstuk 15.2.2.2
– as determineerder by die voornaamwoordstuk 18.3.1.3

Limburgs (kyk dialekte)

Massanaamwoordstuk (die) 15.3
voorbepalings by – 15.3.1
predetermineerders by – 15.3.2
determineerders by – 15.3.3

Meervoudsvorming (kyk substantief)

Metatesis 5.4.2

Middelnederlands
oorsig van – 1.3

Monoftongering 6.4
wisselvorme met diftonge 6.5.2

Naamval 7.4.3
kasus: vormlike implikasies 7.6
skematiese voorstelling van uitgange 8.1

Naamwoordstuk (die) 15
kongruensie by die voorbepaling van – 7.5.1
selfstandige naamwoordstuk 15.1
soortnaamwoordstuk 15.2
massanaamwoordstuk 15.3
name 15.4
die naamwoordstuk en sy nabepalings 15.5
kombinasies van substantiewe in – 15.6
funksies van die lede van die naamwoordstuk 16

Name 15.4
determineerders by – 15.4.1

Neweskikking 23.1
– met behulp van voegwoorde 23.1.1
– m.b.v. verbale hendiadis 23.1.2

Nominatief 7.2.1

Oorsig van: Middelnederlands 1.3
Oudnederlands 1.2

Onderskikking 23.3

Ontkenning 22
genitief by – 16.1.7
negatiewe sinsvorme 21.4.2
ontkenningsvorme met aangepaste struktuur 22.1
ontkenningspatroon sonder NIET 22.2
omgewings waar NIET selde voorkom 22.3
enkele omgewings waarin die ontkenningspatroon voorkom 22.4
Interpretasieprobleme by die ontkenningspatrone 22.5

sintaktiese omgewings waarin eenledige
ontkenningspartikels voorkom 22.6
– by retoriese vrae 22.7

Ontronding 6.7

Ortografiese aanduiding van klanke 2.3, 2.5

Oud-nederlands
oorsig van 1.2

Palatalisasie 6.8
voorbeelde van – 6.8.1

Paradigmatiese diffusie/uitbreiding 12.3

Predetermineerders
– by die massanaamwoordstuk 15.3.2
– by die voornaamwoordstuk 18.3.1.1

Prokopee (kyk Elisie)

Ronding/Labialisasie 6.6

Sametrekking 23.2
– tussen hoofsinne 23.2.1
– tussen bysinne 23.2.2
– tussen hoofsin en bysin 23.2.3

Segmentweglating (kyk Elisie)

Segmentwysiging in Mnl. 5.14
– buite klisis 5.15.1
enkele voorbeelde van segmentwysiging
en -aanpassing 5.18
prosesse wat lei tot segmentaanpassing 5.15

Sillabebou in Mnl. 5
die eensillabige woord 5.1
die spreiding van konsonante 5.1.2

die struktuur van die eensillabige woord 5.1.3
voorbeelde van eensillabige woorde 5.1.4
hersillabifikasie 5.15.2
die meersillabige woord (struktuur) 5.2
strategieë wat oop sillabebou bewerkstellig 5.3
svarabhakti 5.3.1
strategieë om geslote sillabebou te bevorder 5.4
epentese 5.4.1
metatesis 5.4.2
uitwerking van segmentweglating op die woordstruktuur 5.10.3
sillabeverlies 5.10.3.1
sillaberandversterking 5.10.3.2
homorganiese versterking 5.10.3.2.1
nie-homorganiese versterking 5.10.3.2.2

Sin in Mnl. (die) 21
funksies van die sinsdele 7.2

Sinkopee (kyk Elisie) 5.10.2

Sinsdele en volgorde 21.1
onafhanklike volgorde 21.2
afhanklike volgorde 21.3

Sinsvorme 21.4
positiewe sin 21.4.1
negatiewe sin 21.4.2

Sinstipes 21.5
die stelsin 21.5.1
die enkelvoudige stelsin 21.5.1.1
volgorde in die enkelvoudige stelsin 21.5.1.2
die saamgestelde stelsin 21.5.2
die sinskern in Mnl. 21.6
die afhanklike sin in Mnl. 21.7

Sinsuitbreiding 23

Sinsverstrengeling 23.4

Sonoriteit en sterkteskaal 5.16
kenmerkoorheersingskaal 5.16.3
enkele gedagtes oor die sonoriteitskaal 5.17

Soortnaamwoordstuk (die) 15.2
voorbepalings by – 15.2.1
determineerders by – 15.2.2
– in die meervoud 15.2.3
deelbepaling by soortnaamwoordstuk in mv. 15.2.3.1
determineerders by soortnaamwoordstuk in mv. 15.2.3.2

Spellingvariante 2.11

Stam 5.5.2

Substantief (die) 8.2
verbuiging van die substantief in besonderhede 8.2
tendense in die verbuiging van – 8.3
dubbele meervoudsvorming 8.4
klasseoorgang by vroulike woorde 8.5
meervoudsvorming 8.6
persoons-, plek- en volksname 8.7

Svarábhakti 5.3.1

Taalgebruik
in literêre en nie-literêre geskrifte 1.7
skriftelike en mondelinge taalgebruik 2.0

Telwoorde
bepaalde telwoorde 11.1
bepaalde hooftelwoorde 11.1.1
rangtelwoorde 11.1.2
bepaalde rangtelwoorde 11.1.2.1
onbepaalde telwoorde 11.2
onbepaalde hooftelwoorde 11.2.1
onbepaalde rangtelwoorde 11.2.2
as determineerder by die naamwoordstuk:

soortnaamwoordstuk 15.2.2.6
soortnaamwoordstuk in die meervoud 15.2.3.2.1
massanaamwoordstuk 15.3.3.5
as nabepaling by die voornaamwoordstuk 18.3.2.2

Trappe van vergelyking
byvoeglike naamwoord 9.3
byvoeglikenaamwoordstuk 17.3
stellende trap 17.3.1
vergrotende trap 17.3.2
oortreffende trap 17.3.3

Umlaut 6.2
nawerking van umlaut by die substantief 6.2.1
nawerking van umlaut by die adjektief 6.2.2
nawerking van umlaut by die werkwoord 6.2.3

Verbuiging 7.4.3.1
oorsig van die belangrikste verbuigingspatrone 12.0
verbuigingspatrone van die s.nw. 8.0
verbuigingspatrone van die substantief 8.2
tendense in die verbuiging van die substantief 8.3
verbuiging by die byvoeglike naamwoord 9.1

konsonantverbuiging 7.4.3.1.2
oorsig van – 12.1
– by die s.nw. 8.2.2
– by die b.nw. 9.1.2

vokaalverbuiging 7.4.3.1.1
oorsig van – 12.2
– by die s.nw. 8.2.1
– by die b.nw. 9.1.1

verbuiging by die voorbepaling van die NS.
van die bep. voornaamwoord 10.1.1, 10.1.2.1, 10.1.5.1,
van die vraende voornaamwoord 10.2.2.1
– van telwoorde 11.1.1.1, 11.1.1.2, 11.1.2.1.1, 11.2.1.1, 11.2.2.1

Vergelyking
– by die byvoeglikenaamwoordstuk 17.4
die vergelykingsgroep 17.4.1

Verkorting 6.9
Vokaalverkorting 6.9.1
Konsonantverkorting (degeminasie) 6.9.2

Vervoeging – bylae 2
(kyk werkwoorde)

Voegwoord
– as woordklas met minimale fleksie 12.4.3
onderskikkende voegwoorde 12.4.3.1
neweskikkende voegwoorde 12.4.3.2
neweskikking in sinsbou m.b.v. voegwoorde 23.1.1

Vokale
ortografiese aanduiding van – 2.3
lang vokale (oop/geslote) 2.3.2
kort vokale 2.3.2.1
vokaalgrafeme 2.7
grafeembundels by vokale 2.8
spellingvariante by vokale 2.11.1
uitspraak van:
– kort vokale 3.2.1, 3.2.2
– lang vokale 3.2.3
– vokaalstelsel 3.0
vokaalverlenging: 5.8.2
voorwaardes vir vokaalverlenging 5.8.2.1
reël vir vokaalverlenging 5.8.2.2
vokaalreduksie: 5.9
reël vir vokaalreduksie 5.9.1
vokaalverkorting 6.9.1
vokaalweglating 5.10

Vokatief 7.2.2

Volgorde
sinsdele en volgorde 21.1

onafhanklike volgorde 21.2
neutrale volgorde 21.2.1
aanloop volgorde 21.2.2
inversie volgorde 21.2.3
afhanklike volgorde 21.3
by die enkelvoudige stelsin 21.5.1.2
aanloopvolgorde by – 21.5.1.2.1
neutralevolgorde by – 21.5.1.2.2
inversievolgorde by – 21.5.1.2.3
volgorde by die saamgestelde stelsin 21.5.2
neutrale volgorde by die saamgestelde stelsin 21.5.2.1
struktuur A.S. Vf. R. 21.5.2.2
inversievolgorde by die saamgestelde stelsin 21.5.2.3

Voornaamwoorde 10
die bepaalde voornaamwoord 10.1
persoonlike voornaamwoord 10.1.1
besitlike voornaamwoord 10.1.2
aanwysende woorde 10.1.5
betreklike voornaamwoorde 10.1.6
wederkerende voornaamwoorde 10.1.3
wederkerige voornaamwoorde 10.1.4
nie-bepaalde voornaamwoorde 10.2
onbepaalde voornaamwoorde 10.2.1
vraende voornaamwoorde 10.2.2
– as determineerder by die
naamwoordstuk 15.2.2.3, 15.2.2.4, 15.2.2.5

Voornaamwoordstuk (die) 18
bepaalde voornaamwoorde 18.1
persoonlike voornaamwoorde: 18.2
semantiese kenmerke 18.2.1
persoon 18.2.2
getal 18.2.3
genus 18.2.4
lewend teenoor nie-lewend 18.2.5
manlik teenoor vroulik 18.2.6
die voornaamwoordstuk en sy bepalings 18.3
die voornaamwoordstuk as nabepaling 18.3.3

Voorsetsel (die)
– as woordklas met minimale fleksie 12.4.2
wat die genitief vereis 16.1.5
wat die datief regeer 16.2.3
wat die akkusatief vereis 16.3.2
die voorsetsel-byvoeglikenaamwoordstuk 17.2

Vraagsin (die) 21.14

Werkwoord (die) 13
alfabetiese lys van sterk wwe. bylae 2
vorme by – 13.1
genera by – 13.2
tye by – 13.3, 20.2
wyses by – 13.4
getal by – 13.5
hoofklasse van – 13.7
vervoeging van – 13.8
infinitief 13.9
paradigma van die presens van die swak ww. 13.10
die presens van die sterk ww. 13.11
die preteritum van die swak ww. 13.12
kenmerke van die preteritum van die swak ww. 13.12.3
die preteritum van die sterk ww. 13.13
eienskappe van die preteritum van sterk ww. 13.13.4
klasse werkwoorde 14
sterk wwe. 14.1
reduplikasie by sterk wwe. 14.1.2
swak wwe. 14.2
preterito-presentiawwe. 14.3
die vervoeging van preterito-presentiawwe. 14.4
werkwoorde met eiesoortige vervoeging 14.5
klaswisseling by werkwoorde 14.6
aspek (kyk aspek)
werkwoordstye 20.2
werkwoorde wat die *genitief* vereis 16.1.1
werkwoorde wat die *datief* vereis 16.2.1
wwe. wat oorganklik gebruik word, neem die akk. 16.3.1
akkusatief met infinitiefkonstruksie 16.3.4
deelwoorde (kyk deelwoorde)

Werkwoordstuk (die) 19
die hoofwerkwoord 19.1
die deeltjiewerkwoord 19.1.2
die onoorganklike werkwoordstuk 19.1.3
die oorganklike werkwoordstuk 19.1.4
werkwoorde met twee voorwerpe 19.1.5
werkwoorde met hegte voorwerpe 19.1.6
die voorsetselwerkwoord 19.1.7
oorganklike voorsetselwerkwoorde 19.1.7.1
onoorganklike voorsetselwerkwoorde 19.1.7.2
die koppelwerkwoord 19.1.8
wederkerende werkwoorde 19.1.9
die onpersoonlike werkwoord (ervaringswerkwoord) 19.1.10
die medewerkwoord 19.2
die skakelwerkwoord 19.2.1
die modale hulpwerkwoord 19.2.2
die hulpwerkwoord van aspek 19.2.3
die bepalingstruktuur in die werkwoordstuk 19.3
die bywoordelike bepaling 19.3.1
die randbepaling 19.3.2
woordvolgorde in die werkwoordstuk 19.4
die aspektiese werkwoord 19.5
die modale hulpwerkwoord en sy posisie
teenoor die HW. 19.6

Wes-Brabants (kyk dialekte)

Wes-Vlaams (kyk dialekte)

Wisselvorme 6.5.2

Wortel en wortelsillabe 5.5.2